세계교육론 총서 제6권

교육의
위대한 말씀
전편 2
세계교육론 결론

세계교육론 총서 제6권

교육의 위대한 말씀

전편 2

세계교육론 결론

염기식 지음

하나님이 천지 만물을 창조하고 쉼 없이 인류 역사를 주재한 데는 그만한 이유가 있다. 세상과 인류를 지극하게 사랑한 것인데, 그 세상과 인류가 그만 종말이란 총체적 위기를 맞이했다. 그렇다면 정말 이런 상황을 어떻게 해야 하는가? 전통적인 종교들이 문제를 해결하고자 하였지만, 그렇게 한 결과로써 인류 영혼은 절반도 구원되지 못했다. 그들이 노력한 결과는 결국 선천 종교로서 도달한 세계관의 한계성일 뿐이다.

그래서 하나님이 인생 삶의 근본부터 전 역사를 관장해 더욱더 구체적이고 폭넓게 인류를 구원하고자 계획을 천명한 것이 곧 **"교육의 위대한 말씀"**이다. 이미 세계적으로 보편화된 교육이란 제도를 통해 죽음 이후의 영혼 세계는 물론이고, 산 자들의 인생 삶과 그들이 추진해야 할 미래 역사를 말씀의 가르침으로 선도하는 것이 현실적인 구원 역할이다.

교육이 추구해서 달성해야 할 사명 목적을 새롭게 설정해서, 하나님이 교육을 통해 이루고자 하는 보편적인 인류 구원 역사의 장대한 뜻을 아로새기리라.

인류 구원에 공헌할 교육의 보편적 목적

교육은 하늘의 준엄한 명령이다. 왜 명령인지 이유를 알아야 우리는 교육을 통해 인류를 구원할 위대한 사명을 일깨울 수 있다. 『중용』에서 말하길, "교육의 첫걸음은 天命, 즉 하늘의 명령이다(天命之謂性)"[1]라고 하였다. 우리는 어떤 교육에 관한 논의와 실천을 하기 이전에 하늘로부터 뜻을 구하고, 부여된 命을 알고, 받드는 것이 중요하다. 그렇지 못하면 인간을 가르치고자 한 모든 교육 행위가 天命과 어긋나 인류의 영혼을 선도할 수 없다.[2]

본 교육론, 아니 현대 교육론은 지금까지 교육이 지닌 문제점으로부터 출발해야 하는 만큼, 그 요지는 과연 무엇인가? 오늘날 교육이 인간 죄악과 인간성의 황폐화를 저지하지 못하고, 세계의 심판과 종말을 촉발한 것은 하늘의 뜻을 알지 못해서이다. 하나님이 인간을 어떻게 창조하고, 命한 것인지를 알아야 했다. 교육과 天命은 밀접하게 연관되어 있고, 주체는 天

---

1) 『실패한 교육과 거짓말』, 노암 촘스키 저, 강주헌 역, 아침이슬, 2001, p.5.

2) 『중용』은 그러나 선천의 교육관인 만큼, 왜 교육이 하늘의 명령인지에 대해서는 밝히지 못했다. 명령의 주체와 목적을 알아야 함에, 절대적 이유는 오직 한 가지, 하나님이 천지를 창조해서이며, 그래서 교육의 궁극적 목적은 창조 목적(뜻=命)을 밝히고, 구현하는 데 초점을 두어야 한다. 그리해야 인간이 본연의 길을 갈 수 있고, 이루게 됨.

命에 있어, 天命을 받드는 데 **"교육의 위대한 말씀"**이 있다. 교육은 하나님의 대명령이나니, 고래로부터 교육에는 준엄한 天命이 숨어 있다. 이것을 동서양의 지성들이 줄기차게 사상으로 피력하고 천명(闡明)하였다. 그 뜻이 무엇이든 뜻을 이루는 데 있어 이상적인 수단은 교육이었다. 먼저 하늘의 뜻을 어떻게 알 것인가에 학문하는 목적과 배움의 가치를 두었고, 뜻을 어떻게 전달하는가에 교육자적 사명과 원리의 적용이 있으며, 뜻을 어떻게 구현하는가에 구도자적 실천과 방법이 있었다. 돌이킬 수 없게 된 인간성과 문명 역사를 어떻게 회복할 것인가? 여기에 **"인류 구원에 공헌할 교육의 보편적 목적"**이 있다.

하나님은 종국에 교육을 통한 가르침과 일깨움 역사로 만백성을 구원하고, 그 나라를 건설하길 원하셨다. 하나님은 일찍이 모세를 앞세워 이스라엘 백성을 바로의 압제로부터 구원하여 젖과 꿀이 흐르는 가나안 땅으로 인도하셨듯, 오늘날은 피폐한 인류를 치유와 화평의 땅으로 인도하시리라. 정비공은 고장 난 차를 수리하여 새 차처럼 만들 수도 있듯, 하나님은 능히 창조 권능을 교육력으로 승화시켜 인간성을 회복하리라. 알고 보면, **교육은 인류를 구원할 수 있는 가장 객관적인 방법이고, 가장 확실한 결과를 기대할 수 있는 구원 수단이다.** 나아가 현실적인 제도 안에서 인류를 빠짐없이 구원할 수 있는 사도(使徒=스승) 육성이 가능한 길이다. 위대한 메시지와 가르침과 인격 도야를 병행해야 하나니, 가르침과 깨달음으로 만 영혼 위에 미칠 교육의 보편적 구원 역사를 기대할 수 있다. 교육을 통한 가치 일굼과 목적 설정과 방법의 모색으로 인간성을 회복하는 것이 현실적으로 인류를 구원하는 길이다. 이전에는 교역자들이 하나님을 믿고 신앙하게 하는 것이 인류를 하나님께로 인도하는 주된 방법이었지만, 그렇게 해서 거둔 성과로서는 인류 영혼을 1/3도 구원하지 못했다. 그래서 지금은 방법적인 면에서 만인을 빠짐없이 구원할 수 있는 새로운 길을 마련해야 했는데, 그것이 바로 인류사에서 보편적, 객관적, 합리적으로 확대된 교육이란 제도와 방법을 통해서이다. 교육은 실로 인류를 하나님께로 인도하고, 하나님과 함께해서 교감할 수 있게 하는 최고의 방법이고, 이런 뜻과 목적을 자각해서 구체화하는 것이 **"교육의 위대한 말씀"**이다. 교직은 천직임에, 하나님의 보편적인 구원 뜻을 자각한다면 교직은 그야말로 하늘의 명령을 따르는 온전한 직업이라고 할 수 있다. 장차 만 인류를 구원하고, 이 땅에서 하나님과 함께하는 이상적인 나라를 건설하기 위해서는(지상 천국) 특정 종교들이 표방한 교리의 이념화 실현을 통해서가 아니다. 교육을 통해야 하고, 교역자가 아닌 교육자가 구원 역사의 전면에 나서 하늘의 명령을 충실히 수행하는 사역자 역할을 담당해야 한다.

하나님이 창조한 인간성의 성장과 변화와 개화 과정을 낱낱이 살피고 판단해서 올바른 방향으로 이끌 자란 이 대지 위에 부모도 그 무엇도 아닌, 가르침의 자격을 지닌 선생님밖에 없다. 이분들이 天命을 자각하고 교육적 사명을 수행하는 스승의 역할을 다할진대, 그 직분은 온전히 부름을 입은 "구원의 사도"로서 승화되리라.[3] 지구상에는 곳곳에서 무지하고 차별받고 소외된 하나님의 백성이 있다. 이들이 한 영혼도 빠짐없이 구원되어야 하는 것은 하나님이 이들 백성을 사랑으로 창조했기 때문이고, 그들이 마저 구원되어야 그들과 함께하는 나라를 건설할 수 있다. 그러기 위

---

3) 교육의 위대한 사명은 하늘의 명령, 곧 하나님이 인류를 구원하고자 한 보편적 목적을 수행하는 데 있고, 명령의 소리를 자각하고 직분을 수행하는 자가 교사이다. 그래서 교육은 하늘의 명령 [天命]이고, 교직은 천직이며, 교사는 사도(使徒)를 넘어선 천도(天徒)임.

해서는 먼저 인류가 하나님을 바르게 알고, 창조된 본의를 깨달아야 하며, 참된 가치관으로 삶을 헌신할 수 있도록 이끌어야 한다. 그리해야 하나님의 품 안에 안기는 위대한 가르침의 역사, 위대한 교육의 역사, 위대한 구원의 역사가 보편화할 수 있다. 인류가 일군 존재의 역사와 전통과 문화를 한결같이 길이길이 보전하고 계승해야 하는 창조 목적이고, 만개한 꽃으로서 가치 있는 결정체란 사실을 일깨워야 한다. 이 땅과 하늘과 산하와 인간성은 장차 하나님이 건설할 지상 천국의 밑거름이다. 이런 의식의 자각과 지킴과 선도 역할을 무엇이 담당할 것인가? 교육이다. 죄악과 타락을 막고, 환경오염과 자연의 파괴를 막고, 멸망의 자초 요인을 제거하는 데 교육이 앞장서야 한다. 구원의 진리적 불씨를 지피는 데 **"교육의 위대한 말씀"**이 있다.

그래서 이 연구는 과거에 시도한 구원적 방법을 일소하고, 밝힌 본의와 말씀의 역사를 통해 인류의 영혼을 깨우치리라. 교육을 통해 만백성을 하나님의 품 안으로 인도할 대 구원 프로젝트를 마련하리라. 이를 위해 이 연구는 "세계교육론"을 공통된 주제로 하고, 제1권 제호를 『교육의 위대한 사명』-세계교육론 서론, 제2권을 『교육의 위대한 원리』-세계교육론 본론, 제3권을 『교육의 위대한 실행』-세계교육론 각론, 제4권을 『교육의 위대한 지침』-세계교육론 세부 각론, 제5, 6, 7, 8권을 『교육의 위대한 말씀』-세계교육론 결론(전편 1, 2) · (후편 1, 2), 제9권을 『길을 가며 가르치며 생각하며』-세계교육론 부록(교육 수상집)으로 구성하였다.

일찍이 동서양의 선현들이 한결같이 이루고자 한 인류의 이상은 언제 어떻게 실현될 것인가? 지난날은 어떤 방법으로도 목적의 달성이 요원했다는 사실을 지적하면서, 기대하건대 교육이 바로 인류가 품은 그 이상적인 꿈을 종합적으로 이룰 실질적인 길이라는 것을 거듭 확인하고자 한다. 이 연구는 "세계교육론"을 통해 인류를 하나님께로 인도할 수 있도록 최선을 다해 완성된 길을 펼치고자 한다. 이 교육적인 사명을 과연 누가 부여하고, 누가 알리고, 누가 수행할 것인가? 하나님이 부여하고, 이 연구가 뜻을 받들며, 사명을 자각한 우리가 모두 실행해야 하리라.『중용』에서는 "대덕자 필수명",[4] 곧 대덕(大德)을 구현하는 자는 반드시 命을 받는다고 하였다. 그 대덕이 지금은 모든 면에서 종말을 맞이한 인류를 구원할 보편적인 목적이 되어야 함에, 교육 위에 하나님이 命한 창조 목적과 합치된, 인류를 빠짐없이 구원할 진리력이 내포되어 있다는 사실을 알고, 천직 사명을 중점적으로 수행하는 이 땅의 교육자들은 자나 깨나 하늘이 命한 명령의 소리를 귀담아듣고 새겨, 교육으로 이상 세계 건설과 인류 구원 역사에 동참해야 하리라. 지대한 교육적 명령을 행동으로 실천할 수 있길 바라면서…… 천직 수행, 그것이 곧 하나님의 명령 수행 과정이자, 자신과 만인류를 구원하는 길이라는 사실을 확신하길 바라면서……

2023년 12월

경남 진주에서

염기식

---

4) 『중용』, 제17장.

제8편 문명 통합론

제6편

신인 교감론

기도: 어떻게 하면 하나님과 저희가 세상 삶의 한가운데서 대화하면서 동행할 삶의 길을 열 수 있겠습니까? 어떻게 하면 지금까지 가로막힌 하나님과의 차원적, 문화적, 신앙적인 장벽을 넘어서 하나님의 말씀을 받들고 저희의 인간적인 고뇌를 전할 수 있는 객관적이고도 보편적인, 그러면서도 지극히 원리적인 길을 안내받고 인도받을 수 있겠습니까?

말씀: "~ 너희는 온 천하에 다니며 만민에게 복음을 전파하라. 믿고 세례를 받는 사람은 구원을 얻을 것이요, 믿지 않는 사람은 정죄를 받으리라. 믿는 자들에게는 이런 표적이 따르리니, ~ 병든 사람에게 손을 얹은즉 나으리라 하시더라(막, 16: 14~18)."

증거: 눈에는 보이지 않지만, 초자연적인 세계가 있다. 하나님은 살아계신 분, 보이지 않는 세계와 공존하심. 오늘은 초자연적인 하나님의 역사가 임하는 날일 것이다. 우리는 믿는 자, 하나님의 말씀, 능력은 눈에 보이지 않는다. 그러나 영으로 보십시오. 신유는 특별한 은총이다. 오직 믿는 자에게서만 일어남. 믿지 않는 자에게는 나타나지 않는다. 하늘에서 이룸같이 땅에서도 이루어지길 원하심. 지금은 성령의 시대이다.

제26장 개관(신인 소통로)

1. 길을 엶

하나님의 세계 의지와 주재 의지는 세계의 본질 가운데 편만 되어 있다. 그것은 삼세 간을 초월해서 감지된다. 그렇다면 하나님의 세계 의지와 주재 의지 역시 세계화, 보편화되어 있어 수단과 방법을 막론하고 감지할 수 있는 것인가? 계시만 유일한 소통로인가? (2022.2.18. 09:40)

하나님, 우리는 지금까지 하나님의 본체 모습을 제대로 파악하지 못해 하나님에게로 나아갈 길을 찾지 못했고, 여기저기 기웃거리면서 초점 없는(막연함) 하늘을 향해 길을 물었습니다. 하지만 이제는 하나님이 이 땅에 강림하셨고, 함께하시므로 하나님의 본체 모습을 정확히 확인한 이상, 저희 인간이 손을 내밀면 분명하게 손잡을 수 있는 곳에 계실 것을 믿습니다. 그렇다면 하나님 아버지, 아버지의 존안을 뵈올 수 있는 소통로를 마저 틔워주소서! **어떻게 하면 하나님과 저희가 세상 삶의 한가운데서 대화하면서 동행하는 삶의 길을 열 수 있겠습니까?** 언어와 문화와 역사와 사상, 다양한 종교적 신념을 초월하여 하나님께로 다가갈 수 있겠습니까? 하나님과 교감하고 대화하고 함께할 수 있는 길을 이 순간 활짝 열어 주시옵고, 계시하여 주시옵고, 역사하여 주시옵소서! 도대체 **어떻게 하면 지금까**

지 가로막힌 하나님과의 차원적, 문화적, 신앙적인 장벽을 넘어서 하나님의 말씀을 받들고 저희의 인간적인 고뇌를 전할 수 있는 객관적이고도 보편적인, 그러면서도 지극히 원리적인 길을 안내받고 인도받을 수 있겠습니까? 그 신인 간 교감 루트를 하나님께서 준엄한 교화 권능으로 가르쳐 주시고 깨우쳐 주소서!

그 길을 터야만 저희가 새 시대를 열고 강림하신 하나님을 온전히 영접해서 영광된 뜻을 받들 수 있겠나이다. 그 하늘 문은 누구나가 다 통과할 수 있는 아주 넓은 문이고, 문턱이 낮아 쉽게 넘나들 수 있는 길이겠나이다. 유교인도, 불교인도, 이슬람인도…… 다 함께 손 마주 잡고 넘나들 수 있는 열린 문이겠나이다. 하나님 아버지, 아버지는 천지를 지은 창조주요 천지를 운행하는 주재자이나이다. 하나님의 세계 운행 의지는 세상 가운데 편만하고, 하나님의 교감 의지는 시대를 초월하여 연면하게 작동됨을 믿습니다. 부족한 이 자식이 이 순간 간구하고 뜻을 받들고자 하는 것은 결코 그 교감 루트가 막혀 있어서가 아닙니다. 말씀은 이전에도 이후에도 영원하게 살아 역사하므로 작동 원리를 알고 교감할 길만 트면 시대를 불문하고 삶이 다하도록 하나님과 함께할 수 있겠나이다. 그렇게 하나님과 영원히 동행할 수 있는 길을 열어 주소서! 기도하면 응답해 주고, 약속된 은혜를 아낌없이 베푸신 나의 하나님! 거기에 더해서 간구하고자 하는 것은 그 길을 더욱 확대해서 누구나가 다 이해하고 또 실행할 수 있도록 교감 원리를 객관화하는 것입니다. 그리해야 만 영혼이 현실적인 제약 조건과 장애를 극복하고, 하나님께로 나가고, 구원의 문으로 인도될 수 있겠나이다. 하나님, 그 길을 틔워 주시고, 그 문을 열어 주소서! 어떻게 하면 인류 모두가 다 함께 하나님께로 나아갈 수 있겠습니까? 그 길을 이 연구가 안내하고 방법을 지침하고 교감할 루트를 틀 수 있게 하여 주소서!

인류가 어찌할 수 없는 가로막힌 장애물을 하나님께서 걷어 내고, 아무런 조건 없이 하나님께로 나아갈 길을 지침해 주소서! 교감할 소통로를 열어 주소서! 저희가 정말 어떻게 하면 하나님께로 나아가 손 마주 잡고 기뻐할 존안을 뵈올 수 있겠습니까? 존엄한 말씀을 귀로 듣고 가슴 깊이 새기며 영혼이 다하도록 뜻을 받들어 하나님의 영광을 드러내는 삶을 살 수 있겠나이까? 하나님, 말씀의 가르침으로 혜안을 열어 주소서! 하나님과 동행할 지상 강림 역사 시대가 현실화할 수 있게 해주소서! 그 첫 극복 과제가 바로 하나님과 저희가 상호 교감할 길을 트고 문을 열어젖히는 데 있음을 굳게 믿습니다. 하나님, 아버지께서 부족한 저희에게로 다가와 주소서! 저희가 다가가기에는 아직도 하나님이 먼 곳에 계십니다. 저희가 길을 알고, 보고, 찾아갈 수 있도록 방법을 가르쳐 주소서! 가로막힌 차원 문을 걷어 주소서! 하나님은 예나 지금이나 저희와 함께하심을 믿습니다.

2. 간구

하나님 아버지, 제가 이 순간 아버지의 전에 나아가 말씀의 가르침을 받들고자 합니다. 하나님이 이 땅에 강림하시고 함께하심에 그래도 최종 관문이 남아 있습니다. 지금까지 가로 놓인 장애물을 모두 걷어 내고 하나님과 교감할 수 있는 길을 틔워주소서! 인류가 아무 제약 없이 하나님께로 나아갈 수 있도록 문을 열어젖혀 주소서! 이것은 오직 하나님께서 뜻하심으로써만 가능한 역사입니다. 은혜를 베풀어 주시고, 부족한 저희 처지를 헤아려 주소서! 저희가 어떻게 해야 하나이까? 그 길, 그 문으로 안내하고 인도해 주소서! 어떻게 하고 어디로 가야 하나이까? 하나님, 가르쳐 주소서! 하나님과 소통할 보편화의 길을 틔워주소서! 넓은 혜량으로 저희 영혼이 깨어날 수 있게 해주소서! 하나님의 주재 의지는 그대로 세계 의지로서 세상 가운데 편만해 있습니다. 하나님과 소통할 교감 의지는 그 어떤 루트를 통해서도 감지함이 가능하리이다.

3. 성경 말씀

그 후에 열한 제자가 음식 먹을 때에 예수께서 그들에게 나타나사 저희의 믿음 없는 것과 마음이 완악한 것을 꾸짖으시니, 이는 자기가 살아난 것을 본 자들의 말을 믿지 아니함일러라. 또 가라사대, "너희는 온 천하에 다니며 만민에게 복음을 전파하라. 믿고 세례를 받는 사람은 구원을 얻을 것이요, 믿지 않는 사람은 정죄를 받으리라. 믿는 자들에게는 이런 표적이 따르리니, 곧 저희가 내 이름으로 귀신을 쫓아내며, 새 방언을 말하며, 뱀을 집으며, 무슨 독을 마실지라도 해를 받지 아니하며, 병든 사람에게 손을 얹은즉 나으리라" 하시더라(막, 16: 14~18).

4. 말씀 증거

2022. 2. 18, CTS 기독교 TV, 12시 30분, 생명의 말씀.

제목: "질병을 치유하시는 하나님"

말씀: 하나님은 우리를 치유하기를 원하는 하나님이시다. 하나님은 병을 주는 분이 아니고 고치는 하나님이심. 눈에는 보이지 않지만, 초자연적인 세계가 있다. 보이는 세계-친구, 학업, 전학…… 보이지 않는 세계-천국, 지옥, 천사…… 하나님은 살아계신 분, 보이지 않는 세계와 공존하심. 오늘은 초자연적인 하나님의 역사가 임하는 날일 것이다. 우리는 믿는 자, 하나님의 말씀, 능력은 눈에 보이지 않는다. 그러나 영으로 보십시오(하나님의 가르침 임재-하나님께 나아가는 길, 문을 틔우심. 그 방법을 영으로 보라고 지침하심). 하나님의 말씀은 이해되는 것이 아님. 하나님의 말씀 자체는 영이다. 살아 있다. 족자에 걸어 놓은 말씀이 아님. 그래서 성령, 즉 영으로 예배함. 우리는 영적인 존재이다(하나님도 영이시오, 우리도 영적인 존재로서 교감 관계 성립. 곧 영적 루트를 통해 교감함). 의사는 병을 고친다. 의술은 하나님이 주신 은혜. 그러나 성령의 은사는 아니다. 믿지 않아도 의사의 치유는 가능하다. 그러나 신유는 특별한 은총이다. 오직 믿는 자에게서만 일어남. 믿지 않는 자에게는 나타나지 않는다(이것이 가르침의 중요 포인트. 신인 간 상호 교감 원리, 아무리 하나님이 가까이 다가서서 길을 트고 문을 열어 주어도 믿지 않으면 아무런 소용이 없다. 하나님께로 나아가기 위해서는 저희가 어떻게 해야 합니까? 믿는 것이 그 길이다). 하나님의 신유를 자신의 감동 정도로 생각함. 신유의 선포는 하나님의 특별한 은총. 그 신유의 능력으로 고치고 위로하길 믿습니다. 신유는

"혹은 칼로 찌름같이 함부로 말하거니와 지혜로운 자의 혀는 양약 같으니라(잠, 12: 18)." 말은 뼈가 있어 굉장히 날카롭다. 마음을 베어버린다. 말은 굉장한 권세가 있다. 그러나 지혜로운 자의 말은 양약과 같다. 지혜로운 자는 말로써 병을 고친다. 나는 치유되었다. 암이 뿌리째 뽑혔다. 치유의 광선이 뻗쳤다(교감 원리 인지). 심려, 불안, 염려를 말하지 말라. 치유와 건강을 선포하다. 합심해서 말하다. 부부는 같은 곳을 바라보고 같은 말을 하라. 자녀가 좋아진다. 치유 받는다. 그 치유는 풀림이다. 믿음의 언어로 성령의 역사를 풀어놓는다. 하나님의 풀림이 영적 파동, 파도를 일으킴(영적 교감 실체). 성령으로 그 가족, 그 직장 분위기가 풀림. 예수의 신유-말씀으로 고치고 안수하심(영적 능력으로 길을 트고 문을 엶. 일체 장애를 거둠). 18년 동안 병을 앓음. 마비된 여인. 그 여인 불러 말씀으로 "여자여, 네가 네 병에서 놓임을 받았다." 여인이 풀림을 받고 하나님께 영광을 돌리더라. 합당, 가장 중요한 포인트, 합당치 아니하냐? 신유는 하나님의 뜻이다(교감의 길을 트면 응당한 보상이 있다). 하나님은 우리를 고치길 원하고 또 고치신다(하나님은 우리에게 더 가까이 다가서길 원하심. 그렇다면 우리가 행해야 할 것은 우리가 다가가기만 하면 교감의 길이 트임). 하늘에서 이룸같이 땅에서도 이루어지길 원하심(이것이 하나님의 진심임. 여태껏 하나님과의 소통로가 가로막힌 원인은 우리 자신에게 있고, 그중에서도 믿음의 부족에 있음. 우리가 지닌 어떤 처지, 조건, 가치, 신앙을 가진 것인가 하는 것이 문제가 아님). 무슨 근거로(눈에 보이지 않으므로)…… 십자가가 근거이다. 십자가는 고난의 상징. "친히 나무에 달려 그 몸으로 우리 죄를 담당하셨으니, 이는 우리로 죄에 대하여 죽고 의에 대하여 살게 하려 하심이라. 저가 채찍에 맞음으로 너희는 나음을 얻었나니

(벧전, 2: 24)." 십자가의 능력, 죄를 풀어 주심. 신유는 예수 고난의 능력. 손을 들어 병을 고치고 "여자여, 안심하라. 죄 사함을 받았다. 침상을 들고 가라." 병과 죄를 묶어서 사하시다. 죄의 멍에, 인생의 누름. 죄를 벗기고 병을 풀어 주심. 속죄, 회개와 연동됨(멍에를 품을 통해, 죄와 병을 벗고 품을 통해). "무엇을 믿든지 믿음대로 되리라." 믿음이 있다면 문을 엶(하나님 앞에 가로막힌 차원의 문을 여는 방법임). 믿음이 있다면 못 고칠 병이 없다(믿음이 있다면 열지 못할 문이 없다. 온갖 현실적 조건과 장애를 걸고 하나님께 이르는 교감의 길을 틈). 하나님은 전능하시다. 말씀으로, 손으로 안수하시다. 보면 믿는다. 보고도 안 믿는다. 하지만 믿어야 보게 된다. 믿으면 풀리게 된다(풀림의 원리, 즉 믿음-풀림-장애가 걷힘-하나님과 인간 간에 교감의 소통로가 트임. 고로 믿음이 먼저이다). 예수는 신유의 비밀을 갖고 계시다. 성령이 예수께 임하자 본격적인 사역이 시작되었다. 표적, 기적을 행하심. 행전, 10: 38. 마귀에게 눌린 모든 자를 고치셨으니…… 언제부터? 성령을 받은 후부터 하나님이 나사렛 예수에게 성령으로 임한 이후부터(신인 간 교감 길이 트이는 것은 성령이 임한 때로부터, 그때부터 본격적으로 역사 됨). 지금은 성령의 시대이다(하나님이 만인에게 교감의 문을 활짝 여심. 그래서 지금이 성령의 시대임). 여러분에게 두 가지를 선포합니다. 내가 너를 고치리라. 그리고 너희가 행하라. 병든 사람에게 손을 얹은즉 나으리라. 육신, 마음, 인생, 뱀에 물린 자…… 손을 얹으면 나으리라. 믿음으로 손을 대십시오. 하나님은 못 고칠 병이 없다(누구에게도 교감의 길을 열 것을 약속하심. 가림 없이 길을 터 구원할 것을 선포하심. 구원하지 못할 영혼이 없다. 치유는 그 상태가 어떠하든 구원의 은혜임. 말씀의 치유와 손 얹음은 인류 구원의 방법, 길, 목적이다).

코로나 19, 인류가 다 감염되었다. 하나님이 어떻게 하실까요? 너희가 행하라. 옷깃 스침. 내가 다 고치리라. 코로나, 떠나가라. 끊어지라. 치유의 은혜가 있을지어다. 아멘.

5. 길을 받듦

하나님, 감사합니다. 하나님께서 오늘 이 자식에게 가능한 것과 불가능한 것을 분명하게 밝히셨나니(믿고 세례를 받는 사람은 구원을 얻을 것이요, 믿지 않는 사람은 정죄를 받으리라), 길이 아닌 것을 아닌 것으로 분명하게 선을 그음으로써 참된 길(루트, 가이드라인)을 확실하게 지침하셨다. 가능한 길을 분명하게 하심. 그리고 그 범위(믿음) 안에서 하나님의 권능과 은사를 발휘할 것을 보장하심. 그것이 어떻게 가능한가? 말씀, 치유의 권능, 죄 사함의 권능 원리=신인 교감 원리 밝혀 주심. 가서는 안 될 길을 금함으로써 나아갈 방향을 지침하심이로다. 이 말씀의 가르침을 받들어 이 자식이 마음을 다하고 지혜를 다해 인류가 하나님께로 이를 교감 소통로를 기필코 개통하겠나이다.

이를 위해 길의 간구에 대한 하나님의 응답 말씀을 확인해서 뜻을 받들진대, 이 연구가 하나님께 대해 무엇을 간구한 것인지부터 살펴야 한다. 그래서 말씀의 가르침을 받들기 이전에 본인이 일군 기본적인 인식과 가능성에 대한 믿음은 신인 간 교감 소통을 가능하게 할 세계 작용 원리이다. 즉, 하나님의 세계 의지와 주재 의지는 세계의 본질 가운데 편만 됨. 하나님은 천지를 지은 창조주요, 천지를 운행하는 주재자이신즉 특정 종교,

특정 교회, 특정인, 특정 신앙에만 유일하지 않다. 하나님의 세계 운행 의지는 세계 가운데 편만하고, 하나님의 주재 의지는 시대를 초월해 연면하게 작동됨.

둘째, 선천 하늘에서 신인 간 교감이 원활하지 못한 세계 바탕적인 이유-하나님의 본체 모습이 완전하게 드러나지 못했고, 인류 역시 하나님을 제대로 파악하지 못함. 그러나 이제는 지상 강림 역사 시대라 가까이서 함께하고 계심. 일체의 교감 조건을 갖춤. 그래서 최종 걸림돌만 제거하면 소통이 원활해짐. 이런 조건 탓에 신인 간 소통로 틔움이 불가피하고, 그것이 가능한 세계 본질적 조건을 갖춤.

셋째, 신인 간 교감의 길을 틔워야 하는 소통의 당위 목적-하나님과 인류가 세상의 한가운데서 대화하면서 함께하는 삶의 길을 엶. 그런 시대의 구체적 실상은 언어와 문화와 역사와 사상, 다양한 종교적 신념을 초월하는 것임. 그리하면 강림하신 하나님을 온전히 영접하고 영광된 뜻을 받들 수 있다. 그것이 곧 지상 강림 역사 시대를 여는 길이다.

이것은 본인이 길을 추구하면서 일군 세계를 향한 독백이다. 이 같은 신념과 믿음을 바탕으로 본인이 직접 하나님께 나아가 간구한 기도의 요지는 모든 때가 당도한 오늘날 하나님과 인류가 교감할 신인 간 소통로에 대한 길을…… 트고 문을 열어 주소서! 객관적이고도 보편적인 신인 간 교감 원리란? 교감 작용을 원리화하고 교감 원리를 객관화해야 신인 간 교감의 길이 보편화됨. 그렇게 되어야 하는 필연적 이유는 보편적인 구원 목적을 실현하기 위해서…… 다시 말해, 인류의 보편적인 구원 목적을 이루기 위해 신인 간 교감 체제가 정립되어야 함. 그리하면 하나님과 인류 간에 가로 놓인 현실적인 제약 조건을 극복하고, 너나 할 것 없이 하나님께로 인도되고, 구원의 문으로 안내받음. 그 대상은 기독교인만이 아님. 유교인, 불교인, 이슬람인, 힌두교인…… 하나님으로부터 지음 받은 만백성 모두…… 그렇게 하나님께로 나아갈 수 있는 길을 묻고 문을 찾음. 그것을 이 연구가 안내하고 가르침. 하나님 아버지와 교감하는 방법을 지침하고 소통할 교감 루트를 개척할 수 있게 하여 주소서! 말씀의 가르침으로 혜안을 열어 주소서! 그 이유-신인 간 교감 방법을 찾고, 교감 루트를 확보하는 것은 하나님과 영원히 함께하는 **"지상 강림 역사 시대"**를 여는 첫 극복 과제이다. 왜냐? 신인 간 교감 길과 문은 차원에 가로막힌 것이기 때문에 하나님의 계시 가르침이 없으면 불가능한 절대적인 역사임. 하나님의 다가오심이 긴요함. 이처럼 간구한 기도의 주제 초점을 명확히 하고 인식된 단어를 추출하는 것이 중요하다. 그 단어로 이루어진 말씀의 구조적 일치와 짝을 이룬 말씀이 하나님의 임재 사실을 실시간으로 확인하는 직관의 근거가 됨.

하나님이나 예수나 이 땅에 강림하신 근본적인 뜻은 "너희는 온 천하에 다니며, 만민에게 복음을 전파하라"이다. 이 명령을 기독교는 어떻게 받아들이고 어떻게 수행하였는가? 이천 년이 지난 오늘날 온 천하를 두루 다닐 수 있는 물리적인 환경 조건이 갖추어졌음에도 만민에게 복음이 전파되지 못한 결과를 두고 볼 때, 그들의 선교 방식에는 문제가 있다는 사실을 알아야 한다. 그리고 그렇게 복음의 메시지를 전파하는 데 주력하는 방식으로서는 앞으로도 영원히 현실적인 목적 달성이 어렵다. 그렇다면? 방법적인 측면에서 하나님과 직접 소통할 교감 루트를 개척하는 것이다. 그리해야 하나님의 살아계신 말씀(복음)을 만민에게 전파할 수 있는 만민 구원 시대를 열 수 있다.

하지만 이것은 어디까지나 뜻을 간구한 본인 자체의 일방적인 생각이자 해석 관점에 불과할 수 있다. 그래서 반드시 이에 상응한 하나님의 말씀을 통한 뜻의 확인 절차가 필요하다. 즉, 하나님의 세계 의지와 주재 의지는 편만 되어 있지만, 그것은 보이지 않은 초자연적인 세계이고 능력이다. 하지만 그렇게 볼 수 없다고 해서 감지할 수 없는 것은 아니다. 세상 어디서도 감지할 수 있다. 이것이 길의 물음에 대한 하나님의 응답 뜻이다. 그렇다면 그렇게 감지(교감)할 수 있는 현실적인 방법은 **"하나님의 말씀과 능력은 보이지 않지만, 우리는 믿는 자, 그 영으로 보라."** 이것이 신인 간 교감 루트 개척과 방법적인 길에 대한 핵심 응답 요지이자 가르침이다. 즉, 하나님의 말씀(복음)은 이해되는 것이 아니다. "主 예수를 믿어라. 그리하면 너와 네 집이 구원을 얻으리라."[1] 하지만 이런 말씀을 받아들여 이해한다고 해서 구원되는 것은 아님. 그 이유? 말씀 자체는 살아 있다. 족자에 걸어 놓은 말씀이 아님. 그래서 성령으로, 영으로 예배함. 그런데 기독교는 여태껏 족자에 걸어 놓은 말씀과 복음만 열심히 전파함. 말씀의 실질적인 실상과 전파 방법상의 차이를 알고, 인류에게 말씀을 제한 없이 전파할 방법은? 성경에 기록된 내용을 그대로 전달하는 것이 아니라 지금, 이 순간 이 시공간 안에서 살아계신 하나님과 직접 교감하는 신인 소통로를 개통하는 것이 정답이다. "지금은 성령의 시대이다"라고 단언 된 만큼, 그 시대를 열기 위한 필수 조건에 **"신인 소통로"** 틔움이 있다.

이에, 그렇게 요구된 신인 간 교감 소통로를 틔우는 데 있어 하나님이 말씀으로 계시한 해결 지혜란 무엇인가? 인류가 하나님과 교감하고 소통할 길을 열기 위해서는 인류에 대해 교감 대상인 하나님이 어떤 분인가에

---

1) 사도행전, 16장 31절.

관해 존재 규명 문제를 푸는 것이 우선이다. 그렇다면 우리가 알고자 하는 궁금함의 초점을 한곳으로 집중해서 하나님은 과연 어떤 분인가? 응답한 말씀 그대로 "하나님은 살아계시지만 보이지 않는 분. 말씀과 능력은 보이지 않는다." 본래부터 볼 수 없다. 여기서 벌써 신인 간 교감 루트에 대한 인류의 온갖 추측들이 근거를 잃고, 방향성이 한곳을 모인다. 그 확실한 길은? **영으로 보십시오.** 이것이 길의 간구, 즉 하나님께로 나가는 길을 틔우고, 문을 여는 신인 간 교감 소통 루트에 대한 하나님의 가르침 지침이다. 그것이 무엇인가? 하나님은 영이시기 때문에 우리 역시 영적으로 소통해야 하고, 그런 방법적 수단으로 교감하기 위해서는 인간도 부여된 영적 본성을 일깨워야 한다. 곧, **영 대 영이 하나님이 가르쳐 인도하고자 하는 교감 소통로에 대한 정답이다.** 다시 강조해, 하나님과 교감할 수 있는 길과 방법은 영 대 영을 통해서이고, 그 길을 다시 요약하면, 다름 아닌 하나님이 부여한 자체의 영적 본성을 일깨우는 것이다(우리는 영적 존재이다). 살아계신 하나님과 교감할 수 있는 정통 요체이다. 그러니까 하나님과의 영적 교감 체제가 완비되어 있다고 해도 그 길을 끝까지 완전하게 소통시킬 수 있는 마지막 관문은 믿음이다.

신인 간 교감 원리는 특별한 것이 아니다. 하나님께 나아갈 수 있는 길을 묻는 이 자식에게 하나님께서 준 응답 말씀은 믿음이 최종 길이다. 이 믿음이 신인 간 교감의 상호 작용 원리이다. 다시 묻노니, 우리가 하나님께로 나가기 위해서는 어떤 길을 개척해야 하는가? 영적 루트를 통하는 길, 그것이 또한 신인 간 교감 방법이다. 영적 교감 실체는 눈에 보이지 않지만, 실질적인 하나님의 권세를 드러내는 작용을 일으킴. 치유의 광선, 못 고칠 병이 없음. 믿음=구원. 불신=정죄. 눈에 보이지 않는 능력. 굉장한 권세. 영적 파동과 파도를 일으킴. 풀림, 죄 사함, 믿음대로 이룸. 이것이 영적 교감 실체이다. 영적 교감 작용이 일어나면 하나님과 인간 간의 차원적인 차이와 가로놓인 장애를 걷어 내어 길을 트고 문을 열게 함.

　그렇다면 그렇게 하나님과의 교감 소통로를 틀 열쇠는 어디에 있고, 누가 쥐고 있는가? 하나님이 밝히길, 하나님은 우리를 치유하기를 원하신다. 하늘에서 이룸같이 땅에서도 이루어지길 원하심. 하나님은 이미 이 땅에 강림해 계시고, 가까이 다가와 함께하고 계심. 인류 모두가 빠짐없이 굳센 믿음을 가지고 마음의 문을 열어 하나님께로 다가서기만 하면 됨. 그것이만 인류가 하나님과 교감할 소통로를 틔우는 길의 핵심이다. 믿음이 있다면 못 고칠 병이 없다고 하였듯, 믿음이 있다면 열지 못할 문이 없다. 구원하지 못할 영혼이 하나도 없다. 하늘 문을 여는 길, 하나님께로 이르는 길이 그러함. 지금은 성령의 시대, 하나님이 성령으로 강림하셨기 때문에 하나님이 성령으로 역사하시어 만인 교감의 문을 활짝 여시리라. 아멘.

제27장 신인 교감 시대

하나님이 이 땅에 오신 지상 강림 역사 시대에 인류가 이전의 한때 특별한 역사였던 하나님의 말씀을 접한다는 것은 여러 가지 측면에서 이전과는 다른 길을 트고, 문을 열고, 시대를 맞이하는 것이다. 이때가 되면 미륵불이 탄강해 부처님이 설한 팔만사천법문을 넘어서 용화 설법을 3회에 걸쳐 펼친다고 하였고, 이 땅의 선지자 최수운(천도교)과 강증산(증산교)과 박중빈(원불교)은 가을 문명을 결실 짓고 5만 년 후천 하늘을 열 무극대도(無極大道)가 세워진다고 하였으며, 예수는 보혜사 진리의 성령이 오시면 그가 우리를 모든 진리 가운데로 인도할 것이라고 하였다. 이때 만민에게 영을 부으리라고 약속되었는데, 이 같은 세계 의지를 뒷받침하는 데 본 편 **"신인 교감론"**의 논거 과제가 있다. 지상 강림 역사 시대의 도래는 하나님이 이 땅에 오신 사실을 선언하는 것만으로 끝나는 것이 아니다. 앞 편에서처럼 강림하신 본체를 증거 하는 것도 중요하지만, 더욱 중요한 과제는 **"신인 교감 시대"**를 여는 것이고, 그리해야 하나님과 함께한 지상 강림 역사 시대를 맞이할 수 있다. 지상 강림 시대=성령 교감 시대라, 하나님의 뜻을 수용하고 하나님의 말씀을 받들어 하나님과 직접 대화할 수 있는 교감 작용과 메커니즘 원리를 밝히는 것이다. 정확히 그것이 어떤 정신 작용 세계인가 하면, 하나님이 틔워준 지혜의 눈으로 만법을 관하고, 만법을 통하고, 만법을 하나 되게 하는 것이니, 미륵불이 수억 겁을 기다렸다가 때가 이르면 하강하여 펼칠 용화 설법 세계이다. 세상의 지식과는 차원이 다르다. 눈 하나, 가르침 한 마디, 한 法으로 만법을 꿰뚫게 되리라. 이것이 곧 **"만법 영통 시대"**이다. 다시 말해, 하나님과 교감하는 길을 트는 성령의 시대 맞이이다. 지난날에는 소수의 수행인, 신앙인이 그 길을 어렵게 걸어갔지만, 이제는 넓혀 만인이 모두 넘나들 수 있게 하리라. 즉, **"신인 교감 시대"**를 여는 것은 지상 강림 시대를 열기 위한 선행 극복 과제이다.[1]

신인 교감의 필요성은 어느 시대나 요구되었지만, 지금 이 연구가 구축하고자 하는 신인 교감 체제는 하나님이 이 땅에 오신 지상 강림 결과에 따른 역사의 증거 일환이다. 이 소통로를 트지 못하면 하나님이 오신 강림역사 의미가 없어지고, 하나님과 대화할 수 있는 세계적 여건이 조성될 수 없다. 그래서 살필 것은 강림 역사 이전에도 인류는 끊임없이 하나님과 소통하고자 한 노력을 강구하였다는 것과, 그런데도 오늘날은 겨우 이어진 명맥마저 끊어져 인류 문명이 일대 위기를 맞이하였다는 데 있다(세계의 종말 상황). 동양의 하늘 질서를 호흡한 다산(정약용)은 그가 믿은 바대로 비록 기독교적인 하나님과는 차이가 있었지만, 원인을 진단하고 결과를 인식한 원리성 측면에서는 어긋난 것이 결코 없다. 그는 말하길, "인간은 수양의 모든 과정을 통해 하늘을 섬기는 것이며, 하늘을 섬기는 것은 하늘을 닮으려는 인간의 노력으로 이어진다. 그는 당시의 수양론이 잘못되고 성실하지 못한 까닭에 대해 상제를 제대로 인식하지 못한 것에서 찾았고, 아울러 인격 수양의 요체도 상제의 실재성에 두었다."[2] 여기서 상제를

---

1) 하나님과 소통할 교감의 길을 열기 위해 이 연구는 길의 완수 역사를 기반으로 교감 원리를 추출해서 보편화하고자 함.

2) 『인성 교육의 철학적 성찰』, 대동철학회 출판기획위원회 편, 교육과학사, 2016, p.174.

제대로 인식하지 못했다는 것은 하나님과의 교감 소통로가 막혀 있었다는 뜻으로서, 여하튼 상제를 제대로 인식할 수 없을 만큼 교감 소통로가 원활하지 못한 탓에 인류 역사가 방황 되고, 그 결과 종말을 맞이하였다. 종말은 인류가 맞이한 역사적 사실인 것이 분명한 만큼, 하나님과 소통할 교감의 길을 트는 것은 현대 인류의 지상 과제이다. 지나온 길을 살펴 막힌 원인을 찾아서 길을 터야 한다.

살필진대, "전승에 따르면 언약궤는 이스라엘 민족과 함께 광야를 유랑하며 그들을 약속의 땅으로 인도했다. 언약궤는 하나님이 이스라엘 백성과 함께 있다는 사실을 상징했다. 하지만 시나이산을 떠난 뒤부터는 하나님과 만나는 장소(교감)가 문제였다. 그래서 다윗 왕은 고민 끝에 예루살렘에 성전을 건립했다. 그들은 언약궤에 하나님의 영이 머문다고 믿은 탓에"[3] 성전을 건립하는 방법을 통해 하나님과의 교감 소통로를 트고자 하였다면, 오늘날은 강림하신 탓에 인류와 하나님과의 만남 장소도 전혀 새로운 방식과 체제와 형태에 의한 성전 건립의 필요성이 대두된다. 왜 이같은 과제를 풀기가 쉽지 않은가 하면, 하나님은 인류와 존재한 차원이 다르기 때문이고, 이웃과 대화하듯 언어로 소통하고 전화만 걸면 되는 것이 아니다. 이스라엘 민족은 정말 잃어버려서는 안 될 언약궤가 국권을 상실함과 함께 종적이 묘연해진 이후부터 교감을 위한 개척 역사는 참으로 험난한 지적 투쟁사였다. 즉, "칸트란 철학자가 본질적인 세상은 우리가 이해할 수 있는 범주 너머에 있다고 했을 때, 그는 神이 존재한다는 증거도, 그렇지 않다는 증거도 없다는 것을 분명히 했다. 헤겔은 인간은 神으로부터 멀어져 있다고 지적했고, 더 나아간 포이어바흐는 神은 인간의 창조물

---

3) 『세 종교 이야기』, 홍익희 저, 행성비, 2015, p.99.

이라고 했다."[4] 그들이 이 같은 결론에 도달한 것은 더는 신인 교감의 길을 찾지 못한 세계적 상황 속에서의 한계성 인식이다. 그런 단절 역사가 너무 오랫동안 이어지다 보니까 프리드리히 니체는 더 이상 참지 못하고 자체 판단으로 "神은 죽었다"라고 선언하였다. 이유인즉, "플라톤 이후로 많은 철학자는 다른 세상에 대해 생각을 품었고, 물리적인 세상보다 더 나은 곳이 있다는 관념을 전제했으며, 대다수 종교도 우리의 삶은 죽음 이후의 또 다른 진짜 세상으로 가기 전의 단계라고 믿었다. 무엇보다도 현재의 도덕과 가치는 고대 그리스 철학 사상을 계승한 종교들, 특히 아브라함의 유대교, 기독교, 이슬람교에 의해 형성되었다. 니체는 이런 가치관이 당시 사회에는 적절할지 몰라도 기존의 종교를 따르지 않는 현대 사회에서는 관련성이 없다고 주장했다. 유물론(唯物論), 과학과 이성이 출현한 현실에서 우리는 이 세상이 전부이며, 기존의 종교는 무관하다고 인식해야 한다. 다시 말하면, 현대 사회에서 神은 죽은 셈이다."[5] 그 "다른 세상"이란 곧 차원적인 세계이고, 그곳에 계신 분이 하나님인데, 그곳으로 가는 길이 너무 오랫동안 폐쇄되어 버려 길을 찾는 자가 드물게 되자, 무신론 시대의 신호탄을 쏘아 올린 것이다. 내심 神과의 거리감 회복에 대해 한계성을 직감하고, 단절의 적막감을 세상을 향해 호소한 것이라고나 할까? 급기야 언급한 대로 포이어바흐는 "神이 인간을 창조한 것이 아니라 인간이 神을 창조했다"[6]란 명제를 앞세웠으니, 神과 인간이 교감할 소통로뿐만 아니고, 교감할 수 있는 인간 자체의 영적 본성마저 퇴화해 버려, 착시 현상을

---

4) 『철학』, 마커스 위크스 저, 공민희 역, 아르테, 2017, p.288.

5) 위의 책, p.290.

6) 『기독교 명저 60선』, 편집부 편, 종로서적, 1996, p.106.

보고 헛소리를 하는 지경까지 되었다. 무신론자가 득세하는 이것이 곧 이 시대에 하나님이 강림하시지 않을 수 없는 이유이고, 강림하시게 된 목적은 오랫동안 방치된 신인 간 교감의 소통로를 활짝 트기 위해서이다. 그러기 위해서는 먼저 그렇게 단절되게 한 제반 원인을 추적할 수 있어야 한다.

알다시피, "부처님의 가르침은 베다의 토대 위에서 탄생했지만, 베다 사상과는 큰 차이가 있다. 부처님은 베다의 일부를 받아들이면서도 비판적인 관점을 취했다. 업, 윤회, 해탈이라는 기본 세계관은 이어받았지만, 고정불변의 자아, 즉 아트만의 존재를 인정하지 않은 것이다. 대신 부처님은 무아(無我)를 말했다. 무아설은 아트만의 실체로 이해하는 베다와 구별되는 불교의 고유 사상이다."[7] 부처님은 윤회를 수용하면서도 왜 베다에서 내세운 '고정불변의 자아', 즉 아트만의 존재를 부정한 것인가? 베다에서는 아트만의 고정불변설을 주장만 했을 뿐, 아트만이란 존재를 보이거나 실증하지는 못했다. 실증했다면 불교란 종교가 따로 탄생하지 않았으리라. 그 이유가 어디에 있는가? 아트만은 세상과는 차원이 다른 궁극적 실재이다. 그런데도 그 실재와 교감할 수 있는 길을 정제해서 인식할 수 있는 원리를 체계 짓지 못해서이다. 마찬가지 이유로 기독교는 왜 유대교로부터 분리되어 독자적인 종교가 되었는가? 언약궤의 분실 이후로 더는 신인 간 교감 방법과 길을 찾지 못해서이다. 그러니까 기독교는 독생자를 하나님과의 교감 매개체로 내세워 신앙 대상자로 삼아버렸다. 강력하게 요청된 새로운 신인 간 만남 체제와 교감 체제를 현실화시킨 것이다. 인간화된 하나님을 보고 복음을 믿는 방식을 통해 인류는 구약 시대 이래 다시한번 하나님과의 교감 활로를 텄다. 하지만 그로부터 2천여 년의 세월이

---

7) 『지적 대화를 위한 넓고 얕은 지식』, 채사장 저, 웨일북, 2019, p.346.

흘렀나니, 나이가 들면 혈관이 막혀 동맥경화증이 생기는 것처럼, 또 다른 요소들에 의해 신인 간 교감의 길이 굳어지고 말았다.

　20세기 프랑스의 철학자인 미셸 푸코는 "언어의 독점이 권력의 독점으로 이어진다고 한 것처럼, 중세 시대 이래의 기독교 교회가 그러하다. 우리는 권력이라고 하면 막강한 군대를 장악하고 민중을 원하는 대로 다스리거나 거대 자본을 쟁취한 뒤 시장을 통제하는 일 따위를 떠올린다. 그러나 그것보다도 더 강력한 권력은 그런 것과는 거리가 있다. 진정한 지배 권력은 오히려 그 시대의 지식을 독점하는 것이다. 즉, 당시 유럽에서 가장 중요한 것은 바로 神에 관한 지식이었다. 예컨대, 중세 이전의 고대 그리스-로마에서는 철학이 모든 학문의 중심이었다, 그러던 것이 중세가 되면서 기독교에 대한 지식, 즉 신학이 가장 가치 있는 지식으로 자리 잡게 된다. 그 지식의 원천이 되는 성서를 독점한 탓에 교회가 다른 모든 것을 지배할 수 있었다. 당시의 성서는 교회에서 사제가 읽어주는 것이었다. 그만큼 일반인은 성서의 내용에 대해서만큼은 전적으로 사제의 말을 믿고 따를 수밖에 없었다. 성서가 라틴어로 쓰여 있는 것도 교회로서는 권력을 지키는 방패가 되었다."[8] 지적하건대, 기독교 역사에서 만인과 영교할 신인 교감의 소통로를 가로막은 것은 그 주체가 정말 누구인가? 하나님인가 세상인가 인간인가 교회인가? 차마 인정하기 어렵겠지만, 제일 후자에 원인의 주체가 있다.[9] "민중은 神의 말을 일방적으로, 그것도 교회를 통해 들을 수밖에 없었다. 그러한 지식의 독점이 교회의 위선적인 권력 구조의

---

8)　『세계사를 움직이는 다섯 가지 힘』, 사이토 다카시 저, 홍성민 역, 뜨인돌, 2015, pp. 96~97.

9)　하지만 그 같은 제약 조건은 현재의 기독교라고 해서 달라진 것이 없다. 교회에 출석해서 예배를 드려야만 하나님의 공식적인 선포 말씀을 들을 수 있도록 제도적으로 정례화됨.

온상임을 간파하고 민중에게 지식을 되돌려주려고 한 것이 루터가 일으킨 종교 개혁의 본질이다."[10] 그렇더라도 결과적으로는 교회만 분열되었을 뿐, 본질적인 문제인 신인 간 교감 소통로가 원활하게 개통된 것은 아니다. 그 길은 성경을 널리 보급하고, 성서를 이해할 수 있는 교육 기회를 확대하며, 곳곳에 교회를 세워 그 안에서 목사님이 말씀을 증거한다고 해서 하나님과의 교감 소통로가 보편화되는 것은 아니다. 이것이 하나님이 인류를 보편적으로 구원하고자 하는 역사에 있어 가로 놓인 심대한 저해 요인이다.

이에, 하나님이 오늘날, 이 땅에 강림하시어 열린 가르침의 문을 연 것은 그렇게 말씀으로 역사함으로써 신인 간 교감 로드맵을 마련하기 위해서이다. 그 같은 교감 체제 확립이 차원적인 하늘 문(천통문)을 여는 지상의 디딤돌이 되나니, 그 문은 인류가 여태껏 쌓은 모든 성덕에 바탕해서 개통되리라. 진정 지난날은 선택된 자들에게만 교감의 기회가 허락되었지만, 열린 가르침을 받들면 가족과 이웃이 서로 대화하듯 하나님과 교감할 수 있게 되리라. 다양한 생각과 사상과 문화와 조건을 가진 자들이 각자의 방법으로 하나님과의 소통로를 개척하였지만, 이제는 그 길을 일률화해서 한 길로 통합하리라. 정말 우리는 현실의 삶과 이 시공간 안에서 강림하신 하나님과 교감하고 실감할 수 있는가? 이전까지는 그 방법과 길과 여건이 막연하였다는 점에서 主 예수가 강림하여 정로(正路)를 트지 못한 지난 세월 동안 교량 역할을 하였지만, 하나님이 직접 강림하신 오늘날은 그 역할이 마감되어야 한다. 아직은 현존의 삶에서 하나님과 교감하고 실감하는 것이 일반화되어 있지 못하므로, 그 같은 제약된 상태를 개선해서 명실상부하게 이 땅에서 하나님과 함께할 수 있는 지상 강림 역사 시대를 펼치리라.

---

10) 위의 책, p.97.

제28장 신인 교감 기반

1. 교감 관계

　기독교 교회는 예배란 형식을 통해 하나님과의 공식적인 만남 관계를 이루고 있다. 주일 예배, 수요 예배, 가정 예배 등등. 이슬람교는 하루에 다섯 번 메카를 향해 예배하는데, 이렇게 정례화된 형식을 통해 그들은 수십 세기 동안 하나님과 교감한 관계를 맺었고, 신앙적 전통을 이어왔다. 그렇다면 그들은 정말 하나님과 어떤 관계를 맺고 예배하였고, 그렇게 해서 교감한 연결고리는 무엇인가? 중요한 것은 신인 간이 어떤 관계를 이루고 있는가에 따라 교감 체제가 달랐다. 우리로 치면 부모 자식 관계, 친구 관계, 직장 동료 관계 등등. 하지만 기존 종교는 통상적인 신인 관계 이외는 상세한 관계 개선 노력이 없었던 탓에 교감 메커니즘에서도 더는 구체화하지 못했다. 하나님과의 관계 정립이 우선된다. 그리해야 교감의 바탕성을 추적하는 것은 물론이고, 교감 원리까지 추출할 수 있는 지상 강림 시대에 있어서 **"신인 교감 기반"**을 마련할 수 있다. 답습되다시피 한 전통적 관계 틀을 깨고 연결된 고리를 정확하게 추적해야 교감 소통로가 명확해진다. 신인 간에 주어진 본질적인 관계를 확실하게 밝히고 증거해야 하나님도 인간도 정당한 지위를 확보하고, 존엄성을 회복해 神과 인간이 동반해서 최고의 지위를 확정 짓는다. 이 같은 선행 과제를 착안하지도 해결하지도 못한 탓에 선천 종교는 '예배'란 교감 형식과 방법 이외의 혁신적인 존엄성과 지위 상승은 꿈도 꾸지 못했다. 이것이 하나님께서 이 땅에 강림하시지 않았을 때의 세계적인 실상이라, 하나님이 강림하신 상대인데도 상황이 변화하지 않는다면 강림 역사가 무슨 소용이 있겠는가?[1] 기존 종교는 신인 간 관계 설정이 어떤 단계까지 이루어졌고 개선되어야 하는 것인지에 대한 목표 설정과 혁신 노력이 전혀 없다. 그러니까 그들은 하나님이 살아계시고 함께한다고 설교하였지만, 그런 가르침이 대다수 인류가 이루는 실질적인 삶과는 동떨어져 있었다. 인간이 神의 지위를 아무리 드높이고 존엄함을 아무리 찬양해도, 인간 자체의 실존적 현실과는 거리가 멀었다. 하나님은 하늘 높은 곳에 계시는데, 인간은 낮은 자리에 여전히 머물러 있다. 동반 상승을 기대할 수 없다. 이유가 어디에 있는가? 제대로 된 신인 간 연결고리를 찾지 못해 관계 고리가 끊어진 탓이다. 신인 간에 특별한 의미를 구할 것이 없게 되어 관계가 소원해졌다.

그 정확한 세계적 실상을 확인해서 살필진대, 기독교가 한결같이 지키고 있는 관계 틀로서 하나님은 창조주이고, 인간은 피조물이란 규정 시각이다. 현대 신학자도 그런 관계 틀을 재확인해서 "기독교 신앙은 하나님의 말씀에 의한 신앙이며, 그 신앙은 곧 인간을 하나님의 피조물인 창조된 존재로 이해하는 것이다. 인간은 어떤 의미로서도 하나님이 아니며, 창조된 존재로서 종속되어 있고, 비독립적이고, 조건적 존재이다. 성서에 기록된 바대로 흙에서 생겨난 먼지일 뿐이다."[2] 성경에서는 하나님의 형상에

---

1) 지상 강림 역사 시대에서는 어떤 영역보다도 神과 인간 간 관계성 측면에서 전면적인 변화가 불가피함.

2) 「칼 바르트의 하나님 형상론에 관한 연구」, 전준혁 저, 한신대학교, 신학, 석사, 2001, p.57.

따라 인간을 창조했다고 했는데도 창조주 대 피조물과의 관계로 고착화시켜 버린 이상, 더 이상의 동반 상승 의미는 끌어낼 수 없다. 대화는 서로 간에 격이 맞아야 소통되듯, 신인 간 교감 관계도 그와 같다고 할 수 있으므로, 이 같은 관계 틀 안에서는 앞으로도 더 이상 기대할 것이 없다. 기독교의 신앙 전통이 지닌 근본적인 문제 탓에 종교 개혁을 주도한 마르틴 루터 역시 "神과 인류 사이의 간극은 절대적이라고 보았다."[3] 이런 신인 간 거리를 극복하기 위해서는 굳어진 창조주 대 피조물이란 시각을 새로운 관점으로 혁신해서 실질적인 교감 소통로를 개척해야 한다.[4] 지난날의 신인 관계가 경직된 것은 하나님이 창조주란 사실과 함께 천지 창조 역사를 직접 실현한 근본자, 전체자, 통합자로서의 본체적인 특성을 지닌 사실을 알지 못해서이다.[5] 먼저, 전체(창조주)부터 알아야 부분(인간)을 알고, 다음에 비로소 관계성을 온전히 파악할 수 있는데, 하나님이 창조주로서 갖춘 바탕된 본체성(창조 본체)을 파악하지 못한 상태이다 보니까 관계성도 경직될 수밖에 없었다.[6] 그러니까 루터도 브루너도 신인 관계를 창조주와 피조물을 정확하게 구분 짓는 것 외는 혁신을 기도할 근거가 없었다.

누차 지적하였듯, 철학자 칸트는 "우리가 경험하는 바의 세계인 '현상계'와 대조되는 '예지계'를 구분하고, 우리의 경험을 넘어서 있는 실재를

---

3) 『세상의 모든 철학』, 로버트 C. 솔로몬 · 캐슬린 M. 히긴스 저, 박창호 역, 이론과 실천, 2007, p.281.

4) 지금까지의 굳어진 신인 교감 체제를 혁신하기 위해서는 신인 관계를 새롭게 정립해야 하고, 새롭게 정립하기 위해서는 인간이 창조된 본의를 알아야 함.

5) 하나님이 창조주란 사실을 믿음으로 신앙하는 것을 넘어 하나님이 창조주로서 천지 만물을 어떻게 창조한 것인지까지 알아야 했음.

6) 인간은 부분을 통해 전체를 앎. 그런데 세계는 전체로부터 분열 중이므로 분열을 완료하기까지는 전체(하나님, 창조 본의)를 알 수 없는 한계성을 지님.

'물 자체'라고 한 것"[7]도 동일한 시각이다. 무슨 말인가 하면, 창조된 본의를 알면 본래 하나님과 인간이 구분 없는 한 본체란 사실을 알고, 분열하는 절차를 거쳐 다시 하나 되는 방향으로 나갈 수 있는데, 본의를 모른 탓에 구분 짓는 단계 이상을 벗어나지 못했다.[8] 본의를 알아야 관계를 설정할 수 있고, 도달 목표를 정확하게 감지할 수 있다. 본체와 개체 사이는 창조로 연결되어 있고, 창조된 본질은 단계적인 분열 질서를 거쳐 생성하나니, 그렇게 진행되는 절차가 곧 구분 단계→연결 단계→통합 단계이다. 그리고 이 연구는 그 같은 특성이 있는 창조 본체를 지상 강림 역사를 증거하는 과정에서 드러낸 탓에 선현들이 넘어서지 못한 구분 인식 단계를 넘어 연결 단계까지 들어섰고, 이제는 신인 간 통합 단계를 지향하고 있다. 세계가 창조 역사로 생성함에 따른 단계적 절차를 따라 지난날 답보된 신인 관계의 물꼬를 활짝 트고자 한다.

칸트가 물 자체와 현상계를 구분한 것만으로 인류 지성의 역사가 끝난 것은 아니다. 분명한 이유는 차원적인 실재와의 거리에 관한 한계 인식인 탓에 언젠가는 좁혀야 한 신인 간 관계 극복 과제였다. 이 같은 문제를 염두에 두고 하나님은 일찍이 길을 통한 인도 역사에서 신인 간의 관계를 판단할 수 있는 본보기를 제시하였으니, 인간이 하나님의 본질적인 뜻과 구속 의지 안에서 살아갈 수밖에 없었다는 사실이다. 이것은 하나님과 인간이 하나인 동일 본체가 아니고서는 작용할 수 없는 관계 조성 역사이다. 즉, "인간은 하나님의 시종일관한 정열적인 사랑과 신실과 관심 안에서 보

---

7) 『지도로 보는 세계 사상사』, 허원중 엮음, 전왕록 · 전혜진 역, 시그마 북스, 2009, p.369.

8) 그들은 본의, 즉 창조가 무엇인지 몰라 시작도 모르고, 과정도 모르고, 돌아갈 곳도 알지 못함.

존되고, 그 안에서 살아가도록 창조되었기 때문이다."⁹⁾ 그런데도 그처럼 생각은 하면서도 그처럼 작용한 현상이 무엇을 뜻하는 것인지는 알지 못했다. 워낙 창조주에 관한 관계 인식이 상식화된 탓이다. 이런 고정 틀을 혁파하기 위해 예수그리스도가 초림하였나니, 그 사역 의의를 우리는 그리스도가 역사상 신인 관계를 새롭게 조성하였다는 데서 찾을 수 있다. 하나님과 인간이 아버지와 아들로서 관계를 맺는 것만큼 혁신적인 선언은 다시없다. 한 몸, 한 뜻, 한 본체다운 승화 本을 고스란히 보였다. 그것은 일찍이 이스라엘 민족과 하나님이 맺은 계약 관계를 파기한 선언으로써, 더욱 긴밀해진 만큼이나 신인 간에 누구도 끊을 수 없는 필연적인 관계를 조성하였다. 덕분에 우리도 종의 신분에서 벗어나 하나님을 아버지라고 부를 수 있는 자격을 허락받았다. 그러나 그것은 어디까지나 양자 관계라 대속, 예언, 선지자로서 命을 받든 심부름 관계로부터 더욱 친밀한 지위에 오르기는 했지만, 그것도 실상은 과도기적인 절차로써 일체성을 이룬 단계까지는 아니다. 즉, 기독교는 전체 역사를 통해 하나님과 인간 간의 교감 작용 메커니즘을 밝히지 못했고, 이 연구가 밝히기까지 예수를 중보자로 세운 과도기적인 절차를 거친 것이다. 그래서 **앞으로 이룰 과제는 중보자 없이 만백성이 하나님과 직접 소통할 수 있는 神人 교감 관계를 밝히는 것이 기독교 신학으로서의 완성 과제이다.**

그렇게 기대하는 혁신적 과제란 과연 무엇인가? 그리고 그것은 누가 밝히고 해결할 수 있는가? 이 땅에 강림하신 하나님이 신인 간 연결 단계를 넘어 일체 되고 하나 되는 통합 단계로 나가기 위해 창세로부터 인류 역사를 주재하셨다. 인류 역사는 우리와는 차원이 다른 하나님께서 인류를 향

---

9) 위의 논문, p.51.

해 다가서고자 한 노력의 일환이라, 결국 때가 이른 오늘날의 최종 단계를 트기 위해 역사하셨다. 즉, 하나님이 인류와 교감할 길을 트기 위해서는 세계적인 본질의 생성 질서에 따른 단계적인 기반 다짐 과정이 필요했다는 뜻이다. 감추고 감추어 때가 되면 밝힐 것을 기다린 신인 간 태생의 비밀이랄까? 그 관계성의 참 본의는 하나님과 인간 간의 창조 관계에 정답이 있다. 인간이 하나님의 형상대로 지음 받았다고 자부해도 어떻게 창조된 것인지 본의를 알지 못하면 관계 조성에 있어서 한계가 있었다는 것이 지난 역사로 증명되었다. 그렇다면? 창조된 관계가 어떤가에 따라 하나님과 인간관계의 지위와 상호 소통 방법이 결정된다. 여기에 하나님의 하나님다운 가르침과 지혜와 만 영혼의 무지를 깨우칠 말씀의 교화 권능이 있다. 그것을 하나님께서 열린 가르침으로 밝히 드러내시리라.

2. 교감 바탕

우리는 이웃 간에, 혹은 친구 간에, 혹은 부부간에도 대화가 부족해 관계가 소원한 경우를 본다. 하나님과 인간 간에도 그와 같은 상황이 있다. 하나님이 임재하고 함께 계셔도 소통하고 교감하여 대화할 수 없다면 관계가 멀어질 수밖에 없다. 이에, 지난날의 신인 간 교감 상태를 진단한다면 과연 어떻다고 할 수 있을까? 소통로가 실로 오랜 세월 동안 막혀 있었고, 꽉 막힌 상태까지는 아니더라도 국제 통화를 하려면 절차가 복잡한 것처럼, 소수의 선택된 자들에게만 대화가 가능한 상태였다. 산간벽지에 있는 사람과 통화하기 위해서는 통신 설비부터 갖추어야 하는 것처럼, 바야흐로 하나님이 이 땅에 오신 지상 강림 역사 시대에는 어떤 소외된 자도 없이 하나님과 대화할 수 있는 신인 간 **"교감 바탕"**을 마련해야 한다. 그 길을 터야 이전과 달리 세상 누구라도 하나님과 대화할 수 있는 선지자, 사도, 자녀 백성이 될 수 있다.

그런 교감 상태가 가능한 것은 언급한바 主 예수가 행한 믿음과 행적과 정신 경지를 통해서이다. 그리스도의 인격과 가르침과 복음을 보면, "그는 선지자와 같이 말씀했지만, 선지자와 같지 않았다. 그의 말씀은 평화와 기쁨과 확신을 자아냈다. …… 그는 하나님의 임재를 항상 의식하면서 살았고, 자기의 양식을 하나님의 뜻을 이루는 것으로 삼았다."[10] 하나님의 뜻을 가장 참되고 충실하게 받든 예수그리스도, 그래서 그는 "하나님을 아버지라고 부를 수 있었고, 영혼이 너무 귀해서 하나님과 연합(일체-하나님=예수)할 수 있었다."[11] 이런 경지 도달과 본보기로서의 행적은 "하나님이 인간들 가운데 머무는 방식을 완전히 다르게 바꾸어 놓았다. 하나님은 경이롭고, 다가갈 수 없는 영광으로 머물지 않으신다. 오히려 구체적인 존재, 다시 말해 살아 있는 인간이 되어 우리 곁으로 다가오신다."[12] 이것은 확인한 바대로 유대교가 보인 교감 메커니즘으로부터 진일보한 신인 교감 방식에서 역사적인 바탕을 마련한 것이다. 그런데도 그런 방식이 만인에게 있어서 보편화되지 못한 과도기적인 상태인 만큼, 하나님이 이 땅에 오신 지상 강림 역사 시대에는 더욱 업그레이드된 교감 방식 체제를 구축해야 한다. 임재하고 느끼고 일체 된 主 예수의 교감 경지를 객관적으로

---

10) 『기독교 명저 60선』, 앞의 책, p.137.

11) 위의 책, p.138.

12) 『그리스도교 역사를 만나다』, 데이비드 벤틀리 하트 저, 양세규 · 윤혜림 역, 비아, 2020, p.27.

원리화할 수 있도록 교감 체제의 본성적, 세계적, 말씀적 기반을 갖추어야 한다. 교감은 신인 간의 상호 관계성에 근거한 만큼, 主 예수에 한정한 교감 경지를 넘어 만인도 함께 하나님과 일체 된 경지에 도달할 수 있는 본성을 갖추도록 교감 작용 원리를 구체적으로 밝혀야 한다. 그야말로 신인 간 교감 소통로를 확 틔우는 작업이라고나 할까? 그러기 위해서는 지난날 가로 놓인 신인 간 차원의 벽을 허물고, 인간이 어떻게 해서 하나님과 교감할 수 있는 영적 본성을 타고난 것인지를 확인해야 한다.

일찍이 성현은 말하길, 중생은 누구나 다 佛性을 지닌 탓에 예외 없이 성불할 수 있고, 누구라도 배우면 성인이 될 수 있다고 했다. 이것은 비록 직접적인 인식은 아니더라도 신인 간에 관한 교감의 가능성 상태를 말한 것이다. 육구연은 말하길, "인간의 마음[心]과 理는 하늘[天]에 의해 부여되는 것이고, 영원히 변화하지 않는 것으로 仁 · 義 · 禮 · 智 · 信이란 도덕 역시 인간이 본래 가진 천성이라고 했다."[13] 다시 말해, 하늘과 교감할 수 있는 본질적 바탕이 이미 인간의 본성 속에 마련되어 있다는 뜻이다(영적 본성). 단지 아쉬운 것은 그 같은 본성이 어떻게 하늘로부터 주어진 것인가에 대한 언급이 없다. 성불하고 성인이 될 가능성의 바탕적인 뿌리를 밝혀내지 못한 아쉬움이 그것이다. 바로 그 부족한 영역을 창조 본의가 보완했다. 인간이 어떻게 창조되었는지를 알아야 하나님과 교감할 수 있는 바탕 구조를 볼 수 있다. 즉, 인간이 지닌 영성적인 본성 바탕이다. 하나님이 열린 가르침으로 밝히길, 영성이 곧 하나님께 이르는 길이라고 하였다. 앞서 지적한 것처럼 인간은 사고적인 능력을 발휘할 수 있는 뇌라는 기관을 가진 존재이다. 동물도 뇌는 가졌지만, 인간은 특별히 하나님의 형상을 닮

---

13) 『지도로 보는 세계 사상사』, 앞의 책, p.208.

았다고 함에, 그것은 하나님과 상통할 수 있는 영적인 능력을 뇌를 통해 갖춘 것이다. 과제는 바로 그런 뇌의 구조화를 통해 어떤 교감 작용을 일으키는 것인지를 밝히는 것이다. 영적인 능력은 본성 깊이 잠재된 탓에 각자의 노력으로 얼마만큼 활성화하는가 하는 것이 과제이다.

그래서 이 연구는 제3권 『교육의 위대한 실행』 중 '요소 교육론'을 통해 영성 교육의 필요성과 양성 방법에 관해 논거를 둔 바 있다. 교육학자 코메니우스는 "우주는 하나님으로부터 만들어졌으며, 특별히 인간은 하나님의 형상으로 지음을 받은 최고의 피조물인데도 타락으로 인해 형상을 잃어버리게 되어 다시 회복하기 위해서는 자신과 세계를 알고, 다스리고, 하나님을 향해 나아가야 한다"[14]라고 하였다. 회복하기 위한 노력은 신인 간의 교감 길을 트는 것이고, 그것은 영성 양성을 위한 합당한 수행 체제 구축과 말씀의 가르침으로 가능하다. 교육 방법을 전면적으로 개혁하는 데 있어서 논리 교육에 더한 "직관 교육"의 중요성을 강조하였다. 물론 타락한 탓에 하나님과 교감할 영적 능력이 퇴화하였다고도 할 수 있지만, 그렇다고 해서 인간이 지닌 본래의 본성까지 그렇다는 뜻은 아니다. 영적 본성은 이미 갖추고 있는바, 그것이 곧 하나님이 밝힌 인간과 하나님은 본래 하나이고 일체였다는 가르침이다. 창조 역사로 인해 하나님의 본체가 인간의 본성으로 이행되었지만, 바탕이 된 본성은 동질인 탓에, 이것은 그대로 신인 간 교감 관계를 성립시키는 영적 본성의 근거이다. 그리고 그렇게 이행되었으면서도 신인 간이 소통할 수 있는 연결 끈을 마련한 것이 뇌의 구조화를 통한 **"교감 바탕"** 마련이다. 이 같은 신인 간 교감 소통로는 결국 창조 역사를 통해 직결된다. 창조는 하나님과 인간 사이를 잇게 하는

---

14) 「코메니우스의 대교수학 연구」, 임용덕 저, 고려대학교 교육대학원, 교육사 철학, 2016, 석사, p.31.

탯줄이다. 그것이 지금은 끊어진 상태이므로 우리가 하나님과 연결된 길을 찾는 데 어려움이 있다. 그래서 끊어진 교감 소통로를 다시 굳게 잇는 것이 성령의 시대를 여는 이 시대 최대의 지적 과제이다. 본래 부여되었고, 이미 지닌 본성 바탕이므로 발견하고 회복해야 한다는 말이 맞는다.

하지만 하나님으로부터 인간이 창조된 탓에 하나님과 교감할 수 있는 영적인 본성 바탕, 그러니까 하나님과 교감할 수 있는 연결 끈은 본래부터 주어졌고, 이어져 있다고 해도 하나님은 인간과는 존재한 차원이 다른 神이라, 그 차이를 넘어 교감하기 위해서는 세계적인 바탕을 마련해야 한다.[15] 그런데 지성들이 가로 놓인 차원(초월) 벽을 뚫지 못한 것은 창조 역사를 아예 착안조차 하지 못해서이다. 하나님이 몸 된 본체를 이행시켜 세계 안에서 내재한 바탕 본체로서 세계 운행을 주재하게 된 사실이 그것이다. 그래서 세계를 운행하는 주재 의지가 충만하여 인류가 세상 어디서도 상호 교감할 수 있는 세계적 바탕을 이루었다. 하나님은 전능한 神이기 때문에 무소부재한 것이 아니다. 세계를 이룬 바탕 본체자로서 우주 안에 내재하시기 때문에 세상 어디에서도 교감할 수 있는 길을 틀 수 있다. 이 같은 세계 본질적인 바탕 위에서 하나님은 말씀을 통해 엄밀한 우주의 운행 질서와 함께하고, 주재하는 질서를 통해 완성된 지혜를 드러내신다. 하나님은 확실한 말씀으로 존재하시고, 말씀은 세상의 어떤 존재보다도 실존 조건을 완벽하게 갖춘 존재 자체이다. 말씀은 시공을 엄밀하게 주재하는

---

15) 성령의 시대는 누가 나서서 선언한다고 해서 개막되는 것이 아니다. 하나님은 우리와는 존재한 차원이 다른 神이라, 우리와 동일한 존재 방식으로서의 소통은 불가능하다. 그래서 개막할 수 있으려면 실질적인 세계관적 기반을 구축해야 하는데, 그중에서도 핵심 된 조건은 하나님과 인간과의 교감 메커니즘 체제 마련이다. 그렇다면? 동일한 본질 영역인 영적 차원 안에서 소통할 수 있도록 교감 원리를 보편화시켜야 한다.

운행으로 살아 역사한 의지를 표명하고, 뜻을 전달하고, 계시하나니, 가장 총명한 완성된 지혜는 우주를 운행한 질서를 통해 드러난다. 성령 역사의 주체적인 뜻인 **말씀은 시공의 완료된 결정 의지로서 하나님이 역사한 생명성의 지표이다.** 신인 간 교감 바탕은 天 · 地 · 人, 시공간, 우주와 합작하였을 때 소통로가 활짝 열린다. 하나님이 이 땅에 오신 지상 강림 역사 시대에는 사방에 가로막힌 차원의 벽을 뚫고 신인 간 **"교감 바탕"**을 확실하게 구축해야 하리라.

3. 교감 원리

서양 철학에서는 존재론, 윤리 가치론과 함께 진리를 인식하는 문제가 (인식론) 중요한 탐구 영역을 차지하고 있다. 지식은 어떻게 수용되는가, 진리는 어떻게 인식되는가? 등, 그래서 칸트가 '물 자체'를 알 수 없다고 한 것도 인식론을 전개하는 과정에서 내린 결론이다. 그런데도 바로 그 물 자체 영역에 속한 神에 관해 말하는 자들이 적지 않은데, 그들은 그렇다면 어떤 루트와 방법으로 神을 알았고, 감지(인식)한 것인가? 교감 된 결과라면 칸트가 내린 결론은 어떻게 되는가? 오직 칸트가 내세운 이성의 한계 조건 안에서만 그렇게 판단되는 불가지론일 뿐이다. 진리는 정말 인간에게 어떻게 수용되는가? 지식은? 사물은? 물 자체는? 하나님은? 인류의 정신 작용과 구조가 다르지 않은 한 인식되는 원리 또한 다르지 않다. 즉, 성경의 말씀은 어떤 성령의 역사로 기록되었고, 그런 과정에서 말씀을 받든 주체자들은 어떤 정신 작용 원리에 따라 교감 된 메시지를 새긴 것인가?

선지자는 하나님이 이르신 말씀을 받들어 대언하고 선포한 것이라, 그 같은 성령의 역사 작용과 말씀의 임재는 결국 어떻게 하나님과의 교감 작용으로 말씀을 수용한 것인가 하는 인식 원리와 연관이 있다. 따라서 철학 영역에서만 인식의 문제를 다루는 것이 아니고, 신학 영역에서도 계시 작용 역사와 원리와 일체 역사를 경험한 계시 수용 원리를 인식론으로 밝혀야 했다. 또한, 수행으로 도달한 覺者도 어떤 정신 작용 원리로 道를 얻어 우주의 지혜를 통달하고 통관한 것인가? 이런 문제들이 모두 하나님이 진리의 성령으로서 시공을 초월해 역사한 계시 작용 원리의 일환이라, 세계 의지와 교감 된 의식적인 각성들은 결국 인식 작용 원리 안에서 일관된다. 따라서 이 연구가 오늘날 길을 통해 이르신 하나님의 말씀을 실존적, 역사적으로 증거하는 데도 말씀을 어떻게 구했고, 전달받았고, 인식하고 이해하고 판단해서 받들었는가 하는 과정을 밝히는 것이 중요하다. 이 같은 교감 작용 방식과 원리를 구체화하지 못한 탓에 지난날 선포된 하나님의 말씀에 대해서는 믿음을 더해야 했다.

하나님은 어떻게 계시 작용 역사를 펼쳤고, 인간은 어떻게 그 뜻을 수용했는가 하는 총체적인 신인 간 **"교감 원리"**를 밝히기 위해 이 연구는 먼저 길의 추구로 어떻게 하나님의 뜻을 받들 수 있었는가부터 살핌으로써 전제한 조건을 충족시키고자 한다. 열린 가르침의 문을 열면서도 밝힌 바 있듯, 이 연구는 하나님이 역사한 유의지성을 감별하는 방법으로써 기도로 하나님께 뜻을 묻고 응답받는 결과를 살핀 교감 방식을 택했다. 그리고 이 같은 상호 교감 과정에는 하나님의 엄밀한 세계 운행 의지가 작용한 사실도 함께 지적하였다. 믿음 없는 자들이 이 순간 하나님이 어디에 있느냐고 물었을 때, 하나님을 자기 눈앞에 나타내 보이라고 하면 신앙인은 어떻게 할 것인가? 이 연구는 단호하게 이 순간 기도에 응답하는 말씀의 임재 역사로 하나님께서 살아 역사한 사실을 증거할 뿐이라고 선언하였다. 대명천지 하늘 아래서 우리는 정말 어떻게 해야 하나님의 존안을 뵈올 수 있는가? 뵈올 수 있는 교감 원리 인식의 첫 관문은 바로 하나님이 어떻게 실존한 분인가부터 아는 데 있다. 말씀이란 의지체로서 역사한 만큼, 말씀을 통해 응답한 계시를 받드는 방식이다. 깊은 산은 메아리가 있지만, 바위를 향해서는 아무리 외쳐도 반향이 없다. 그러나 대우주를 향한 물음에 대해 반응이 나타나고, 응답해 주는 분이 있다는 것은 우주 전체가 하나님의 주재 의지로 운행되는 몸 된 본체란 사실을 증거한다. 어찌하여 유의미한 응답이 있는 것인지에 관해서는 교감 된 작용 원리를 통해 밝히겠지만, 교감 방식은 반드시 **"교감 원리"**로서 뒷받침해야 하는 것이 원칙이다. 이것이 이 연구가 길을 통해 하나님의 뜻을 인식하고 수용하는 과정을 통해 찾은 정답이다. 말씀의 대언 역사, 그 가르침의 역사 기반은 인간으로서 가진 진리와 인생과 세계와 하나님에 대해 던진 발문을 통해 얻은 말씀의 지혜가 전부이다. 이런 교감 방식으로 하나님과의 소통로를 틔운 교감 인식 원리를 추출하게 되었다.

과학자들은 우주인의 존재를 확인하고자 그들이 듣고 이해할지도 모르는 전파를 우주를 향해 발신하는 시도를 하고 있지만, 무한한 우주 공간 안에서 우리가 품은 의문과 기도와 발문에 대해 모종의 역사로 응답해 주는 분이 있다는 것은 예사롭지 않은 일이다. 과연 이런 사실을 확인할 수 있는 작용 역사가 어디에 있는가? 이 연구는 본 편 "길을 엶" 과정에서 발문하길, 우리는 하나님이 임재하고 계시하심을 어떻게 감지하고 분별할 수 있는가? 인류가 그동안 하나님과 원활한 소통로(교감)를 틔우지 못한 것은 어느 쪽 교감 장치가 작동하지 않아서인가? 하나님이 메시지를 발신한다고 해도 그것을 받드는 인간의 수신 장치가 작동하지 않고 있다면 교감 작용이 일어날 수 없다. 이처럼 인간이 지닌 교감 조건이 여러모로 불미한 탓에 때가 이른 오늘날 하나님께서 그 길을 틔워 줄 수 있길 이 연구가 간절히 기도하였다. 이런 발문에 대해 하나님은 어떻게 말씀하셨는가? 응답한 말씀은 그대로 이 연구의 물음에 대해 하나님이 존재한 사실을 알린 본체의 임재 역사이고, 하나님이 인류를 향해 가르친 위대한 말씀의 역사이다. 곧, "질병을 치유하시는 하나님"을 통해 증거하길, "믿고 세례를 받는 사람은 구원을 얻을 것이요, 믿지 않는 사람은 정죄를 받으리라. …… 믿는 자들에게는 표적이 따르리니 …… 무슨 독을 마실지라도 해를 받지 아니하며, 병든 사람에게 손을 얹은즉 나으리라." 길이 사전에 구한 발문이 없었다면 주신 말씀은 성경에 기록된 그때의 정황으로 해석되겠지만, 발문 간구에 대해 응답한 하나님의 말씀으로서 보면 구구절절이 하나님께서 인류를 향해 펼친 열린 가르침으로 전환된다. 즉, 오늘은 초자연적인 하나님의 역사가 임하시는 날이니 하나님의 말씀, 그 능력은 눈에 보이지 않는다. 그러므로 영으로 보라. 이 연구가 어떻게 **"신인 소통로"**를 틔울 수 있는가 하고 물었을 때, 하나님은 우리가 가진 영적 본성을 통해서라고 하셨다. 영성으로 통함이 곧 신인 교감 방법이라고 하셨다. 그 이유는 하나님의 본체가 바로 영이기 때문이다. 영 대 영인 동일 본성 조건을 통해야 비로소 신인 간 교감 관계가 성립된다. 그리고 교감의 상호 작용 관계에 있어서 신유는 특별한 은총이라, 오직 믿는 자에게만 역사가 일어난다.[16] 다시 말해, 믿음을 가진 자에게만 교감의 문이 열린다. 믿는 것이 길

---

16) 총알이 장전되어 있어도 방아쇠를 당기지 않으면 발사가 되지 않는 것처럼, 신인 교감을 가능하

이나니, 이것이 신인 교감의 상호 인식 작용 원리이다.

이어서 하나님은 교감 작용 원리에 관해서도 이 연구가 뜻을 뒷받침할 수 있는 유의미한 말씀을 주셨으니, 신유의 선포는 하나님의 특별한 은총이다. 지혜로운 자는 말로써 병을 고친다. 치유의 광선이 뻗쳤다. 이 말씀을 통해서 이 연구가 즉각 교감 작용 원리를 인지하였다. 그 치유란 곧 풀림이다. 믿음의 언어로, 성령의 역사로 진리, 인생, 역사, 세계의 얽히고설킨 문제를 풀어 놓는다. 풀림 역사가 영적 파동과 파도를 일으킨다. 그래서 믿음과 기도는 그 무형의 교감 작용을 눈으로는 볼 수 없지만, 기력이 광선처럼 뻗고 영적 파동과 파도를 일으켜 실질적인 변화를 일으킨다. 암이 뿌리째 뽑히고 말끔하게 치유된다. 이 연구는 교감의 길을 가로막은 일체 장애물을 걷고, 누구라도 조건 없이 하나님과 대화하고 함께할 수 있는 길을 열어달라고 기도했거니와, 그 소통로의 핵심 작용 원리에 풀림이란 작용 역사 원리가 있다. 과연 하나님은 인류가 지금까지 쌓아 올린 문화적, 역사적, 신앙적, 가치관적 장벽을 허물고 어떻게 만교 영통할 길을 열 수 있는가? 이에 대하여 하나님이 응답하셨다. 믿음이 있다면 뚫지 못할 장애물이 없다(믿음이 있으면 못 고칠 병이 없다). 그 교감 작용 원리는 믿음→풀림=가로막힌 장애물을 걷어 내고 뚫음이다. 하나님이 말씀하길, "무엇이든지 믿음대로 되리라. 여자여, 안심하라. 죄 사함을 받았다." 18년 동안 병을 앓아 마비된 몸을 풀어놓으심. 믿음은 신인 간에 가로막힌 하늘 문을 엶. 믿음이 있다면 뚫지 못할 길이 없다(트지 못할 교감의 길이 없음). 하나님과 인류가 교감할 수 있는 길을 열기 위해서는 왜 지난날 그 길이 굳게 막히고 단절된 것인지에 관한 이유부터 알아야 하나니, 쌓고 또

게 하는 본성적 바탕을 갖추었더라도 교감 작용을 일으킬 믿음이 없으면 무용지물임.

쌓아 숨도 못 쉴 만큼 짓눌린 인류의 죄악에 대해 믿음으로 다가서는 영혼들에 하나님이 치유의 말씀으로 命함으로써 인류가 죄악으로 인한 고통으로부터 풀림을 받아 하나님을 뵈올 수 있는 영적인 길을 틀 수 있다. 곧, 하나님이 지침한 말씀의 권능이 병과 죄악에 얽매인 인류 영혼을 풀어내어 영적인 소통로를 확보할 수 있게 한다.

그렇다면 이 연구는 이렇게 지침 된 신인 교감 작용을 어떻게 원리적으로 뒷받침할 것인가? 그것은 이 순간 하나님이 밝힌 신인 간 **"교감 원리"** 라는 것을 당장 증거하지 못해서일 뿐, 삶의 현장에서 관습적으로, 혹은 신앙적, 혹은 구도(求道)적으로 널리 실행하고 있는 방법이다. 하나님이 모세에게 준 최고의 가르침은 바로 "네가 서 있는 장소가 천국이라는 생각의 전환이었다. 神과 만나는 곳은 특별한 장소가 아니다. 희로애락을 경험하는 삶의 현장이다."[17] 삶의 현장에서, 혹은 내면의 의식 속에서 인류는 숱하게 미처 밝혀내지는 못했지만, 작용한 교감 원리를 따라 나름대로 하나님의 뜻을 받들었다. 유교 경전인 『주역』의 본래 역할은 점서(占書)였다. "진시황의 분서(焚書)를 피해 살아남을 수 있었던 것도 『주역』을 점서로 이해한 탓이라고 하지 않았던가? 지금도 占은 인간의 미래가 초자연적인 힘에 예정되어 있다는 운명론적 사고 탓에(미신) 혹세무민의 한 전형으로 여겨지기도 한다. 하지만 우리는 인생의 과정에서 판단 중지란 난감한 사태에 직면하면 『주역』의 점괘를 살피고, 점을 쳐서 고민에 대한 현명한 조언을 구하기도 한다."[18] 이런 행위와 생각은 과연 종교인이 기도를 통해 하나님께 뜻을 구하는 신앙 행위와 무엇이 다른가? 하나님은 전능한

17) 『신의 위대한 질문』, 배철현 저, 21세기 북스, 2015, pp. 224~225.

18) 『철학 콘서트』, 황광우 저, 웅진지식하우스, 2011, p.98.

인격신으로서 그 신앙 대상 지위가 확고하지만, 점괘는 상징화된 의미 구성 체제일 따름이다. 그리고 하나님의 세계 운행 의지는 세상 가운데 편만해 있고, 주재 의지가 세계 속에 충만해 있어 분열하는 시공간을 초월한다. 당연히 미래 질서도 함축하고 있어 점괘 역시 선재 된 생성 질서를 부호로 상징화한 것이 맞는다면 어느 정도는 하늘의 뜻과 교감 된 운행 의지를 담고 있다고도 할 수 있다. 그런데도 세계 작용적인 여건상 인식 기반이 부실한 탓에 동양 문화 안에서의 관습적인 교감 형태로서 통속화된 상태이다. 이런 동양식 교감 방식을 신인 간 교감 원리로서 정형화할 수 있으려면 메시지 발신자인 하나님의 본체적인 존재 특성과 수신자인 인간의 본성적인 영적 특성을 명확히 밝혀 교감 메커니즘을 객관적으로 원리화해야 한다.

먼저 하나님의 본체는 영이고, 영의 주체는 말씀이라, 말씀의 권능은 치유의 광선이 뻗치고, 영적 파동과 파도를 일으킨다고 했다. 그 영적인 힘이 인류에게 두루 미쳐 죄악 탓에 가로막힌 교감의 길을 튼다고 했거니와, 우리도 하나님의 영적 본성을 부여받은 존재답게 조직된 구성 본질은 곧 영원한 메시지의 수신체이다. 무슨 말인가 하면, 하나님으로부터 발산된 그 보이지 않는 영적 메시지를 수신할 수 있는 영적 구조를 본성적으로 갖추었다는 뜻이다. 태어날 때부터 같은 언어를 사용하는 민족은 통역자가 없어도 자유롭게 대화하는 것처럼, 인류는 본래부터 하나님이 발산하는 말씀의 영적 파동에 동조되어 감지할 수 있는 수신 체제를 갖추었다(영적 본성). 선지자는 어떻게 하나님의 부르심을 듣고 받들 수 있었는가? 그것이 정말 그들에게만 가능한 역사였는가? 그들에게 있어 가능한 역사였다면, 지금의 우리에게 있어서도 예외는 없다. 말씀을 수용할 수 있는 영적 본성 조건은 같다. 단지 문제는 타고난 영성을 얼마나 자각했는가? 얼마만큼 양성했는가의 문제일 뿐이다. 지난날 **"신인 소통로"**가 원활하지 못한 이유가 인간이 지닌 메시지 수신 장치에 문제가 있었다는 뜻이다. 즉, 영적 문이 굳게 닫혀 하나님이 발신한 메시지가 미치지 못했고, 믿음의 기대가 부실하여 기도가 하나님의 전에 제대로 도달하지 못했다. 대우주를 향해 발문하고 기도로 간구하지 않았는데 뜻이 하늘에 미칠 수는 없고, 깨어있지 않은 영혼 위에 말씀이 임할 수는 없다. 전파 교신 원리로 채널을 돌리면 원하는 프로그램을 볼 수 있는 것처럼, 신인 간 교감 체제도 그렇게 정비할 필요가 있다. 하나님의 교감 의지는 세계 가운데 편만하나니, 우리가 발문하고 기도하면 그 메시지가 마치 전파처럼 하나님의 전에 상달되고, 하나님도 세계의 엄밀한 운행 질서를 통해 상응한 메시지로 응답하신다. 그 메시지 뜻을 우리가 깨어있는 의식으로 포착한다. 신인 간 상통한 영적 교감 체제는 인간의 통상적인 언어 파동과는 차이가 있는 만큼, 여기에 합당한 영적 수신 조건을 인류 모두가 갖추는 것이 앞으로의 과제이다. 그래서 요구되는 것이 무형의 形而上學적인 본체로서 역사하는 하나님과 교감할 수 있는 영적 직관력을 기르는 것이다. 오감을 통한 인식과 이성을 통한 분별력으로 세계를 판단하는 것을 넘어 무형의 영적인 메시지를 직관하는 것은 또 다른 차원에서의 세계적 과제이다. 하지만 이런 문제는 이미 동양의 수행 문화 속에서 깊이 있게 모색되었고 개척됐다. 신인 간 교감 작용 원리를 동양의 수행 문화 전통 속에서 추출할 수 있다는 것은 큰 아이러니다. 그것은 "서양의 역사가 언어적인 개념은 발달시켰어도 몸의 수련에는 뚜렷한 전통이 부족했다"[19]라는 사실에서 역설적인 이유를 찾을 수 있다.

---

19) 『도올의 마가복음 강해』, 김용옥 저, 통나무, 2019, p.484.

일명, 의식을 통해 추구한 천인합일성이라, 수행을 쌓아 의식을 고도화하면 본성에 변화를 일으켜 세계 본질과 동화되고, 상통하게 되어 세계 의지와 일체 되는 정신 경지를 이룬다는 것이 그것이다. 그러고 보면 동서양을 막론하고 신인합일이든 천인합일이든 차원이 다른 본체 존재와 교감하고자 한 노력이 있었던 것만은 분명하다.[20] 단지 접근 방식 면에서 차이가 생긴 것은 문화적, 신앙적, 시대적 차이이기 이전에 창조관, 우주관에 따른 문제이기도 하다. 서양의 신앙인, 철학자, 지성인이 神과 인간 간에 거리를 둘 수밖에 없었던 것은 창조로 인한 연결고리를 찾지 못해서이다. 루터는 말하길, "神과의 합일은 인간에게는 부적절한 목표이고, 神과의 개인적인 우정과 공통적인 교섭만 가능할 뿐이다"[21]라고 하였다. 하지만 동양은 전혀 달랐다. 서양에서는 하나님이 인간을 창조했다고 하면서도 창조주와 피조체와의 관계를 분명히 함으로써 거리를 두었다면, 동양에서는 인간 본성은 곧바로 하늘이 부여한 바라고 하여(天命之謂性), 하늘을 향한 신뢰와 믿음이 창조론을 겸한 우주론을 대신하였다. 맹자는 자신의 본성을 알면 하늘을 안다고 하여 천인 교감의 가능성을 피력했고, 장재는 "누구든지 자신의 본성을 확실히 실현하는 사람은 현상[客感, 客形]과 본체[無感, 無形]를 통일할 수 있다."[22] 곧, 본체와의 합일을 일갈했다. 개체[인간]가 본체[神]로부터 즉각적으로 말미암은 탓에 상통한 교감 원리성의 개진이다. 창조 원리에 따른 신 세계관의 차이 탓이다. 하늘[神]과 인간은 본

---

20) 神이든, 본체든, 물 자체든, 形而上學적 실재든, 인류가 궁구한 궁극적 대상은 모두 차원적인 실체였다는 점에서, 그것을 인식하고자 한 인류의 노력은 다양한 역사와 오랜 문화적 전통에도 불구하고 하나로 일관할 수 있다.

21) 『세상의 모든 철학』, 앞의 책, pp. 281~282.

22) 『정몽』, 「誠明」, 張子全書.-『보편철학으로서의 유학』, 나성 저, 이학사, 2017, p.118.

래 하나인 본체인 탓에 말미암았어도(창조) 수행을 쌓아 갈고 닦으면 본성, 본질, 의지, 심적으로 이질적인 요소가 제거되어 다시 원 본체 상태로 회복, 복구, 일체 됨이 가능하다는 원리이다. 이런 본체와의 합일 의식에 대한 단적인 도달 경지 상태로 육구연이 말한 "우주의 일도 모두 내 분수 안의 일이요, 내 분수 안의 일도 바로 우주의 일이다"[23]란 명제가 있다. 主 예수도 나를 보는 것은 아버지를 본 것과 같다고 했는데, 그것은 아버지와 아들이 일체란 뜻이다. 이렇듯 동양 사상이 개진한 본체와의 합일 의식은 뭇 개체가 본체로부터 말미암은 창조 탓에 가능한 교감 원리이고, 그것은 곧 신인 간의 초월적인 거리감을 원리적으로 극복하는 길을 튼 신인 교감 개척 역사이다. 서양은 벽에 부딪혔지만, 동양은 가능성을 개진하는 길을 걸었다. 그래서 서양의 계시 수용 방식과 동양의 본체 합일 방식을 통합하면 신인 간 교감 작용 원리가 비로소 정형화된다. 선불교에서 취한 견성성불 경지도 알고 보면 본체와 본성과의 완전한 승화 상태를 뒷받침한다. 함께하는 것을 넘어 동질화된 상태인데, 이 같은 성불 경지 달성이 곧 수행으로 도달한 본체와의 합일성 이룸 방식이다. 본체와 합일하면 인간 본성이 본체와 동질화되어 뜻과 의지가 상통하고 우주의 본질과도 통한다. 단지 의식을 통한 인식 체제인 동시에 의식을 통한 각성 체제인 탓에 하나님과의 직접적인 교감 소통로로서 매치되지 못한 부족함이 있어 교감 방식 체제를 최종적으로 원리화하기 위해서는 길의 완수 때를 기다려야 했다.

그렇다면 최종 단계에 해당한 이 연구는 길의 완수 역사를 통해 어떻게 하나님의 말씀을 접하고 각성해서 받들었는가? 일단, 세계 의지와의 교감으로 하나님의 뜻을 믿음으로 일군 길의 추구 역정을 거쳤다는 것, 그런

---

23) 『지도로 보는 세계 사상사』, 앞의 책, p.208.

추구 목적이 일정 단계에서 완수되었다고 판단하였을 때 하나님께로 나아가 뜻을 구한 방식이다. 이때 임한 계시 말씀과 본인이 믿음으로 일군 뜻이 구조적으로 일치하는 사실 확인을 통해 한 인간의 주관적인 생각에 불과한 뜻이 하나님의 뜻으로 승화됨으로써(믿음) 세계 의지화되는 신인합일 방식 원리이다. 길은 길이고 하나님은 하나님인 상태에서 이 연구가 먼저 세계로부터 뜻을 일구고, 그것을 하나님의 전에 나아가 확답받는 교감 원리를 길의 완수 역정을 통해 정형화하였다. 그만큼 본인은 하나님과 교감할 수 있는 길을 찾고자 노력하였고, 하나님도 여기에 부응한 성령의 은혜를 부어주셨기에 만 인류가 오늘날 강림하신 하나님과 함께하고 소통할 수 있게 된 **"지상 강림 역사 시대"**를 맞이하였다. 신인 간 교감 방식과 그것을 정형화시킨 **"교감 원리"**는 미래의 시대를 새롭게 열 핵심 메커니즘이다. 이 방식과 이 원리를 통하면 누구라도 제약 없이 강림하신 하나님과 소통하고 직접 본체를 영접하게 되리니,[24] 믿음을 가지고 지금 행하라. 그리하면 어떤 질병과 억눌림과 장애물이 가로 놓여 있을지라도 다 걷어 내고 신인 간이 교감할 수 있는 소통로를 확보해 주리라고 약속되었다. 무엇을 믿든지 믿음대로 되리니, 믿음이 있으면 하나님과 인류 간에 트지 못할 교감 길이 없으리라.

---

24) 이것이 바로 성령의 역사 시대 개막임.

제29장 신인 교감 역사

인류의 전체 역사는 인류를 있게 한 하나님에게로 나아가기 위해 길을 개척한 역사이고, 하나님과 교감할 길을 트기 위해 노력한 역사이다. 그리고 그렇게 길을 개척하고 길을 트고자 한 대상은 바로 신인 간에 가로막힌 차원의 벽이다. 어떤 경우라도 이 같은 목적 전제에 대해서는 크게 반박할 여지가 없겠지만, 이 같은 목적을 달성하기 위해 이 연구가 제시하는 교감 역사 방법에 있어서는 반문이 있을 수 있다. 즉, 지난 역사에서 하나님에게 이르는 길을 개척하는 과정에서는 다양한 루트가 있었다. 결코 기독교가 세운 신앙과 교리와 신학적인 방법만이 유일한 길이 아니었다는 사실이다. 그렇게 전제한 사실을 확인하기 위해서는 합당한 역사적 근거를 제시해야 함에, 기존 인식과는 다른 혁신적 관점과 논거가 필요하다. 한 가지 재료만 가지고서는 집을 수 없는 것처럼, 신인 간 교감의 길을 트기 위한 역사도 조건은 마찬가지이다. 위·진 시대의 현학이 천인합일을 목표로 함에, 그런 추구 목표가 도대체 신인 교감의 개척 역사와 무슨 상관이 있느냐고 물을 수도 있겠지만, 알고 보면 심오한 뜻이 있다. 하나님과 인간 사이에 가로 놓인 차원의 벽을 뚫지 못하면 절대로 도달할 수 없는 것이 하나님이 거한 존재 영역이다. 이와 같은 추구 특성을 알아야 천인합일 노력이 하나님과 일체 되고자 한 동양식 개척 방식으로서 신인 간 교감의 길을 트고자 한 노력의 일환이란 사실도 안다. 신인 간 교감 개척 역사를 살펴보면 접근 방식과 해결 관점에 있어 동서양에 뚜렷한 차이가 있거니와, 원인은 역시 어디서도 미처 뚫지 못한 신인 간에 가로 놓인 차원의 벽 탓이다. 가로막힌 이 가림 막을 걷어 내어야 동서양이 추구한 교감 역사를 통합해서 인류 영혼이 모두 오늘날 강림하신 하나님에게로 나아갈 수 있다. 어떻게 해야 열린 의식으로 동서양이 함께 노력한 신인 교감의 개척 역사를 일원화시킬 수 있는가? 그것은 서양 신학이 요지부동하게 주장하고 있는 하나님에게 이르는 유일성 루트부터 무장해제 하는 데로부터이다.

"기독교는 이천 년이 넘도록 신인 간을 확실하게 구분한 이원론적 세계관을 지킨 역사인바, 전지전능하고 완전무결한 神의 개념을 불완전한 인간으로부터 보호하는 최고의 방법으로서 神과 인간을 엄격히 분리한 신앙을 고수하고자 하였다."[1] 기독교는 신인 간의 절대 이격 거리를 허물고자 한 시도가 있을 때마다 수호자들이 나타나 이원론적 세계관을 지키려고 한 신앙 역사이다. 이것은 기독교란 종교의 정통성을 지킨다는 측면에서는 정당한 신앙 행위일지 모르지만, 신인 간 교감의 길을 트고자 한 인류 역사의 보편적인 개척 역사에는 역행한다. 어쩌면 그렇게 투철하게 지켜서 쌓아 올린 신앙, 교리, 신학의 높은 요새 탓에 오늘날까지 신인 간 교감의 길이 보편적으로 개방되지 못한 것이라고 할 수 있다. 이런 기독교가 과연 정상적인가? 아니면 이 연구가 판단을 잘못한 것인가? 이 연구가 맞는다면 그들의 잘못을 어떻게 지적해서 고쳐야 하는가? 서양 신학이 제기한 주장을 일목요연하게 종결짓고, 그럴 수밖에 없는 타당한 근거를 밝힐 필요가 있다. 즉, 기독교 신학은 신인 간 교감의 길을 여는 데 있어 일단 3가지 길을 내세웠고, 각각의 입장을 가진 자들이 그 타당성에 대해 논

---

1) 『지적 대화를 위한 넓고 얕은 지식』, 앞의 책, p.534.

거를 둔 주장이 있다. 神과 인간과의 관계에 있어서 "본질상 유한하고 죄악 본성을 지닌 인간이 무한하며, 거룩하신 하나님을 알 가능성이 있는 것인지, 만약 가능성이 있다면 방법은 어떠한 것들이 있는지에 대한 고민은 개신교뿐만 아니라 로마 가톨릭 신학에서도 끊임없이 제기한 신학적 질문이다. 이 두 질문에 대한 대답으로서 우리는 창조된 자연을 통하여 하나님을 인식할 수 있다는 '자연 계시'와 성경에 기록된 예수그리스도를 통해서 인식할 수 있다는 '특별 계시', 그리고 하나님은 때와 장소, 사람을 가리지 않고 모든 사람에게 자신을 드러내셨다는 '일반 계시'를 제시한 견해가 있다, 이들 입장은 교회의 역사 속에서 공존과 대립을 병행하면서 팽팽한 긴장감을 유지하고 있다."[2] 토마스 아퀴나스가 3가지 길 중 '자연 계시'에 주목한 것은 기독교 내 신인 교감의 역사에 있어서 진일보한 관점이다. 이 연구는 결국 일반 계시로까지 나아간 신인 교감의 범인류적인 개척 역사를 논거하는 것이 목적인데, 그러기 위해서는 아퀴나스가 취한 관점에 대해 공과를 분명하게 가려내어야 한다. 곧, 자연적인 계시를 통한 교감 루트가 있다는 사실을 인정한 것은 긍정적이지만, 그런 사실을 논거를 두기 위해 이성적 추론으로 교감 루트를 트고자 한 방법론에서는 문제가 있다. "순수 이성에 의해 하나님의 존재와 인간 영혼의 불멸성, 그리고 가톨릭교회의 초자연적 기원을 입증하고자 한 '우주론적 증명' 방법이 그것이다."[3] 물론 증명 대상으로서 자연이 지닌 필연적 원인을 소재로 삼기는 했지만, 하나님의 계시, 즉 창조 목적과 뜻과 의지와 원리가 어떻게 원인을 생성시

---

2) 「칼 바르트의 신인식론에 관한 연구」, 최자원 저, 목원대학교 신학대학원, 조직신학, 석사, 2005, p.11.

3) 위의 논문, p.14.

키는 데 영향을 미친 것인지에 관한 작용 메커니즘은 설명하지 못했다. 아직 때가 이른 미완의 교감 작용 과제를 남긴 것이라고나 할까? 이런 문제는 현대의 신학자들에게 있어서도 그대로 이어졌다. 지금도 신학자들 사이에서 회자하고 있는 브루너와 바르트 간의 '자연과 은총' 대 '아니요' 논쟁이 그것이다.

브루너는 『자연과 은총』에서 바르트가 이해한 자연 신학의 견해를 여러 가지 명제 형식으로 제시하였고, 이에 대한 반 명제를 세움으로써 바르트를 반박했다. 브루너가 이해한 견해 중 신인 교감 개척 역사와 관련한 명제로서는 "바르트가 성서의 계시만이 하나님을 아는 길이고, 구원의 길이라고 말한 데 있다. 그런 만큼, 바르트는 자연이나 양심이나 역사 속에 하나님의 일반적인 계시가 있다고 주장하는 모든 시도를 철저히 거부했다. 오직 하나인 완전한 계시밖에 없는데, 그것이 곧 예수그리스도 안에 계시가 된 하나님의 완전한 계시이다."[4] 즉, 그들이 서로에게 던진 신학적 주제는 "어떻게 모든 창조 안에서 창조주의 영을 인식할 수 있는가? 과연 우리는 하나님을 자연 속에서의 모든 창조 질서를 실제로 감식할 수 있는가"[5]에 대한 각자의 답변 형식이다. 창조주의 영을 인식하는 문제는 신인 간 교감 개척 역사와 곧바로 연결되고, 그중에서도 자연 속에서의 창조 질서를 통해 감식하는 것은 교감의 개척 영역을 더욱 확대하는 문제이다. 여기서 두 신학자는 서양의 사고 전통 탓에 뚫지 못한 차원의 벽, 창조 벽으로 인해 아퀴나스처럼 신인 간 교감의 길을 명쾌하게 트지 못했다.

먼저 두 신학자가 취한 공통적인 견해로서는 그리스도 중심인 '변증법

---

4) 위의 논문, p.16.

5) 「칼 바르트의 하나님 형상론에 관한 연구」, 앞의 논문, p.62.

적 신학'에 토대를 둔 데 있다. "브루너는 하나님은 오직 계시를 통해서 알려질 수 있으며, 계시는 예수그리스도 자신임을 강조했다. 계시는 하나님이 예수그리스도 안에서 자신을 나타낸 것을 의미한다. 칼 바르트도 절대적인 그리스도 중심주의 신학자라, 예수그리스도 안에 나타난 하나님의 계시에 신학의 토대를 둔 것이다. 그러나 이러한 공통점에도 불구하고 1920년부터 그들 사이에는 틈이 생기기 시작했다. 그 틈은 '자연 신학'에 대한 견해의 차이로부터 기인한다. 즉, 예수그리스도 이외의 하나님에 대한 지식에 접근할 수 있는 길이 있는지가 논쟁의 초점이다. 이에 대해 브루너는 긍정적, 바르트는 부정적인 태도를 보였다."[6] 이것은 비단 두 신학자에게만 해당하는 문제가 아니다. 서양 신학 전체, 그리고 오늘날의 지상 강림 역사 시대를 열기 위해서도 반드시 짚고 넘어가야 하는 신인 간 교감의 길을 여는 개척 역사 일환이고, 이 시기에 가부에 대해 판정해야 하는 문제이다. 먼저, 브루너가 긍정적으로 검토한 '자연 계시'는 '일반 계시'의 범위에 속한 것으로 "자연, 역사, 그리고 인간의 양심을 통해서 하나님의 계시가 나타나며, 그것으로부터 하나님에 대해 진정한 지식을 얻는 것이 가능하다는 것이다. 이렇듯 '자연 계시'와 함께 그곳에 근거를 둔 자연 신학도 인간이 하나님을 찾아가는 데 초점을 두고 있다. 이런 자연 신학은 몇 가지 신념 위에 기초하고 있다. 객관적이고 유효하며 합리적이고 보편 다양한 일반적인 계시가 존재한다는 것과, 사람들이 이 계시를 인식하고 이해하며 받아들이느냐의 여부와는 상관없이 하나님이 실제로 자신을 자연 속에 계시하므로 인간은 자연 세계로부터 지각하고 배울 수 있다는 것이다. 하나님이 자연을 통해서 알려지며, 인간은 자연적인 제한과 죄와 타

---

6)　위의 논문, pp. 11~12.

락의 결과에도 불구하고 하나님의 창조물을 인식하고 해석하는 것이 가능하다는 것이다."[7]

이런 견해가 사실이라면 브루너가 익히 지적한 것처럼, 그런 주장을 뒷받침할 합당한 메커니즘을 제시해야 했다. 이것이 일체 논쟁을 종식할 우선된 신학 과제이다. 하지만 자연 신학은 이런 세계관적 문제를 간과한 탓에 바르트에게 위기의식을 가중해 절대적인 그리스도 중심 신학에 매몰되게 하였다. 문제 해결의 때가 이르지 못해 문턱 앞에서 좌절되고 말았다. 바르트는 도대체 왜 자신이 취한 신학적 입장이 순수 신앙을 지키는 절대적 진리라고 생각한 것인가? 그가 지키고자 한 "하나님에게 이르는 길은 인간의 이성, 사유, 역사, 문화에 있는 것이 아니라, 하나님의 자유로운 은혜의 말씀인 예수그리스도와 그에 대한 신앙에 있을 뿐이다"[8]란 견해는 정말 타당한 인식인가? 어떻게 해서 이성, 사물, 역사, 문화, 더 나아가서는 자연으로부터 터야 할 교감 길을 애써 가로막고, 그 길을 예수그리스도에게만 집중시키려 한 것인가? 하나님의 지상 강림 본체가 드러나지 못한 세계적 조건 속에서는 외골수 태도를 보일 수 있으리라. 하지만 그 같은 상태가 영원히 유지될 수는 없다. 그 전환 시점이 전 역사에 걸쳐 전방위적인 교감 역사 길을 트고자 하는 이때이다. 그런 측면에서 본다면, 바르트의 "하나님은 하나님에 의해서만 유일하게 알려진다. 하나님은 하나님을 통하여, 오직 하나님만을 통하여 인식된다"[9]란 말은 정말 하나님의 절대 권능에 속한 본질인 탓에 맞지만, 한편으로는 그런 이유 탓에 하나님이

---

7) 위의 논문, p.15.

8) 『기독교 명저 60선』, 앞의 책, pp. 204~205.

9) 위의 논문, p.25.

유사 이래로 진리의 성령으로서 하나님의 본체를 드러내기 위해서, 혹은 신인 간 교감의 길을 트기 위해 역사하셨다. 그렇게 주재한 역사적 근거 는 과연 무엇인가? 바르트의 견해에 동조한 김균진은 "하나님과 인간 사 이에는 죄와 악의 현실이 가로 놓여 있다. 이 현실 속에 있는 인간은 하나 님을 바르게 인식할 수 있는 능력과 가능성을 가지고 있지 않다. 하나님과 인간 사이에는 은폐성이 가로 놓여 있다"라고 하였지만, 실상은 그처럼 가 로막힌 신인 간 차원의 은폐성을 트기 위해 하나님이 역사한 것이다. 이것 은 하나님이 직접 역사하고 밝히지 않으면 인류는 그 무엇을 통해서도 하 나님을 알 수 없다. 그래서 그야말로 하나님은 하나님을 통하여, 오직 하 나님만을 통하여 인식되고 안내되고 교감 될 수 있다. 바르트가 자연 계시 의 가능성에 대해 단호히 '아니오'라고 한 은폐성 탓에 하나님의 유일성만 보고 범 보편성은 보지 못한 것은 결정적인 잘못이다. 그렇게 주장한 명제 는 그야말로 한 가지만 보고 다른 사실은 은폐성에 가려 보지 못한 정황을 여실하게 나타낸다. "창조주로서의 하나님은 세계와 구별되고, 피조물인 인간은 직접 그분을 알 수 있는 영역에 속해 있지 않다. 그분은 거룩하므 로 타락한 인간의 눈으로는 볼 수 없고, 본래 숨겨져 있고, 불가해한 존재 이다. 인간이 그분을 알 수 있다면, 그것은 오직 하나님의 은총으로 자체 를 드러낼 때만 가능하다."[10] 그렇게 가능한 때가 바로 지금이다. 이전에 는 차원의 벽에 가로막혀 불가능했지만, 지금은 하나님의 은총에 힘입어 유사 이래 진리의 성령으로서 본체를 드러내고자 한 인류의 신인 교감 개 척 역사를 일관할 수 있게 되었다.

　신인 간 교감 역사는 실로 하나님의 주재 의지가 편만하고, 시공을 초월

---

10)　위의 논문, p.30.

한 만큼이나 제한이 없고 광범위한 영역에 걸쳤다. 이 역사적 사실을 인류가 추적해서 확인할 수 있도록 하나님이 열린 가르침의 역사를 펼치고자 하신다. 알고 보면, 기독교 역사에서 일정 부분 신앙 전통으로부터 이탈되었다고 여기는 신학적 입장과 행위 속에서도 신인 교감의 개척 섭리는 작용하였다. "1326년, 에크하르트의 나이 67세가 되었을 때, 도미니크회와 대립하던 프란치스코회 소속의 쾰른 대주교는 이단의 가르침을 전파한다고 하면서 그를 고발했다. 그리고 쾰른의 종교 재판에서 에크하르트는 유죄 선고를 받았다. 그 내용인즉, 에크하르트는 마음에 神이 내재하고 있음을 가르쳤다. 그는 문자로서의 교리보다 신실한 체험을 강조해 깊은 침묵 속에서 내면의 심연으로 내려갈 때, 우리는 神의 실재를 체험할 수 있다. 그가 이렇게 설교할 수 있었던 것은 스스로가 자신의 내면 안에서 광활한 세계를 보았고, 인간의 영혼과 神의 궁극적 합일을 경험했기 때문이다. 그는 기독교 신앙을 새롭게 정립하고자 했으며, 그가 가르친 자기 내면에서의 神과의 합일은 당시의 시대적 상황인 부패한 교회를 통하지 않고 神의 말씀에 직접 닿고자 한 열망을 반영한 자들에게는 단비와도 같았다."[11] 자기 안에서 神을 만나고, 그곳에서 神과 자신의 일체성을 인식하고자 한 노력은 언젠가는 결실을 보아야 하는 신인 교감의 분명한 개척 노력 일환이다. 내면을 통해서만 교감의 길을 틀 수 있는 것은 아니지만, 내외적 조건을 초월해 신인 간 교감의 합일 처소는 결국 내면인 정신의 의식적 작용을 통해서일 수밖에 없다. 그런 교감 영역을 교회의 권위를 통하지 않았다는 이유로 폐쇄하는 데 앞장선 것은 보편적인 교감의 길을 트고자 한 섭리 역사에 어긋난 행위였다.

---

11) 위의 책, p.537.

사실상 내면의 본성과 의식을 통한 신인 교감 소통로는 창조 역사로 직결된 길인 탓에 神에 대한 개념 인식이 전혀 없는 상태에서도 본성적으로 널리 통용된 보편적인 원리 작용이다. 거듭 인용해, 맹자가 말한 "그 마음을 다하는 자는 그 본성을 알고, 그 본성을 알면 곧 하늘을 안다고 한 것이 그것이다. 자신에게 부여된 본심을 지켜나가고 기르는 것이 하늘을 섬기는 방법이라, 선한 본심을 지켜나가고, 그 본심이 선할 때, 이렇게 마음가짐을 갖춘 사람은 곧 天道에 부합하고, 그것이 곧 하늘을 섬기는 것이라고 하였다. 이 모든 원리 작용은 진심(盡心)과 지성(知性)에서 출발해 하늘의 뜻을 아는 것(知天)으로 이루어지고, 존심(存心)과 양성(養性)에서 출발해 하늘을 섬기는 것(事天)으로 이루어진다."[12] 이것이 신인 교감의 길을 개척한 동양식 접근 방식의 제안이라, 궁극적인 목적은 에크하르트가 말한 자기 내면에서의 神과의 합일처럼 진심, 지성, 존심, 양성 등, 본성이 지닌 능동성의 발휘로 지천, 사천이란 천인합일의 최고 경지에 이르고자 하였다. 이처럼 동서양 지성들이 이룬 공통된 신인 간 교감 개척 노력이 하나님과 교감할 길을 튼 오늘날의 지상 강림 시대를 열게 했다는 사실이다. 왜 본성을 알면 하늘을 아는가? 언젠가는 밝혀야 할 가르침의 과제로 남겨둔 채…… 본성과 하늘과의 연결로는 천지가 어떻게 창조되었는지 본의를 알아야 했다.

한편, 인도의 범아일여 사상도 신인합일, 또는 절대자와 인간과의 합일을 내세웠다는 점에서 신인 교감 개척 역사 안에 가일층 근접한 영역이지만, 문제는 너무 단도직입적이라는 데 있다. 이런 등식 명제만으로서는 梵에 대한 교감 소통로를 추적할 길이 없다. 이런 문제를 의식한 듯, 베다에

---

12) 『지도로 보는 세계 사상사』, 앞의 책, p.53.

서는 "아르주나여, 인간이 神에게 이르는 길에는 수많은 방법이 있다. 그 중에서 가장 잘 알려진 것은 세 가지 방법으로서 선정과 요가의 길, 의무의 길, 그리고 박애의 길이 있었다"[13]라고 하여 현실적인 길을 제시하였고, 수행을 통한 동양식 접근 방식으로 구체화하기는 했지만, 직결로를 트지 못한 것은 선천에서의 진리 명제가 지닌 세계관적 한계이다. 이에, 인도 베다 전통에 기반을 둔 힌두교 세계관의 결론인 범아일여 사상과 기독교의 신인 간에 엄격한 거리를 둔 교리와 비교하면 장단점이 여실하게 드러난다. 어느 쪽으로 지향해야 하는가 하면, 梵我一如처럼 일치하는 쪽으로 길을 터야 했다. 하나님과의 직접적인 소통로를 틔우지 못하고, 신인 관계를 연결 짓지 못한 것은 인류의 보편적인 구원 섭리에 장애가 되기 때문에, 이것이 기독교가 선천 종교로서 지닌 세계관적 한계이다. 신인 간을 매개한 중보자로서 예수그리스도를 내세우기는 했지만, 그것은 관계 면에서도 직접적이지 못하고, 그리스도의 神적 본질도 화육된 탓에 하나님의 본체가 완전하게 드러난 상태가 아니다. 본체는 때가 되면 언젠가는 성령의 역사로 드러날 것이었고, 그때가 되면 모습까지 완성될 것이었다. "우리를 위한 하나님 계시의 객관적 현실은 예수그리스도"[14]임에, 더 나아가서는 예수그리스도가 그렇게 오심으로써 인류 앞에 보인 진의를 재확인할 필요가 있다. 즉, 예수그리스도는 어떤 역사적 의미보다도 신인 교감의 개척 역사에 있어 하나님과 인간 간에 가로 놓인 차원의 벽을 허물고, 신인합일의 길을 튼 성자이다. 예수그리스도의 神적 진의는 "너와 나, 인간과 神, 나와 우주가 하나라고 한 데 있는데, 이것을 당시의 기성 종교인들

---

13) 『지적 대화를 위한 넓고 얕은 지식』, 앞의 책, p.226.

14) 위의 논문, p.31.

은 더 이상 방치할 수 없는 사상으로 여겼다. 그 가르침은 로마 제국의 황제 숭배와도 배치되었고, 신앙 전통에 있어서 神은 인간 역사를 섭리적으로 지배하는 전지전능한 존재로 남아 있어야 했다."[15] 예수그리스도는 가로막힌 신인 교감 루트를 보다 현실화, 구체화, 보편화할 수 있는 길을 열었다. 그런데도 그 진의가 추종자들에 의해 곡해되었고, 희생으로 허문 벽을 다시 막아 버렸다. 이런 행위 탓에 이후의 기독교 역사는 신인 교감의 길을 트는 데 있어서 주도적인 섭리를 담당하지 못하였고, 구원 섭리에도 세계관적 한계성에 봉착했다. 지금이라도 진위를 가려내 확실하게 규정하는 절차가 필요함에, 그리해야 예수그리스도가 하나님과 실질적인 교감의 길을 튼 역사적 장본인인 사실을 깨닫게 된다.

신인 교감의 마지막 역사로서는 자연과 사물을 통한 개척 루트가 있다. 이것은 인류가 지난날 쌓아 올린 과학적 진리 영역을 모두 포괄해야 하는 어려운 문제이다. 서양의 자연 탐구 역사는 그렇다손 치더라도 동양에서는 마음→본성→하늘을 통하는 방법 외에도 "사물에 나타난 원리를 철저히 궁구하고 본성을 충분히 발현시킴으로써 天命을 이루는 방법"[16]이 있으니, 이런 노력을 포함해서 동서양은 모두 자연과 사물을 통해 교감의 길을 트고자 한 시도가 있었는데, 서양은 자체의 문명적인 특성상 본체 문명인 동양과 달리 사물의 본질을 파고든 합리적인 방법을 통해 가일층 창조된 원리를 구체화할 수 있는 기반을 다졌다. 그런데도 기독교는 신앙적인 한계 탓에 근대에 본격적으로 태동한 과학 혁명을 저지하려 한 잘못을 남겼다. 그래서 진리의 성령으로 오신 지상 강림 본체는 자연과 사물을 통해

---

15) 『신의 위대한 질문』, 앞의 책, p.206.
16) 『보편철학으로서의 유학』, 앞의 책, p.143.

일군 과학적 진리까지 두루 수용함으로써 자연 계시 신학을 완성하고, 신인 간 교감의 길을 활성화하는 디딤돌로 삼고자 한다. 인류 문화를 통틀어 세계 어디에서도 신인 교감의 개척 역사가 섭리적으로 주재되었다는 사실을 확실하게 증거하리라. 하나님은 사랑을 다해 천지 만물과 인류를 창조하였는데도, 그런 세계와 인류가 타락하므로(종말 국면) 하나님이 이 같은 잘못을 바로잡기 위해 이 땅에 오셨다. 신인 간의 교감 불통이 주된 원인이라, 이 같은 문제를 해결하기 위해 하나님은 오늘날만 역사한 것이 아니고, 전 역사를 통틀어 신인 간의 거리를 좁히고, 장애물을 걷어 내기 위해 섭리하셨다. 그리고 때가 이른 지금, 가로막힌 최종 장벽을 뚫기 위해 말씀의 가르침 역사를 펼치시니, 얽매인 교감 소통로를 활짝 틔워 성령의 시대 개막을 본격화하시리라.

제7편

종교 섭리론

기도: 하나님, 기존 종교는 선천 종교로서 인류의 보편적인 구원 역사와 창조 목적 달성과 세계의 대립 상황을 극복할 통합에 있어서 더 이상 소임을 수행할 수 있는 진리력을 상실하였다는 것이 이 연구의 판단입니다. 그렇다면 지난날 인류가 이룬 역사에도 하나님의 섭리 뜻이 있었고, 앞으로 이룰 역사에도 그와 같은 뜻이 있을진대, 저로서는 어떻게 판단하고 뜻을 수행해야 할지 혼돈된 그 무엇이 있습니다. 이 문제에 대해 제가 어떻게 대처해야 하나이까? 어떻게 해야 새로운 역사를 도모하면서도 지난날 하나님이 이룬 섭리 맥을 계승할 수 있겠나이까?

말씀: 아브라함이 또 가로되, "주는 노하지 마옵소서! 내가 이번만 더 말씀하리이다. 거기서 10인을 찾으시면 어찌 하시려나이까?" 가라사대, "내가 10인을 인하여도 멸하지 아니하리라(창, 18: 32)."

증거: "主께서 의인을 악인과 함께 멸하시려나이까?" 하나님은 절대 의인을 악인과 함께 멸하지 않는다. 그런데 심판을 결정하신 이유? "만일 공의를 행하며, 진리를 구하는 자를 한 사람이라도 찾으면 내가 이 성을 사하리라(렘, 5: 1)." 하지만 결국 바빌론에 멸망함. "롯의 거하는 성을 엎으실 때, 아브라함을 생각하사 롯을 그 엎으시는 중에서 내어 보내셨더라(창, 19: 29)."

제30장 개관(종교 진리 문제)

1. 길을 엶

 현대 종교는 분열될 대로 분열을 거듭해 인류 사회를 이상 사회로 인도한 다는 것이 오히려 파멸의 구렁텅이로 몰아넣는 대립과 분쟁의 온상이다. 그 것은 결코 해결할 수 없는 세계의 종말 요인 자체이다. 그런데도 하나님이 창조주로서 선천 종교를 섭리하신 데는 그만한 뜻이 있어서일 것이고, 하나 님이 은혜 주신 역사였다고 보는 것이 이 연구의 굳은 믿음이다. 하나님 은 원대한 창조 목적을 가지고 인류 역사를 주재하셨는데, 종교인들은 왜 제각각 자신이 믿는 신앙의 길로 들어서고 말았는가? 인류 사회에 암울한 그림자를 드리운 이유는 무엇인가? 이것은 과연 해결할 수 있는 문제인 가? 선천 종교를 주재한 하나님의 섭리 뜻은? (2022. 3. 1. 19:15)

 종교 진리는 진리의 뿌리이며, 하나님은 그 뿌리의 알파와 오메가 자체이 다. 그러므로 하나님은 종교 진리를 생성시킨 섭리의 본질을 밝힐 수 있다.

 종교 진리는 참 진리인데도 확인하고 실증하지 못해 믿음이 요구된 심 원한 진리이다. 그 이유는 무엇인가?

하나님의 뜻을 깨닫지 못해 분파된 제반 종교 진리를 다시 하나 되게 할, 각자가 쌓아 올린 종교적 전통을 일관시킬 수 있는 길과 관점은? 과연 그것은 가능한 일인가? 어떻게 해야 갈라진 종교 진리와 신앙과 역사로부터 하나님이 주재한 섭리 뜻을 확인할 수 있는가?

인류가 추구한 신관의 변화 역사를 일관할 수 있는 포괄적인 신관 관점은?

선각들이 가능성을 타진하기는 했지만, 종교 진리를 통하여 하나님께 이르는 길을 트는 것은 인류가 해결해야 할 궁극적 과제였다.

선현들이 알게 모르게 각성한 종교 진리는 한결같이 창조적인 진리 인식에 근거한 것이다. 종교 진리를 통하여 창조 진리를 밝히고자 하였다.

세계의 종교 분열 문제를 하나님께서 가르침으로 풀 수 있게 해주소서! 어떤 진리 관점과 섭리 된 뜻을 확보해야 대립한 종교 신앙의 문제를 해결할 수 있겠나이까?

지금까지 인류 역사를 지탱하였고, 구원 역사를 주도한 세계적인 종교들은 각자 하나님의 섭리 뜻을 반영한 문화를 구축하였고, 이상적인 나라를 건설하기 위해 노력하였다. 하지만 세계의 본질이 분열 중인 탓에 신앙관, 교리관, 진리관이 상대화되고, 대립한 상태가 너무 오랫동안 지속되어 자체 지닌 세계관으로서는 이런 과제를 해결할 가능성이 사라져 버렸다. 이것을 어떻게 할 것인가? 하나님, 이 자식이 믿음이 부족하여 두려움을 가지고 간구하고자 하나이다. 그들이 가진 신앙관, 교리관, 진리관을 어떻게 해야 합니까? 냉철하게 대처할 하나님의 진리와 지혜와 뜻을 밝혀 주소서! 반드시 넘어서고 극복해야 하는 산일진대, 제게 믿음과 용기를 더해 주소서! 그리해야 하나님이 이 땅에 오신 위대한 지상 강림 역사 시대를 펼칠 수 있을진대, 막상 지금 이 순간 거대한 세상의 장벽이 눈앞에 보이고, 두려움의 권세가 엄습하나이다. 무엇보다도 이 자식의 정신적 혼란을 평정할 수 있게 하여 주소서! 그때를 제가 기다리고자 하나이다. 제가 무슨 말씀을 보고 듣고 깨달아야 가르침의 권능을 회복할 수 있겠나이까?

하나님, 기존 종교는 선천 종교로서 인류의 보편적인 구원 역사와 창조 목적 달성과 세계의 대립 상황을 극복할 통합에 있어서 더 이상 소임을 수행할 수 있는 진리력을 상실하였다는 것이 이 연구의 판단입니다. 그렇다면 앞으로의 세계적 과제는 추진할 새로운 인류 역사의 방향을 제시하고 길을 트는 것일진대, 그러기 위해서는 기존의 신앙관, 교리관, 진리관의 한계성을 지적해서 극복해야 하며, 이에 대처할 새로운 세계관을 제시하는 것입니다. **그렇다면 지난날 인류가 이룬 역사에도 하나님의 섭리 뜻이 있었고, 앞으로 이룰 역사에도 그와 같은 뜻이 있을진대, 저로서는 어떻게 판단하고 뜻을 수행해야 할지 혼돈된 그 무엇이 있습니다. 이 문제에 대해 제가 어떻게 대처해야 하나이까? 어떻게 해야 새로운 역사를 도모하면서도 지난날 하나님이 이룬 섭리 맥을 계승할 수 있겠나이까?** 무조건 비판하고 부정만 하는 것이 능사가 아닐진대, 잘잘못을 가려서 미래 역사를 열 밑거름이 되게 하는 길은 없겠나이까? 비판해야 한다면 그 이유가 무엇이고, 그러면서도 전혀 새로운 길을 도모해야 할진대, 그 필연적인 이유는 또 무엇입니까? 이래도 내 자식이고 저래도 내 자식이라는 말이 있는데, 하나님은 어떻게 대척된 양 조건을 모두 충족시킬 수 있겠나이까? 그렇게 이룰 수 있도록 앞으로의 가르침 역사에서 하나님의 지혜로운 섭리 뜻을 밝혀 주소서! 하나님, 부족한 이 자식의 영혼을 말씀의 가르침으로 깨우쳐 주시옵고, 정오 빛처럼 밝혀 주소서! 인류의 미래 역사를 지침해 주소서!

오늘날 세계의 종교가 처한 위기와 대립과 모순을 풀기 위해서는 하나님이 천지 만물을 지은 창조 목적과 인류 역사를 주재한 섭리 뜻을 밝혀내는 것이 관건이다. 과연 수십 세기 동안 지켜온 내로라한 세계의 종교 전통들은 정말 변함없이 미래 역사로 이어질 수 있을 것인가? 아니라면 이 시점에서 새로운 역사를 도모해야 하는가? 그리고 그 세계관적 토대는 마련되어 있는가? 하나님은 지금의 인류 사회가 어떤 모습으로 변화되길 원하시는가? 지켜지길 원하시는가? 혁신되길 원하시는가? 하나님, 저에게 이 모든 것을 판단할 말씀을 주시옵고, 이 모든 것을 감당할 힘을 주시옵고, 믿음으로 일어설 확실한 뜻을 밝혀 주소서! 이 자식을 하나님이 원하는 세계 건설의 능한 도구로 사용해 주소서!

2. 간구

하나님 나의 아버지, 부족한 이 자식이 큰 고뇌를 안고 아버지의 존전에 무릎 꿇었나이다. 세계의 다양한 종교적 현상은 하나님이 인류 역사를 주재한 섭리 의지의 반영이자 뜻의 실천 표명이란 사실을 믿습니다. 그런데도 유구한 세월이 흐른 오늘날은 모든 면에서 각자가 믿는 신앙관으로 굳어져 버려 더는 하나님의 살아 역사한 주재 의지와 섭리 뜻을 반영하고 표명할 수 없게 되고 말았습니다. 하나님, 어떻게 해야 꽉 막힌 섭리의 물꼬를 틔워 하나님의 연면한 섭리 맥을 미래 역사로 다시 이을 수 있겠나이까? 그들은 자신들이 믿는 신앙관에 안주하여 하나님이 오늘날 이루고자 하는 새로운 역사에 대해 눈멀기만 하니, 굳어진 신앙 틀을 타파해서 무명을 일깨울 준엄한 말씀의 가르침을 주소서! 자체의 진리관과 인간 된 지식으로서는 부족함이 크오니, 하나님께서 전지한 지혜로 깨우쳐 주소서! 저의 용기 부족과 두려움을 하나님께 고하고 의뢰하나이다. 저희 생각으로 행함이 아니고, 하나님께서 직접 말씀으로 시시비비를 가려 나아갈 길을 밝혀 주소서! 교화의 권능으로 인류로서는 헤어날 수 없는 신앙의 늪에서 건져 주소서! 한계성에 처한 교리 틀을 깨고, 하나님께서 마련한 새로운 진리 세계로 인도해 주소서! 종말에 처한 종교 섭리의 한계성을 극복하고, 새로운 미래 세계로 나아갈 수 있는 가르침의 위대한 역사가 있길 간구하나이다.

3. 성경 말씀

아브라함이 또 가로되, "주는 노하지 마옵소서! 내가 이번만 더 말씀하리이다. 거기서 10인을 찾으시면 어찌 하시려나이까?" 가라사대, "내가 10인을 인하여도 멸하지 아니하리라(창, 18: 32)."

첫 말씀에서 하나님이 뜻을 밝히면서 의지를 확고히 하시다. 무엇에 대해서? 다시 간구한 발문으로 되돌아갈진대, 기존의 전통적인 종교 진리는 상대화된 상태가 격화되어 자체적인 능력으로서는 대립 문제를 해결할 길이 요원하므로, 아예 그것을 버려야 하는가, 말아야 하는가? 즉, 이 연구가 **"종교 섭리론"**을 긍정적인 관점에서 논거를 둬야 하는가, 부정적인 관점에서 논거를 둬야 하는가? 양자택일 중 버리는 카드를 선택하였고, 또 그렇게 작정하셨지만, 마지막 시한으로서 요구된 긍정적인 조건을 충족시키면(의인 10인을 찾으면) 기존 신앙관, 교리관, 진리관을 버리지 않고 살릴 것을 허락하셨다. 간구하길, 이 연구의 세계적인 판단으로서 전통 종교는 선천 종교로서 인류의 보편적인 구원 역사와 창조 목적 달성과 대립 상황을 극복할 세계 통합 역량에 있어서 더는 소임을 수행할 수 있는 진리력을 소진한 것이 분명하지만, 그래도 지난 역사에서 하나님의 섭리 뜻에 따라 인류 영혼을 구원한 의로운 역할이 있을진대, 그런데도 그들을 버려야 하나이까? (아브라함이 말하길, "거기서 10인을 찾으시면 어찌 하시려나이까?"란 중보 기도와 인식 구조가 동일함) 아브라함처럼 끈질기게 미련을 버리지 않고 무조건 비판하고 부정만 할 것이 아닐진대, 잘잘못을 가려서 미래 역사를 열 수 있는 밑거름이 되게 할 수 있는 길이 없겠나이까? 하나님의 마음을 돌이키고자 끝까지 매달림. 하지만 갖은 노력에도 불구하고 소돔과 고모라 성은 그들이 저지른 죄악이 너무 차고 넘친 탓에 유황과 불을 비같이 내려 멸하고 롯만 구원함. 그렇다면 수십 세기에 걸쳐 지속해 온 내로라한 세계의 종교적 전통들도 과연 변함없이 계속된 역사로 이어질 수 있을 것인가? 아니라면 이 시점에서 새로운 역사를 도모해야 하는가? 하나님은 미래의 인류 사회가 어떤 모습으로 변화되길 원하시는가? 지켜지길 원하시는가, 변화되길 원하시는가? 하나님께서 밝힌 최종적인 뜻은 일체를 남김없이 버림이며, 지킴이 아니라 새로운 역사로 혁신시키고자 함이 확고한 뜻이다. 여기서 취할 수 있는 것은 롯 한 명만 구원되었듯, 기존 종교 진리들도 그러하리라.

4. 말씀 증거

2022. 3. 7. CTS 기독교 TV, 05시 30분, 생명의 말씀.

제목: "내가 이번만 더 말씀하리이다."

말씀: 중보 기도는 어떻게 해야 하는지 깨닫고자 합니다. 아브라함의 중보 기도. 그는 어떻게 기도했는가? 이웃의 고통을 보고 기도함. 하나님이 소돔과 고모라의 죄악을 알아봄(창, 18: 20~21). 과연 내게 들린 부르짖음과 같은지…… 소돔과 고모라의 죄악을 알고 있었지만 직접 가서 알아보고자 하심. 확인함이 아니고 심판하러 가심(발문에 대해 성령이 임재하심을 감지하고 하나님의 의지를 간파함). 아브라함의 기도-어떻게 "主께서 의인을 악인과 함께 멸하시려나이까?"(이것은 아브라함으로서는 가늠하기 난감한 양 조건을 동시에 충족시켜야 하는 문제로서 악인과 함께한 의인을 구원할 수 있는 방법적 지혜를 하나님께 구한 것임) 왜? 소돔과 고모라가 멸망하면 조카도 함께 멸하고 말 것이기 때문에…… 창, 13: 8. "네가 택하라. 롯=소돔과 고모라. 아브라함=가나안. 20년이 흘러 조카 롯을 다시 생각함. 이웃의 고통과 멸망을 알고 외면하는 것이 우리의 모습. 그러나 아브라함은 잊어버릴 만한 20년 세월이 지나서도 조카 롯을 생각함. 육신

의 고통이 아닌 영혼의 고통을 돌아봄.

두 번째, 아브라함은 하나님의 공의에 호소함. 악인을 의인과 함께 멸하려 하심. 그러나 하나님은 공의로운 하나님이시다. 함께 멸함은 불가한 일(이 말씀이 바로 발문에 대한 즉각적인 응답, 즉 그때나 지금이나 참된 종교 진리를 멸하실 리 만무하다). 창, 18: 23~25. 하나님께서 당위성 이유를 밝히심. 세상을 심판하는 하나님께서 공의를 행하지 아니하나이까? 그런데 의인을 죄인과 함께 멸하심은 공정하지 못하다(아브라함의 생각). 의인을 위해 용서해 달라. 하나님은 절대 의인을 악인과 함께 멸하지 않는다. 성 중에 의인 50인이 있다면 멸하지 않게 하소서! 창, 18: 26. 온 지경을 용서하리라. 결코 함께 멸망시키지 않는다. 공의, 공평의 하나님이심. 남 유다 멸망 시의 예레미야 선지자. "만일 공의를 행하며, 진리를 구하는 자를 한 사람이라도 찾으면 내가 이 성을 사하리라(렘, 5: 1)." 하지만 결국 바빌론에 멸망함(유다가 그러한데 하물며 선천의 종교 진리야……). 하나님은 악인이 얼마나 많은지를 보시는 것이 아니라 의인 한 사람을 보심(심판 기준). 그런데 없었다. 우리의 이웃과 사회에 의인 한 사람이 있으면 이 나라를 구원해 줄 것이다.

세 번째, 아브라함이 끈질기게 기도함. 10년 안 되면 20년, 20년 안 되면 30년 기도함. 기도한 사람에게 하나님은 반드시 역사하심. 기도한 사람은 실패하지 않는다. 아브라함, 끈질기게 기도한 本을 보임. 첫 조건=50인의 의인이 있으면 당연히 용서하심. 없으니까 다시 용기를 냄. 50인의 의인 중 5인이 부족할 것이면……(창, 18: 28). 그래도 쾌히 승낙하심. 40인이 되면? 계속 요구함. 또 용기를 내어 20인을 찾으면 어떻게 하시겠나이까? 네가 그렇게 기도하니까 감동이 된다. 이웃의 고통을 외면하지 않고 내게 기도한 너를 봐서 용서하마. 조카 롯만 의인으로 남아 있는 것이 아니라 그 가족이 10인 정도 되지 않겠는가? 그래서 본문 제목인 "내가 이번만(마지막) 더 말씀하리이다." 아무래도 20인은 안 되겠다. 10인만 되면 용서하시겠나이까? 끝까지 기도하는 아브라함에 대해 하나님은 끝까지 대답해 주심. 누군가의 고통을 외면해서는 안 된다. 이번만 더…… 하나님의 눈치를 보면서 애간장이 탐. 이웃 사회의 고통을 끝까지 외면하지 않고 기도하는 아브라함의 마음을 하나님이 보심. 한 번만 더 주님이 오실 그날까지 믿는 자가 되자. "롯의 거하는 성을 엎으실 때 아브라함을 생각하사 롯을 그 엎으시는 중에서 내보내셨더라(창, 19: 29)." 그래서 롯을 구하고 아브라함의 기도를 기뻐하심(이것이 미래 역사에 대한 구원의 유일한 희망임).

결론: 공의의 하나님은 의인 때문에 멸하지 않으심(그런데 소돔과 고모라가 멸망한 것은 최소한도의 조건인 10인의 의인조차 충족시킬 수 없었기 때문임. 하나님이 이 같은 뜻을 밝힌 것은 선천의 종교 진리들이 그 무엇도 하나님이 세운 공의로운 심판 조건을 통과하지 못했다는 말임. 그렇다면 미래 역사에서도 달리 선택할 길은 없다. 심판 단행이 결정적인 답임).

5. 길을 받듦

하나님께서 일깨워 준 말씀의 가르침을 받들진대 우리는 더 이상 무엇을 어떻게 판단할 수 있는가? 길의 발문 주제에 대해 하나님이 말씀하신 뜻은 선천 종교의 진리적 역할과 섭리적 시한이 다했다는 일깨움이다. 또한, "어떻게 해야 새로운 역사를 도모하면서 지난 역사를 계승할 수 있겠나이까?"란 발문 구조와 대비된 동시 응답 조건의 충족 상태인 "의인과 악인을 함께 멸하려 하시나이까?" 아브라함이 그렇게 믿었고, 또 우리가 모두 그렇게 믿고 있는 공의로우신 하나님은 전혀 그렇지 않다. 진리를 선별해서 계승시키고자 하심. 주어진 세계적 조건으로서는 멸할 수밖에 없는 상황에 부닥쳤다는 것이 하나님의 의중이자 본 편의 저술 입장이기도 하다. 그것은 본인의 주관적인 생각이 아니다. 우주의 전체 질서를 꿰뚫은 하나님으로서의 확고한 의지 표명이다. 본인이 두려워하기에 앞서 온 세상이 각성해서 대처해야 한다. 하나님이 마감하고자 하는 종교 섭리의 심판 뜻과 대상과 진리가 무엇인지를…… 선천 종교를 주재한 하나님의 섭리 뜻에 대한 최종적인 결론은 그들이 저지른 잘못에 대한 부르짖음이 크고, 그 죄악이 심히 중하므로 그들에게 두었던 하나님의 모든 뜻을 마감하고자 하심. 하나님이 직접 주재한 역사이지만, 이제는 그 노고를 거두고자 하심. 이 같은 하나님의 뜻을 간파한 아브라함의 중보 기도-그래도 그중에는 미래 역사를 위해 계승할 신앙, 교리, 진리가 섞여 있지 않겠는가? 그렇게 생각한다면 그것을 찾아보고자 하심. 하지만 그 대상 범위와 조건을 계속 완화했는데도 불구하고 결국은 찾지 못함. 종교 진리의 섭리적 시한이 막바지에 도달했다. 그렇다면 종교 진리에 대한 하나님의 심판 의지를 역사적으로 대언해야 하는 것이 본 편의 저술 입장이다. 내로라한 세계 종교들이 나름대로는 선천 하늘이 다하도록 하나님의 인류 구원 뜻을 충실하게 따랐다고 믿고 있지만, 하나님이 보시기에 심판할 대상에서 예외란 하나도 없다. 일단은 일체를 남김없이 심판하고, 그다음에 그곳으로부터 엑기스를 추출해서 이 땅에 전혀 새로운 하나님의 나라를 건설하고자 하신다.

소돔과 고모라 성을 멸하리란 하나님의 말씀에 대해(나의 하려는 것을 아브라함에게 숨기겠느냐?) 아브라함은 그런 심판 대상에 속하지 않는 의인이 성안에 반드시 있으리라고 믿었다. 마찬가지로 하나님이 지금까지 주재한 선천의 종교 섭리를 마감하고자 하심에, 그래도 거기에는 그런 마감 대상에 속하지 않는 신실한 신앙과 참 진리가 있을 것이다. 그러나 아브라함의 그 끈질긴 신념의 매달림 요청에도 불구하고 하나님은 끝내 소돔과 고모라 성에 유황과 불을 비같이 내렸듯, 하나님이 이루고자 하는 선천의 종교 진리에 대한 심판 의지 역시 확고하시다. 그 결정적인 역사 단행 뜻을 만 인류가 깊이 깨닫고 받들어야 한다.

하나님이 이르신 말씀에 근거해 선천 종교는 진리로서, 구원 섭리로서 역할을 마감해야 하는 심판 대상이란 현실을 피할 수 없다. 그리고 그 중점적인 심판 대상은 그들이 과거 역사를 통해 남긴 일체의 전통과 신앙적 유산이다. 숱한 세월을 거치면서 굳어진 폐쇄적인 가치, 사상, 교리, 제도적 관습 등이 모두 그러하다. 공의로우신 하나님은 결코 의인을 악인과 함께 멸하지 않으신다. 오히려 의인이 10인만 있어도 그들을 위하여 온 지경을 용서하리라고 하셨다. 그러므로 이 연구는 이 같은 하나님의 뜻을 받들어 미래 역사에 다시 꽃피울, 단행하고자 하는 모든 수단과 역사를 철회하고, 온 지경을 용서할 수 있는 의로운 종교 진리와 가치와 전통을 확실하게 분별해 나가는 작업이 일체의 종교 진리를 심판하는 과정이 될 것이다.

본인이 길로써 간구한 의문과 문제의식과 간구한 발문에 대해 하나님이 말씀하신 의도 뜻을 거듭 확인할진대, 계시한 첫 말씀부터 뜻을 명확하게 밝히시니, 혼선과 두려움이 일시에 가시다. 그 첫째 문제가 유구한 세월 동안 역사와 전통을 이은 기존 종교의 존속 문제이다. 여기에 대해 아브라함의 뜻은 존속을 바라매, 10인의 의인이라도 찾으면 그 뜻을 허용하겠다고 하셨다. 하지만 결과는 소돔과 고모라 성의 멸망처럼 선천 종교의 운명역시 그러하다. 하나님의 의중은 확고하고 분명하시니, 선천 종교의 섭리적 운명은 바야흐로 종말을 고하였다. 그렇다면 앞으로의 대책은?

천지 세상과 인류 문명이 종말을 맞이하였다는 것은 이 연구의 일관된저술 관점이거니와, 어떻게 해서 총체적인 종말 국면을 맞닥뜨리게 되었는가 하면, 세계 자체에도 원인이 있지만 더 피할 수 없는 원인은 하나님의 인류 심판 시한이 임박한 탓이다. 오늘날, 이 땅에 오신 하나님이 종교섭리의 한계성과 계승 여부에 관한 발문에 대해 밝힌 뜻은 엄중한 것이니, 그 중차대한 결정 메시지를 이 연구가 그럴 수밖에 없는 타당한 이유를 지적해서 알리지 않을 수 없다. 왜 하나님은 선천 역사를 주도한 종교진리를 심판할 뜻을 결단하고 천명하셨는가? 그것은 이 연구가 지적한 대로, 현대 종교는 분열될 대로 분열을 거듭해 인류 사회를 이상 사회로 인도한다는 것이 오히려 파멸의 구렁텅이로 몰아넣는 대립과 분쟁의 온상이된 탓이다. 결코 해결할 수 없는 세계의 결정적인 종말 요인이다.

해결할 수 있는 유일한 길은 오히려 하나님이 심판 역사를 단행함에 있으니, 지금까지 쌓아 올린 진리 조건으로서는 해결할 수 없다는 것이 하나님의 뜻이자 결단이시다. 하나님은 원대한 창조 목적을 가지고 인류 역사를 주재하셨는데, 종교는 왜 제각각 자신들이 믿는 신앙의 길로 돌아서고말았는가? 인류 사회에 암울한 그림자를 드리운 이유가 무엇인가? 인류가과연 자체로써 해결할 수 있는 문제인가? 선천 종교를 주재한 하나님의섭리 뜻은? 이 모든 문제 해결의 한 중심에 하나님의 심판 역사가 가로놓여 있다는 것은 역설이다. 왜 심판이 정답인가? 사람이 거주할 수 있는 기능과 역할이 다한 헌 집은 허물어야 한다. 그리해야 그 위에 새 집을 지을 수 있다. 이미 만 인류를 보편적으로 구원할 역할과 진리로서 생명력을 잃은 선천 종교 역시 더 이상 하나님의 구원 섭리를 지속할 여력이 없는 헌 종교이다. 다시 말해, 기존 종교는 선천 종교로서 인류의 보편적인 구원 역사와 창조 목적 달성과 세계의 대립 상황을 해결할 수 있는 통합에 있어 구심 역할을 할 수 없다. 그렇다면? 심판, 즉 멸해야 그 위에 하나님이 원하시는 새 세계관을 세울 수 있다. 세계 심판, 종교 심판, 진리 심판을 통해 새 역사를 도모하고, 엑기스를 추출해 지난 역사의 섭리 맥을 계승시켜야 한다.

아브라함의 기도인 어떻게 "主께서 의인을 악인과 함께 멸하시려나이까?"와 대비된 길의 기도인 "어떻게 해야 새로운 역사를 도모하면서도 지난날 하나님께서 이룬 섭리 맥을 계승할 수 있나이까?"(길의 발문과 의문 구조와 동일함. 그것이 무엇인가? 지난 역사를 통해 하나님의 구원 역할을 대행한 것이 선천 종교인데, 그런 종교를 하나님이 어떻게 하실 것인가? 존속시킬 것인가, 멸하실 것인가?) 무조건 비판하고 부정만 하는 것이 능사가 아닐진대, 잘잘못을 가려서 미래 역사를 열 밑거름이 되게 하는 길은 없겠나이까? 비판해야 한다면 그 이유가 무엇이고, 그러면서도 전혀 새로운 길을 도모해야 할진대, 그 필연적인 이유는 또 무엇입니까? 하나님은 어떻게 대척된 양 조건을 모두 충족시킬 수 있는가? 여기에 대한 응답과 명쾌한 지혜 가르침은 바로 하나님의 심판 역사 단행이 종교 진리와 섭리 맥과 계승 문제를 동시에 해결하심이다.

밝힌 바 하나님이 선천 종교를 심판하기로 하심에 그 대상에 해당한 세계의 제 종교 영역은 과연 이와 같은 하나님의 심판 역사 단행 뜻을 어떻게 받아들일 것인가? 최선을 다한 아브라함의 중보 기도에도 불구하고 단 한 명인 롯만 구원되었다. 즉, 기존 종교들은 하나님의 심판 역사를 막을 수 없다. 그렇다면 제외된 롯에 해당한 종교 진리란? 그것이 곧 미래에 새로운 종교를 창립하고 구원 섭리의 맥을 이을 모종의 씨알 말씀 가르침이다.

그렇다면 말씀의 메시지를 종합할진대, 앞으로 펼쳐질 미래 역사에 있어서 궁금한 것은 정말 소돔과 고모라 성처럼 하나님이 선천의 종교 진리를 남김없이 심판할 것이라면 그 역사는 어떻게 펼쳐질 것이고, 멸한 터전 위에서 어떤 새로운 종교 진리를 개창할 것이며, 이 모든 사실에 대해 기존 종교는 어떻게 대처할 것인지 귀추가 주목된다. 이 연구도 어떤 결과 성업을 당장 보일 수는 없지만, 인류 역사가 하나님이 표명한 바대로 심판 역사 국면으로 진입한 것이 사실이라면, 그 뜻을 받들어 이 연구도 때가 이르면 하나님의 심판 역사가 즉각 단행될 수 있는 제반 절차 기반을 하나하나 마련해 나가야 하리라.

제31장 유교 진리

　2,500여 년이 넘은 세월 동안 동양 사회를 이끈 유교는 종교인 동시에 학문(유학)으로서, 혹은 우주론이자 인류 사회를 지배한 이념[儒家]으로서 역할을 다했다. 이런 유교를 오늘날을 사는 현대 인류는 과연 어떻게 보고 또 보아야 할 것인가? 변하고 또 변화한 시대적인 사조 앞에서 유교는 숱한 영광의 나날을 남긴 채 저물어가는 석양처럼 역사의 뒤안길로 사라져 버릴 것인가? 아니면 다시 일어서 동서 문명을 통합할 제3의 패러다임 전환까지 기대할 수 있는가? 그것은 순전히 21세기를 살아가는 현대인이 그야말로 유교가 지닌 진리, 펼친 우주론, 이상 사회를 지향한 추구 이념을 어떻게 보고 이해하는가에 달려 있다. 인류 사회에서 유교가 행한 종교로서의 섭리적 역할은 연면하거니와, 그 진의를 오늘날의 인류가 어떻게 발견해서 깨닫는가에 따라 저문 해로 마감될 수도 있고, 다시 떠올라 미래 세상을 밝힐 찬란한 진리의 태양이 될 수도 있다. 그 핵심 된 관점 확보 관건이 하나님이 유교란 종교 위에 둔 진리의 성령으로서 역사한 섭리 뜻의 수용 여부이다. 안타까운 안목으로서는 자신들이 일으켰으면서도 스스로 모든 것을 무덤 속에 파묻어 버린 유물주의에 물든 지성의 판단을 들 수 있다. 그들은 생각하길, "유교가 한 주된 작용은 오늘날 신중국으로 전진하는 데 일종의 심각한 사상적 장애가 되고, 심지어 사회적 장애가 되었다"[1]란 판단이다. 이

---

1)　『유교는 종교인가(1)』, 임계유 주편, 규장태 · 안유경 역, 지식과 교양, 2011, p.88.

것은 현 세계에서 인구 대국인 중국이 이전의 전통적인 유교적 세계관과는 전혀 다른 하늘을 바라보면서 살아가고 있다는 뜻이다. 파묻혀 있는 보물을 애써 캐내려고 하기보다 오히려 더 깊숙이 파묻어 버린 상황에서는 미래 사회를 위해 더 이상 기대할 것이 없다. 유교 진리를 장애물로 여긴 것은 지극한 몰상식이다. 새로운 관점을 확보해서 미래 역사를 펼칠 돌파구를 찾지 못했다는 뜻이다. 이것은 비단 중국의 지성인들이 지닌 문제인 것만은 아니다. 현대의 대다수 지성도 유교 진리의 진의를 발견하지 못하고, 구태적인 안목으로 본 탓에 유교가 더는 생명력을 발휘하지 못하고 진리적, 가치적으로 인류 구원 역할이 사장되어 버렸다.[2] 그렇다면 정말 어떻게 해야 유교 진리를 새롭게 볼 수 있는가? 궁금한 문제를 해결해야 유교를 미래 사회를 이끄는 새로운 종교로 부활시키고, 동서 문명을 하나 되게 하는 세계관 건설의 주춧돌로 삼을 수 있다.

그렇다면 우리는 어떻게 해야 유교 진리를 새롭게 보고, 그렇게 새롭게 할 수 있는 안목을 확보해서 미래 역사를 주도할 수 있는 생명력 있는 진리로 거듭나게 할 수 있는가? 바로 하나님이 세계가 종말을 맞이한 이때를 위하여 유구한 세월에 걸쳐 유교 진리를 어떤 목적으로 일구었는가 하는 준엄한 섭리 뜻을 간파하는 데 있다. 만물이 마지막 때를 맞이해 선천 역사가 결실을 봄에 있어서는 미래 인류를 위해 남겨야 할 요소가 있고, 보따리를 싸 마감해야 할 요소가 있다. 추수하면 가라지는 가려서 바람에 날리고 알곡은 거두어 창고에 보관하는 것처럼, 유교 진리의 진면목도 마

---

2) 중국 송명의 理學과 조선의 초, 중기 성리학이 후세대에 의해 空理空論으로 비판받는 주된 이유는(『교육의 목적과 난점』, 이홍우 저, 교육과학사, 1996, p.56) 선조들이 일군 진리에 문제가 있어서가 아니다. 후세대의 보다 개명되어야 할 진리 인식에 있어서 후퇴가 있었고, 저급한 몰이해 탓임. 세계 본질적 바탕을 확보하지 못함.

찬가지 조건이다. 그렇다면 계승해야 할 유교 진리는? 단언컨대, 동양의 선현들이 만약 요구된바 유교 진리를 일구어내지 못했더라면 오늘날 강림하신 하나님이 계시로서 밝힌 창조 진리를 완성할 수 없었으리라. 곧, 유교 진리는 하나님이 성경의 창세기에서 못다 밝힌 천지 창조 역사의 단계적인 절차를 진리의 성령으로서 역사하여 상세하게 일군 창조 진리의 대보고(寶庫)이다. 유교 진리는 그만큼 세계의 다양한 진리 중에서도 후천의 통합 문명 세계관을 건설하는 데 있어 쓸모 있는 건축 자료를 무더기로 남긴 진짜배기 알곡이다. 당위적인 이유, 그럴 수밖에 없는 타당한 관점을 문을 활짝 연 열린 가르침으로 밝히고자 한다.

알고 보면, 유교는 선천 하늘이 지닌 세계관적 한계 속에서도 지속해서 오늘날 이 연구가 밝히는 천지 창조 본의를 드러내기 위해 사색하고 궁구하면서 정열을 바쳐 진리 세계를 탐구했다고 할 수 있다. 즉, "유교 사상은 다름 아닌 인간을 중심으로 하는 사상"[3]이란 규정이 그것이다. 당연히 하나님이 주재한 섭리 뜻과는 거리가 먼 것처럼 보이지만, 그것은 전혀 그렇지 않은 무지이다. 유교 진리는 하나님 사상의 주맥인 기독교가 펼친 인간관보다도 더 심오한 창조 본성 진리를 일구었다. 기독교는 하나님과 인간을 창조주 대 피조물 관계로 접근한 탓에 인간 본성의 진의를 제대로 파고들지 못했지만, 유교는 그런 의식 없이도 본성의 창조성을 면밀하게 일구어 하나님이 태초에 인간을 어떻게 창조했는가에 관한 본의를 밝히는 데 이바지하였다. 바로 "인간의 본성 속에 天이 이미 내재해 있다고 본 것이 그것인데, 여기에서 天이란 개념은 종교성, 합리성[天理], 자연성[天地]

3) 「퇴계의 천관 연구」, 황상희 저, 성균관대학교, 유학, 동양고전연구, 제56집, p.148.

의 의미를 동시에 포함한다."[4] 天이 인간 본성 속에 이미 내재하고 있다는 것은 의미심장한 창조관을 시사하거니와, 이것은 기독교가 설정한 창조관과는 질적으로 다른 차이를 지닌다. 이처럼 유교가 본성을 밝히는 데 주력한 사실은 하나님이 인간을 어떻게 창조했는가 하는 본의 문제에 있어서 바탕이 된 본성을 근거 짓는 데 크게 이바지하였다. 이런 사실을 확인하기 위해서는 그들이 신뢰하고 추구한 天 개념의 섭리적인 변천 과정을 자세히 살펴볼 필요가 있다. 그것을 크게 宋代 이전의 종교적 天 개념[상제]과 宋代 이후의 합리적 天[天理] 개념으로 나누어 보고자 한다.

즉, 宋代 이전에는 『시경』의 "天이 여러 백성을 낳으시니", 공자의 "天이 나에게 德을 주셨다." 맹자의 "~ 性을 알면 天을 알게 된다." 『중용』의 "天命之謂性" 등등.[5] 그중에서도 유교를 있게 한 공자(B.C. 551~B.C. 479)의 天에 대한 인식의 변화 과정부터 살펴보면, "사상의 전반기는 사람의 길[人道]에 대해 분석하고 이를 실천했다면, 후반기는 우주적 생명의 영원한 반복을 표현하는 하늘의 길[天道]에 주목하였다."[6] 여기서 궁금한 것은 공자가 말한 天이 오늘날 기독교가 세운 인격적 신관과 같은 것인가 하는 것인데, 대체적인 시각으로 "인격적인 공자는 인격적인 신성(神性)과 정신세계 통치자의 개념에 가장 일치하는 상제(上帝)라는 표현을 하늘에 사용하지 않았다."[7]란 판단이다. 하지만 이것은 순전히 기독교가 자신들이

---

4) 위의 논문, p.149.

5) 위의 논문, p.149.

6) 「논어에 나타난 하늘[天] 개념과 공자의 종교성」, 김성희 저, 이화여자대학교, 동양철학연구, 제 69집, 동양철학연구회, 2012, p.192.

7) 『중국 고대 철학사』, 알프레드 포르케 저, 양재혁 · 최해숙 역주, 소명출판, 2004, p.199.-위의 논문, p.209.

믿고 신앙한 신관 관점으로 조건을 일방적으로 정한 천관 해석이다. 그래서 세계 본질과 관련하여 인류의 보편사에서 하나님이 시대를 초월해 본체를 드러내고자 한 섭리적 관점에서 보면, 공자 역시 하나님의 창조 본체를 드러내고자 한 노력의 한 측면에 속해 있다는 사실이다. 비록 공자가 신뢰한 '하늘'과 천관이 완성된 天의 본체를 드러내지는 못했지만, 유교가 유구한 전통을 통하여 창조 본체를 드러낼 수 있게 한, 天을 지향한 추구 방향만큼은 확실하게 지침했다. 그런데도 중국의 지성들이 오늘날 "유교는 종교인가?"란 화두를 새삼스럽게 던진 논쟁 상태인데, 이것은 순전히 서양 기독교의 신관에 근거한 몰이해일 뿐이다. 종교성 여부를 구분하는 주된 판단 기준이 "종교는 어떤 초자연적, 초인간적인 것에 관한 생각이라고 정의한 데 있다. 이런 기준을 따른다면, 유교는 정말 종교적인 범주에 들어가는지 의문이고, 아닐진대 유교는 하나의 실천 도덕에 관한 것이다."[8]란 결론에 도달하고 만다.[9]

백번을 물러서 초자연적, 초인간적인 것을 종교성을 판단하는 기준으로 삼는다고 해도, 정말 유교 진리 안에 초월적인 天에 관한 개념이 없는 것인가 하면 전혀 그렇지 않다. 바로 宋代 이후 전개된 "존재의 원인자인 天을 무극이태극과 理氣론으로 해석한 것이 그것이다. 여기서 무극이태극은 우주의 궁극적 존재를 설명하는 용어이고, 理氣는 순환적으로 운동해 변화하는 현상계를 '氣'로 규정하고,[10] 그 근거를 '理'라고 한 개념어이다. 이

---

8) 『부처님이 계신다면』, 탄허 저, 나가원, 2013, p.228.

9) 공자가 신뢰한 天은 도덕적 원천으로서의 천관임.-『철학 콘서트(3)』, 앞의 책, p.122.

10) 氣는 사실상 현상 자체가 아니고, 뭇 현상을 일으킨, 현상을 있게 한 바탕 본질임. 즉, 절대 본체(무극, 절대 理)→창조 본체(태극, 理)→존재 본체(氣).

에 대해 주자는 天을 이법적 합리성(天理)으로 해석해서 '無爲'의 理를 말한바, 이런 견해를 두고 혹자는 주자가 합리적인 틀로 인해 종교성을 잃어버렸다"[11]라고 비판했지만, 그것은 큰 오판이다. 플라톤이 말한 선의 이데아처럼 초월적인 본체로서의 절대 理를 상정했던 것이고, 무극이태극은 태극의 초월적인 본체 이행 절차를 인정한 대창조적 명제이다. 그것은 결국 하나님이 천지 만물을 지은 창조 본체의 초월적인 바탕성을 근거 지은 것이고, 더 나아가서는 또 다른 의미에서 오늘날 하나님이 창조주로서 이 땅에 와 지상 강림 본체를 드러내기 위한 단계적인 섭리 역사의 일환이다. 그러니까 하나님은 종교성, 합리성, 자연성을 종합한 天 개념만으로서는 본체를 완성할 수 없었고, 때가 이른 오늘날 서양 기독교의 인격적, 의지적인 神 개념과 합치되어야 했음에, 그 중요한 완성 요소인 본체 영역을 유교 진리가 심혈을 기울여 일구었고, 역할을 분담해서 개척하였다.

따라서 이 연구가 확보한 창조 본의에 근거한 해석 관점은 理와 氣가 일반적인 해석으로서의 본체와 현상과의 관계가 결코 아니라는 데 있다. 그렇다면? 초월적인 본체 안에서의 이행 관계이다.[12] 하나님의 창조 본체(理)가 창조 역사로 인해 존재 본체로 化된 것이다(氣). 따라서 理와 氣가 본체의 본질 영역 안에 있는 것은 같지만, 창조 본체는 시공의 분열 질서를 초월해 있고[理], 창조 뜻과 의지와 목적을 반영한 결과체인 존재 본체는 국한이 있다[氣]. 그만큼 유교 진리는 진화론의 공격 대상이 된 기독교의 창조론이 다루지 못한 하나님의 천지 창조 역사 본의를 이치로 보완했

---

11) 「퇴계의 천관 연구」, 앞의 논문, p.148.

12) 理氣론은 현상의 분열 질서, 만물의 결정 질서와는 차원이 다른 形而上學적 본질론이다. 세상의 결정적 이치와 법칙적 질서에 관한 논의가 아님.

다. 그리고 이것이 곧 선천 세월을 바쳐 하나님이 유교 진리를 주재한 섭리 뜻이다. 이 같은 뜻의 뒷받침이 있었기 때문에 공자는 성인으로서 "유교의 장엄하고 신성한 교주가 되었고, 神으로서도 묘사되어 영원한 진리의 화신이 되었다(漢代)."[13] 하지만 그것으로 전부일 수 없는, 오늘날의 우리는 이면에서 하나님이 진리의 성령으로서 역사한 비장한 인도 손길을 엿보아야 할 때이다. 그것이 주맥이고, 이외의 천관의 변화에 관한 인식은 선천 유교로서 가진 통상적 이해 관점이다. "서한 시대 이후의 하늘은 지고무상한 神으로서 인간과 같이 감정과 의지가 있었다는 것, 즉 '천자는 하늘의 命을 받는다', '하늘의 뜻을 이어받아 일한다' 등등. 그리고 또 하나의 관점을 취한 왕충은 '하늘은 자연이지 神이 아니다. 하늘과 땅은 같은 것으로서 객관적으로 존재하는 공평무사한 물체이며, 자기 자신만의 운행 규칙이다. 일월성신(日月星辰)도 자연 물질에 지나지 않고, 그저 하늘의 사시에 따라 움직일 뿐이다. 하늘은 사람과 달라 눈도 입도 없으며, 욕망도 의식도 없다"[14]라고 하였다. 현재의 유물론자들이 내세운 주장과 같다. 하지만 이 같은 관점 부류는 하나님의 창조 본의와 지상 강림 본체가 드러나지 않았을 때는 시시비비를 가릴 수 있는 판단 기준이 없는 탓에 명맥을 유지할 수 있었지만, 일체를 판가름할 수 있는 창조 본의가 밝혀진 오늘날의 시점에서는 한꺼번에 모든 것을 보쌈해 던져 버림이 마땅하다. 참으로 유구한 세월에 걸쳐 맥을 이은 상제 天-도덕 天-천리 天의 본체 맥을 이은 유교 진리는 기대되는바, 다가올 인류의 후천 역사를 주재할 수 있는 통합 질서 체제로서 거듭나야 하리라.

---

13) 『유교는 종교인가(1)』, 앞의 책, p.21.

14) 『지도로 보는 세계 사상사』, 앞의 책, p.150.

제32장 불교 진리

1. 사성제

한 인간이 깨달은 정신적 각성이 시대를 초월해 수없는 인생 삶을 교화하고, 수많은 경계를 넘나들면서 문화와 역사를 이룬 경우는 드물거니와, 그 특별한 행적을 이룬 인물 중에 2,600여 년 전의 인도에서 태어난 고타마 싯다르타(B.C. 560년경~B.C. 480년경)가 있다. 그가 어떤 삶의 과정을 거쳐 만 영혼이 신앙의 대상으로 드높인 성인이 되었는가 하는 것은 사후의 제자들에 의해 결집한 불경을 통해 전승되거니와, 이 연구가 밝히고자 하는 것은 그가 覺者가 된 이후 펼친 설법의 세계와 정신 맥을 이은 불교 진리의 총체적인 본질이 무엇인가 하는 문제이다. 오랜 세월을 거치는 동안 다른 지배 세력에 의해 배척되고 비판받은 적은 있지만, 그것은 상대적인 관점 탓이고, 불교가 지닌 진리적인 측면에서의 세계관적 한계를 지적한 자는 없다. 시기상조적인 문제라, 마땅히 세계의 본질적인 뿌리가 드러나야 했나니, 그때가 곧 하나님이 지상 강림 본체를 드러낸 지금이다. 불교 진리의 밑뿌리를 파헤치기 위해서는 불교 진리의 전체 맥락을 짚을 수 있는 관점을 확보해야 하는데, 지난날은 자체의 분열 중인 맥락 안에 머물러 있었다. 그러니까 지상의 어떤 자도 부처님이 이룬 정신세계 이상을 넘어서지 못했다. 정각 이래 수많은 覺者가 정신 맥을 이었지만, 부처님이 설한 진심 법설의 세계는 누구도 정확하게 꿰뚫지 못했다. 法身을 우주 만법의 본체라고 규정했지만, 그 본체가 정말 무엇인가 하는 것은 또 다른 깨달음 문제로 돌렸다. 法을 등불로 삼고 法을 깨닫기 위해 정진하라고 했지만, 돼지우리에 보석이 뒹구는 것처럼, 불교 진리의 참 가치는 발견하지 못했다. 그것도 그럴 것이 불교 진리의 본질은 맥락을 이룬 알파와 오메가를 장악해야 하는데, 그 같은 혜안을 가진 자가 선천 역사 안에서는 없다. 부처님도 초전 법륜을 굴린 이래 45년간의 설법 행각으로 法의 진리성을 완성하고 열반에 든 것으로 알지만, 생성을 본질로 하는 세계 안에서는 그럴 수 없다. 법륜의 수레바퀴가 구르고 굴러 오늘날이 되어서야 비로소 터닦은 法을 기반으로 창조 본체를 완성할 수 있게 되었다. 섭리적인 맥락에 근거해야 하나님이 불교 진리를 통해 역사한 보다 심원한 주재 뜻을 간파할 수 있고, 세계적인 조건의 불미에도 불구하고 불교 진리가 법신, 법체를 거쳐 하나님의 창조 본체를 드러내는 방향으로 섭리 된 추구 뜻을 가닥잡을 수 있다. 결코 부처님이 정각한 法만으로 佛法의 세계가 완성된 것이 아니라는 사실을 알아야 한다. 부처님도 선천의 覺者인 한 세계관의 한계 조건을 피할 수 없었다는 점에서는 예외가 없다. 그래도 불교 진리의 기반만큼은 확고하게 다져 때가 이른 오늘날 보혜사 하나님이 진리의 성령으로서 강림하여 창조 본체를 드러내는 데 크게 이바지하였다. 이처럼 불교를 통해 주재한 하나님의 섭리 뜻을 오늘날 이 연구가 열린 가르침으로 펼치고자 한다. 하나님이 강림하시어 지상 강림 본체를 드러내기까지는 佛法의 진리성을 규정할 수 없었고, 불교 위에 둔 하나님의 주재 뜻을 알기 전에는 佛法의 진위를 가려내 한계성을 지적할 수 없었지만, 모든 조건을 갖춘 지금은 가능하게 되었다. 그 핵심 된 관점을 하나님이 밝힌 열린 가르침으로 펼치고자 한다.

불교(佛敎)에서의 敎란 바로 "괴로움을 소멸하기 위한 가르침이다"[1]란 뜻이다. 이것은 부처님이 인간으로 태어나 자신과 세계에 대하여 의문을 품고 깨달음을 얻기 위해 발원한 발판의 주된 이유가 인간이 살아가면서 피할 수 없는 生老病死로 인한 고통을 직접 보고 듣고 절감한 탓이다. 佛法은 다양한 형태로 진리의 폭을 넓혔지만, 핵심 된 가닥은 부처님이 뜻한 발원에 있다. 즉, "나는 무엇인가? 나는 왜 태어났으며, 죽으면 어떻게 되는가? 괴로움을 소멸할 수는 없는가? 하는 질문에 대해 답을 찾기 위해 출가하였다."[2] 인생적인 문제를 풀기 위해 출가를 결심하고 구도의 길을 떠났으며, 피나는 수행과 정진 의지를 굽히지 않은 6년 동안의 고행 끝에 만사의 이치에 통달한 무상정등정각(無上正等正覺)을 성취했다. 그 정신의 도달 경지가 너무나 빛난 탓에 대우주의 진리 세계를 깨달은 부처님이라고 부르지만, 오늘날에 이르러 분명하게 구분해야 할 것은 부처님이 깨달아 설한 佛法의 진리 영역은 어디까지나 발원한 인생적 과제 영역에 국한된다는 사실이다. 이것은 모든 구도, 학문, 정신 경지가 작용하는 원리적인 正道이다. 이 원칙을 벗어나 버리면 부처님의 위업은 본질이 가려진다. 부처님은 출가하기 전에 골몰했다. "무엇이 세상의 괴로움을 끝나게 하는가? 마음속에는 고통에 처한 인간 존재에 대한 연민과, 이를 해결해야겠다는 열망으로 가득 찼다."[3] 지성사를 살필진대, 어떤 형태로든 궁극적인 문제를 밝히는 것은 진리 세계를 탐구한 항구적인 주제 영역이었다. 진리,

---

1) 『사성제』, 일묵 저, 불광출판사, 2020, p.31.

2) 위의 책, p.248.

3) 『지적 대화를 위한 넓고 얕은 지식』, 앞의 책, p.329.

세계, 사물, 존재, 현상, 인생, 역사, 神 등등. 하지만 유독 부처님이 궁금하게 여긴 탐구 주제가 인간의 고통 문제에 집중된 것은 유례가 드물다. 그 발원한 초심의 초점이 인생 문제에 있었던 탓에 우리가 부처님이 설한 설법을 통해 인생 이외의 객관적인 진리 문제까지 거론한다는 것은 재고해야 한다. 물론 외곬 길이더라도 궁극에 이르면 결국 극이 상통한 탓에 부처님의 혜안이 삼세 간을 꿰뚫고, 가만히 앉아서도 천리만리를 내다본다고 믿지만, 엄밀히 따진다면 佛法을 통해 존재, 창조, 본성, 神에 관해서까지 두루 통찰할 수 있다고 할 수는 없다. 불교 진리의 맥을 가닥 잡기 위해서는 부처님의 첫 발원으로부터 정각한(해탈) 정로(正路)에 초점을 맞추어야 한다. 그도 그럴 것이 부처님의 생전 말씀을 담은 초기 경전을 살펴보면, 인생의 본질에 대해 교설한 내용이 대부분이다. 그렇게 펼쳐진 "불교의 근본 교리를 축약하면 삼법인(三法印), 사성제(四聖諦), 팔정도(八正道)라고 할 수 있다. 많은 세계적인 종교들이 그러하듯, 부처님이 열반한 이후 불교도 오랜 세월을 거치는 동안 다양한 방식으로 계승되었고 교파, 교단이 갈라졌다. 그렇게 된 많은 교단 중에서 불교적인 교파라고 부를 수 있는 최소한의 기준은 근본 교리를 받아들이는가, 그렇지 않은가에 달려 있다."[4] 즉, 부처님의 근본 가르침인 삼법인은 제행무상(諸行無常)·제법무아(諸法無我)·열반적정(涅槃寂靜)이다. "모든 현실 존재는 변화하고, 모든 사물은 실체가 없으며, 모든 변화의 불꽃이 사라진 평온한 상태"[5]를 뜻하니, 이것은 결코 만물을 이룬 일체의 바탕이 된 본질을 꿰뚫은 진리가 아니다. 그렇다면? 어느 것 하나 항상한 것이 없고, 모든 것은 다 변한다.

---

4) 위의 책, p.333.
5) 삼법인, 다음 백과.

그러므로 실체란 없다고 하는 현상적인 모습을 가감 없이 설한 것이다. 이것은 우주의 창조 뿌리를 보지 못하고, 세계의 본질을 파악하지 못한 탓에 그렇게 말할 수밖에 없는 결과성 인식이다. 그런데도 무상의 꼬리를 끊은 열반적정이란 상태로 귀결시킨 것은 발원한 인생의 심원한 고통을 끊을 수 있는 연기법(緣起法), 곧 사성제와 팔정도란 진리를 설한 탓이다. 부처님은 과연 무엇을 정각한 것인가? 우주의 본질이 아니고, 발원한 인간의 고통 문제, 즉 뭇 중생 앞에 가로놓인 인생적인 문제를 풀고자 하는 과정에서 일체 결과에는 원인이 있고, 원인 탓에 발생한다는 사실을 깨달았다(연기법). 그래서 고통을 안긴 실상(원인)을 파악하고 보니 "세상은 무상한 것이고(제행무상), 나[自性]라고 할 것이 없어 모든 것이 괴롭다[一切皆苦]. 그런데도 그런 원인을 알지 못한 어리석음 탓에(無明) 고통이 주어진다."[6] 의사는 환자의 얼굴만 보아서는 병을 고치기 어렵다. 각종 검사를 통해 병을 일으킨 원인을 찾아내어야 하는 것이 순서이듯, 부처님도 인간에게 주어진 바로 그 고통의 원인이 무엇인지 깨달은 것이다. 이처럼 부처님은 인간의 헤어날 길 없는 苦의 문제를 풀고 극복할 해법을 제시했기 때문에 인생의 진리를 설한 覺者로서 만인의 영혼을 구원하는 인류의 대 스승이 될 수 있었다.

> "보타바루여, 나는 괴로움을 설하고, 괴로움의 원인을 설하며, 괴로움의 소멸을 설하고, 괴로움의 소멸에 이르는 길을 설하느니라."[7]

---

6) 『연기로 읽는 불교』, 목경찬 저, 불광출판사, 2014, p.46.

7) 『철학 콘서트』, 앞의 책, p.84.

"생로병사의 苦가 '무명'에 따른 것이고, 이 무명을 멸할 때 苦가 멸한다는 연기법",[8] 이것이 곧 불교 진리의 본질이다. 부처님이 깨달은 成道의 본질이고, 인생의 진리를 깨달은 法이다. 이 같은 연기법을 논리적으로 연결한 것이 "사성제(四聖諦), 곧 4가지 성스러운 진리이다. 苦·集·滅·道라고 하는 4종류의 정확한 인생 진리이다. 여기서 聖은 바르다란 의미를, 諦는 진리란 의미이다. 인간이 세상을 살아가는 것은 온갖 번뇌로 휩싸인 탓에 苦이고, 번뇌는 인간의 집착으로 일어나는 것인 탓에 集이다. 이런 사실을 깨닫고 苦의 원인인 집착을 멸[제거]하는 방법[道]에 여덟 가지 길이 있으니, 이것이 팔정도(八正道)이다."[9] 『법구경』에서 말하길, "거룩한 부처님과 그가 이야기한 가르침과 가르침을 따르는 승려에게 귀의하면, 4가지 진리를 자세히 명상하여 반드시 바른 지혜를 얻으리라. 생사의 고통[苦], 고통의 원인인 집착[集], 그리고 이 모든 고통을 이미 떠난 소멸[滅]과 소멸로 나아가는 여덟 가지 방법[道], 이 4가지 가르침이 우리를 온갖 고통으로부터 건져 줄 것이다." 인생의 헤어날 길 없는 고뇌와 번민과 고통 문제를 논리 정연한 이치로 풀어낸 위대한 법설이다. 성스러운 4가지 진리와 8가지 길은 지금 당장 우리의 인생길에서도 적용할 수 있다. 제반 문제가 원인에 의해 발생한다는 것은 사실이므로, 고통을 일으킨 원인인 집착을 없애면 집착으로 인해 주어진 결과인 고통도 당연히 사라진다. 그런데도 이 같은 인과 관계에 대한 무지 탓에 삶의 고통이 끊이지 않고 계속되는 것이라, 그 연결고리를 끊을 수 있는 무명 극복의 길과 방법에 부

---

8) 『동양 철학을 말한다』, 이케다 다이사쿠 · 로케시 찬드라 저, 화공신문사 역, 중앙북스, 2016, p.206.

9) 팔정도: 바른 견해[正見], 바른 사유[正思], 바른 말[正語], 바른 행동[正業], 바른 생활[正命], 바른 노력[正精進], 바른 집중[正念], 바른 참선[正定].

처님이 지침한 팔정도 실천이 있다. 정말 우리는 어떻게 해야 집착에 매달린 무명을 걷어 낼 수 있는가? 인간이 끊지 못하고 집착하는 자아는 사실은 허상적인 실체이다. 다름 아닌 실체가 없다(무아)란 사실을 깨달아야 비로소 집착에서 벗어날 수 있다. 자신이 느끼는 고통은 실체가 없는 것인데, 집착에 가려 깨닫지 못하는 상태. 귀신이 어디에 있는가? 없는 데도 있다고 여기는 생각 탓에 두려움이 생긴다. 집착을 버리고, 끊고, 없애기 위해 정진하는 길(팔정도)을 실천해야 한다.

이처럼 佛法의 진의는 큰 틀 안에서 본다면 결국 하나님이 주재한 인류 구원 목적을 달성하고자 한 섭리 뜻 안에 있는 각성 노력인 것이 맞다. 당연히 집착을 일으키는 욕심을 끊으면 고통의 원인도 멸하지만, 끊지 못하면 끝없이 원인이 원인을 낳으므로 고통의 깊은 늪을 헤어날 수 없다. 그래서 팔정도를 통해 달성하고자 하는 佛法의 궁극적 목표이자 도달 경지인 해탈은 바로 일체 욕심(원인)이 근절된 본성 상태이다. 그리고 이 같은 원인 근절의 방법에 무아적인 자아 각성이 있다고 할진대, 불교 진리가 일군 인류 구원 역할로서의 진리력은 이 단계까지이다. 인생의 苦를 해결하고자 하는 발원에 대한 해법은 정확하게 풀어서 논거를 뒀지만, 그렇게 이치화시킨 연기적인 실상이 근본적으로 잘못 규정된 것이라고 한다면? 그 위에 쌓아 올린 연기적 결론도 한꺼번에 허물어진다. 부처님이 설한 삼법인, 사성제, 팔정도의 진의를 살필진대, 토대를 이룬 연기법은 과연 얼마나 인간의 고통 문제와 궁극적인 진리 문제를 해결하고, 뭇 영혼을 해탈에 이르게 하였는가? 인류의 보편적인 구원 역할에 있어서는 한계가 역력했다는 사실을 부인할 수 없다. 세계의 본질성과 연관 지어 인생 문제의 궁극적 본질을 꿰뚫을 수 있는 패러다임 구축이 필요하다. 지적하건대, 제행무상이란 것은 그 자체가 사물의 변화 결과만 본 선천 불교의 세계관적 한계 인식이다. 생성의 밑 뿌리를 보지 못해서이다. 허상이 아니고 실상을 보아야 인생의 무지와 삶의 허무를 극복하고, 참 실상인 영생을 얻는다. 곧, 고통의 늪에서 빠져나온다(해탈). 변화하고 사라지는데, 불교적인 혜안은 거기까지만 보고 이후는 보지 못했다. 불교가 고정된 자성이 없다고 한 것은 실상이 그러해서가 아니다. 다름 아닌, 자성의 뿌리에 해당하는 창조 본체를 보지 못한 탓이다(무지). 창조된 본의를 모른다면 누구라도 인간 본성의 참 실상을 알 수 없다. 무명 깨침을 수행의 목적으로 삼은 불교가 오히려 더 심각한 무명에 휩싸여 헤어나지 못한다는 것은 역설이다. 인식의 첫 출발부터 초점이 어긋난 만큼, 그로부터 전개되는 논리적 판단도 어긋날 수밖에 없다. 왜 우리의 인생은 부처님이 설한 성스러운 진리가 있는데도 불구하고 중생들이 빠짐없이 해탈(구원-영생)에 이르지 못하는가? (보편적 해탈=보편적 구원) 그 첫 번째 이유는 집착을 일으킨 자성이 실체가 없음을 깨우치지 못해서가 아니고, 창조된 자성(본성)에 대해 무지하니까 지켜야 할 소중한 것이 무엇인지 몰라, 정말 기르고 지켜야 할 것을 기르고 지키지 못하여 고통이 생겼다. 천지 만상은 변화하고 또 변화하지만, 결코 허망하지 않다. 육신은 멸해도 바탕이 된 본체가 존재한 탓에 온갖 변화는 바로 영원한 생성을 위한 일시적 변화일 따름이다. 그런데 생성을 일으킨 뿌리(본체)에 대한 알파와 오메가를 끊어버리고 몸통만(현상적 변화) 본 것은 고통을 일으킨 원인 추적에도 거두절미, 드러난 부분만 보고 판단한 것과 같다. 그 한계 인식의 정확한 실상이 연기법을 통해 적나라하게 투영되어 있다. 부처님은 밝힌 바대로 세상의 인과 법칙이 연기로 인한 실상 모습이라는 것은 직시했지만, 문제는 철학에서 추적한 것처럼 뭇 원인을 있게 한 원인의 원인에 해당한 제1 원인의 출처(부동의 원동자)는 어디서도 찾을 수 없다. 오직 이것이 있어 저것이 있고, 저것이 생겨 이것이 생긴다는 연기성만 말했다. 인과 법칙을 결정하고 연기를 있게 한 천지 창조 역사의 사전 결정성에 대해 무지했다. **제 원인의 제1 원인, 그것이 곧 창조 因이다.** 부처님은 고통을 안긴 원인인 집착을 끊으면 고통을 일으킨 싹이 없어진 탓에 멸도의 길에 도달할 수 있다고 했지만, 그것이 누구나 쉽게 성취할 수 있는 보편적 방법이 아니라는 것은 一切皆苦인 만큼이나 一切皆因 역시 만연한 탓이다. 모든 "존재는 조건(원인)이 있으면 태어나고 조건이 없으면 태어나지 않는 것이 당연하지만",[10] 그 같은 연기 법칙은 창조 역사로 인해 결정된 법칙이고, 말미암게 한 창조 因으로 인해 우리가 지금 존재하는 것이므로, 지음 받은 자 인간적인 노력만으로는 고통의 원인을 완전하게 적멸할 수 있는 멸도를 얻음이 불가능하다. 가능한 길은 창조된 자 참 본성을 깨닫고, 원인의 첫 시발자요 전 생성 역사를 주관한 하나님께 고통의 참 실상을 고백하고 간절하게 기도하는 것이다. 하나님의 죄 사함과 용서하심과 은혜 주심의 절대적 권능을 알아야 부처님이 밝히는 사성제 진리와 이 연구가 밝히는 열린 가르침과의 권능성 차이를 확인할 수 있다. 불교 진리가 통틀어 인간의 고통과 죄악 문제를 얼마나 해결하였는가 하고 물었을 때, 인간 본성의 본질적인 뿌리가 무엇이며 변화, 고통을 일으킨 본질적 원인이 무엇인지 재고하게 한다. 그리하여 이 연구는 진실로 불교 진리는 물론이고, 전 인류가 당면한 죄악과 고통 문제를 해결하고, 나아가야 할 인생의 본향을 지침하리라. 인간에게 주어진 고통 문제는 결코 주어진 삶의 조건과 인간의 각성 노력만으로는 해결할 수

---

10) 『사성제』, 앞의 책, p.248.

없다. 여기에 하나님이 창조주로서 해결하실 당위 의무가 있고, 발휘하셔야 할 구원 권능이 도사렸다. 이에, 우리는 하나님이 창조주로서 행하시는 구원 권능을 굳게 믿고, 기도를 통해 고통 문제를 고하는 것이다. 하나님과 인간 간에 상호 교감의 길을 트는 여기에 불교도들이 그토록 성취하기를 원한 고통과 죄악과 번민 문제를 한꺼번에 해결하는 멸도와 완전한 해탈의 길이 있다. 이처럼 앞으로 펼쳐야 할 보편적인 구원 역사의 시발은 불교도들이 먼저 일어서 지금까지 추구하고 신앙한 佛法의 인생 구원 한 계를 직시해서 깨닫는 데로부터 시작된다. 이것이 이 연구가 표방한 보편적 구원 역사의 현실적 방향이고, 그 한 범주 안에 속한 불교도의 영혼 구원의 길이 있다. 근본적인 문제를 파고듦으로써 무지를 일깨워 교화하는 방식이다. 그러기 위해서는 먼저 불교 진리의 전통적인 뿌리에 해당한 힌두교 사상과의 구분 작업이 필요하고, 고대 인도란 시공간 속에 태어나 그 땅 위에서 고뇌하고 구도하고 깨달아서 설법한 역사적인 부처님과(소승 불교), 정신 맥은 계승했지만, 관념적으로 절대화시킨 초월적인 부처님과도 구분하면서(대승 불교), 연면하게 추구된 불교 진리의 섭리적 맥락을 가닥 잡는 것이 필요하다.

알다시피 불교는 고대의 인도 사회에서 오랜 전통으로 이어진 관습과 사상에 대해 혁신적 기치를 내세우면서 탄생한 종교인 만큼, 많은 사상 영역이 혼재하였다. 관습 면에서는 지금까지도 이어지고 있는 신분 계급을 타파하고자 한 것은 신선한 충격을 안겼지만, 윤회설은 불교가 지닌 독특한 사생관이 아니다. 대다수 인도인이 믿고 있는 힌두교의 뿌리 깊은 의식이다. 따라서 부처님이 터 닦은 불교 진리의 맥을 가닥 잡기 위해서는 부처님이 깨달은 사상과 힌두교와의 세계관적 차이를 확인해야 한다. 지적

한 것처럼 유대교, 기독교, 이슬람교가 같은 하나님을 믿으면서도 전혀 동화될 수 없는 종교로 갈라지게 된 결정적 요인은 神을 바라본 관점 차에 기인해서 수없이 변모한 과정을 거친 것이듯,[11] 부처님은 "힌두교 경전인 『베다』와 『우파니샤드(베단타)』의 오랜 명제들로부터 우주와 우리 자신의 일상적인 모습들이 하나의 환상에 불과하다는 견해를 발전시켰다. 몇 세기 동안 인도의 철학자들은 절대적인 실재, 혹은 브라만의 개념을 옹호해 왔는데, 어떤 철학자들은 그것이 인간의 일상적인 경험과는 완전히 독립되어 있어 전혀 알려지지 않았다고 주장하였다. 이런 사실을 근거로 부처님은 인간의 고통은 단지 세계의 실재와 개인적인 자아에 대한 환상을 꿰뚫어 보고, 고통을 일으키는 욕망과 열정의 만상으로부터 자유로운 인격을 닦음으로써 극복할 수 있다고 주장하기에 이르렀다."[12] 이 같은 부처님의 설법 또는 혁신적인 세계관을 우리는 어떻게 받아들여야 할까? 그것이 정말 참 진리로 나아가는 선택이고 판단인가? 여기에 가늠할 수 있는 불교 진리 전체의 음영이 함께하고 있다. 세계관적 차이와 변화의 핵심은 범 아일여의 불변한 바탕적 실재를 거부했다는 사실인데, 이것은 부처님이 설한 法의 본질과 불교 진리 전체의 명운을 판가름한다. 그 역사적인 섭리 의미를 추적해서 따진다면, 고대 그리스의 철학자 아리스토텔레스가 플라톤이 주장한 절대 불변한 선의 이데아를 거부하고, 그런 요소를 존재 안에 내재시킨 것과 같다. 이런 관점상의 차이는 불변한 실재의 존재성 여부를 떠나 세계의 본질이 드러나지 못함에 따른 관점상의 문제이다. 세계적인

---

11) "아브라함이나 모세와 입씨름했던 구약 성서의 神에서 신약 성서의 神으로, 서구 계몽주의의 자연으로, 오늘날의 창조주나 기타 다른 의미의 神들로 변천함."-『다시 만들어진 신』, 스튜어트 카우프만 저, 김명남 역, 사이언스 북스, 2012, p.457.

12) 『세상의 모든 철학』, 앞의 책, p.25.

조건상 핵심 된 본체가 드러나지 못한 상태에서는 그것의 실재성 여부를 확인하거나 증명하기 어렵다. 그래서 칸트의 경우, 물 자체는 인간의 인식 조건으로서는 파악할 수 없다고 했고, 유물론자들이 애써 神이 존재한 사실을 부정한 것도 같은 맥락이다. 이런 지적 전통의 갈래 탓에 "불교는 神이 없는 지혜의 전통이고, 의식에 대한 수천 년의 탐구에 기초한 전통이다. 그래서 불교는 창조주를 가정하지 않는다."[13] 즉, 神을 믿지 않는 무신론적 종교란 견해가 팽배해 있다. 그러니까 교리 측면에서 보아도 "부처님은 숙면통과 천안통을 통해서 존재는 조물주에 의해 창조된 것도 아니고, 우연히 발생한 것도 아니며, 번뇌를 조건으로 태어난다"[14]라고 한 집성제 (集聖諦)를 세웠다. "인간을 초월한 神 따위는 없습니다. 기적을 행하는 의식도 필요 없습니다(창가학회)"[15]라고 하는 단호한 선언은 모두 힌두교 사상의 뿌리인 불변한 아트만의 실재를 거부한 부처님의 깨달음과 동류 인식이다. 이 같은 부처님의 교설 관점은 과연 만 인류를 고통으로부터 건져내고, 영원의 세계로 인도할 수 있는 참 진리인가? 전적으로 불교가 불변한 실재를 거부한 종교인 것이 맞는다면, 선천 하늘을 주재한 하나님의 섭리 뜻은 발붙일 곳이 없었을 것이다. 하지만 그 같은 세계적 조건 속에서도 하나님의 인류 구원을 위한 보편적인 섭리 의지는 연면한 탓에 불교 진리의 세계관적 의식을 변화시키는 데 이 연구의 열린 가르침 역사가 있다.

그렇다면 현대를 살아가는 우리는 정말 오랜 전통을 이은 불교의 진리적 자산을 어떻게 보아야 하는가? 미래 역사의 무엇 때문에 하나님이 불

---

13) 『다시 만들어진 신』, 앞의 책, p.457.

14) 『사성제』, 앞의 책, p.25.

15) 『동양 철학을 말한다』, 앞의 책, pp. 200~201.

교의 진리 추구 전통을 잇게 하셨는가? 하나님이 창조주로서 천지 만물을 창조하고 인류 역사를 주재한 것인 한, 그것이 부정적이든 긍정적이든 하나님의 섭리 뜻이 관여되지 않은 것은 하나도 없다. 불교도는 창조주를 가정하지 않은 사실을 통해 기독교와 차별화된 의미를 구하였고, 자신들이 일군 진리를 통해 일체의 세계관적 문제를 해결할 수 있다고 믿지만, 그것은 정말 크게 잘못 생각한 판단이다. **神을 전제하지 않고, 의식하지 않고, 지향하지 않은 인류 역사와 문화와 종교는 유례가 없다.** 만약, 있다고 한다면 세계를 완성하고 창조 목적을 달성하는 데 있어서 어떤 경우에도 결론적인 판단과 결말을 낼 수 없다. 그래서 이 같은 세계관적 문제를 해결하기 위해 창조주 하나님이 진리의 성령으로서 언젠가는 인류의 역사 위에 등단하셔야 했다. 그렇게 요청된 하나님이 만세 전부터 불교 진리를 통해 주재한 섭리 뜻은 과연 무엇일까? 부처님은 비록 힌두교의 전통 사상인 아트만의 불변한 실재성을 부정하였지만, 의식을 통해 대우주의 본질적 실상을 볼 수 있는 수행을 통한 정진 방법을 심화시킨 것은 미래 인류를 위해 남긴 위대한 업적이다. 모든 진리에 관하여 모든 문제 해결의 실마리는 천지를 창조한 하나님이 쥐고 계시다. 부처님이 지성사에서 세상 질서와는 차원이 다른 본체 세계로 나가는 깨달음의 길을 튼 것은 지워지지 않는 업적이지만, 창조 본체의 문턱 앞까지 도달하고서도 마지막 창조 관문을 열어젖히지 못한 것은 실로 아쉬운 일이다. 이것이 역사적 부처님과 창조주 하나님과의 차원적인 차이이다. 이처럼 미치지 못한 불교 진리의 법맥을 완성하기 위해 하나님이 오늘날 불교 섭리 전체를 포괄한 '미륵불 보혜사'로서, 혹은 '보혜사 하나님'으로서 이 땅에 강림하셨다. 그리고 그것은 부처님이 발길을 멈춘 현상 세계의 본질 차원을 넘어서는 길이고,

수행을 통해 넘어서야 할 깨달음의 새로운 목적 과제이며, 불교 신앙으로 건너야 하는 피안 세계 도달을 위한 최종 과제이다.

만 중생은 정확하게 가닥 잡아야 하나니, 불교의 연기법은 세상 질서와는 차원이 다른 본체 세계를 진리로써 규정한 것이 아니다. 현상 세계의 벗어날 수 없는 규칙적인 결정 질서를 꿰뚫어 논리적으로 명제화한 것이다. 하지만 결국은 깨달음으로 도달한 법설 그대로 "색즉시공(色卽是空)"이다. 현상계[色]의 본질적 특성을 밝히는 것은 그대로 현상 세계를 나타나게 한 바탕인 본체계의 본질적 특성을 밝히는 첩경이다. **본체 없는 현상 없고, 현상 없는 본체 없다.** 실상을 일으킨 양 조건을 모두 밝혀야 천지 창조의 대 파노라마 실상이 함께 드러난다. 선천 하늘에서는 그렇게 조건 지어져야 할 본체계와 현상계가 서로 연결되지 못했고, 따로 논 탓에 본체계는 본체계대로 말미암게 한 결과 세계를 증거하지 못하고, 현상계는 현상계대로 말미암게 한 근원 뿌리를 찾지 못해 제반 작용 현상들이 뜨인돌처럼 되어버렸다. 그래서 천지가 태초에 어떻게 창조되었는가를 밝힌 창조 본의 관점을 확보했을 때만 부처님이 설한 法이 인류 역사를 선도하는 진리로서 완성되고, 세계관의 중심축을 이룰 수 있다. 팔만사천법문과 불교 진리 전체의 맥을 꿰뚫을 핵심 관점이다.

그래서 佛法은 결국 오랜 세월에도 불구하고 자체 일군 진리적 전통 안에서는 미흡함이 있었지만, 본의에 입각할진대 결과적으로 세상의 질서와는 차원이 다른 무궁한 본체 세계, 원인과 결과가 함께한 통합 세계, 시공간의 분열성이 멈춘 영원 세계를 직시해서 형상화한 위대한 道의 가르침이다. 부처님 자신은 세계적인 여건상 현상계의 본질을 꿰뚫는 데 그쳤지만, 역설적으로 기존 전통을 수용해서 심화시킨 수행적 삶은 후세인들에게 현상계와 차원이 다른 본체 세계로 나가는 거대 방법론을 정형화시켜 종국에는 "色은 空과 다르지 않고, 空 역시 色과 다르지 않다"라고 하여 본의에 따른 심오한 **"창조 방정식"**을 성립시키고, 차원 방정식을 풀 수 있는 필수 조건을 갖추는 데 이바지하였다. 따라서 하나님이 이 땅에 강림하시기 이전까지의 불교 진리는 부처님이 설법으로 가리킨 손가락의 목표 지점을 보지 못하고 손가락에만 집중한 격이지만, 강림하신 이후의 불교 진리는 하나님이 밝힌 열린 가르침을 받들어 만 인류가 法을 통해 하나님을 알고 하나님에게로 나아가는 만법귀일 시대, 성령의 역사 시대를 여는 데 앞장서야 하리라. 하나님의 구원 세계 앞에 가로 놓인 마지막 무명의 관문을 열린 가르침으로 통과해야 하리라.

2. 무아론

부처님이 깨닫고 설한 불교의 근본 교리(삼법인) 중 제행무상(모든 존재와 현상은 영원하지 않다)과 제법무아(모든 존재와 현상은 실체로서 '나'가 없다)는 실재, 실체성을 부정하는 불교 특유의 존재론이다. 원래 인간을 포함하여 모든 존재가 고정불변의 영원한 실체가 아님을 정확히 아는 것이 진리이고 지혜라고 여긴 것이다. 우리가 사는 일체의 현실 세계는 '연기법', 다시 말하면 연기한 것이기 때문에 無我이고 無常하다.[16] 상식적인 생각으로 삼라만상은 죽음에 직면하지 않는 한 자신은 늘 존재한다고 생각한다. 그런데 그것은 사실이 아니므로, 착각을 바로잡는 데 부처님이

---

16) 「불교의 교육사상 연구」, 최웅호 저, 동국대학교 대학원, 철학교육, 석사, 1988, p.16.

설한 가르침과 지혜가 필요하다. 무상과 무아 교설은 『아함경』에 기록된 부처님의 압축된 사상으로서 가르침을 가장 원형에 가깝게 전승하고 있는 문헌으로서[17] 모든 形而上學적인 실체의 존재 사실을 부정하는 명제이다. 그런데 여기에는 삼법인의 남은 명제인 "일체개고 또는 열반적정은 종교적 행위의 주체로서 자아 개념을 전제한 것인바, 괴로움이 있다면 괴로움의 주체가 있을 것이고, 또한 괴로움에서 벗어난 열반의 주체도 존재해야 한다. 가장 기본적인 불교 이론 속에는 주체의 해체(무아설)와 주체의 구성이 동시에 지지가 되고 있다는 사실, 이것이 문제이다. 이것은 부처님 당시의 사람들에게도 잘 알려져 있었고, 이후에도 여러 학설과 주장이 제기되었지만, 지금까지도 적절한 해결책을 구하지 못한 상태이다. 삼법인에 담겨 있는 불교의 철학적인 모순 명제는 근본적이고도 급진적인 반대 명제로서 결코 간과할 수 없다. 어떤 형태, 어떤 이름으로 부를 수 있는 주체가 존재하지 않는다면 내가 없다고 생각하고 있는 나 자체는 도대체 누구이고, 연기적인 인과 관계 속에서 설정되는 구원과 깨달음과 열반의 주체란 또 누구인가?"[18] 이런 문제의식은 초기 경전인 『잡아함경(제13권, p.315)』에서 분명하게 명시되었다. 즉, "업과 그 과보는 있지만, 그것을 짓는 자는 없다"라고 하여, 무아 윤회설을 정식화하고 있지만, 당시에 이미 한 수행자는 "만일 我가 없다면 我가 없는 업을 지을 것인데, 미래 세상에 누가 그 갚음을 받을 것인가?"[19]란 의문을 지적하였다. 하지만 부처님은 이 질문자를 어리석고

---

17) "『아함경』은 부처님 사후 100년 이내에 여러 부파에 의하여 독자적으로 편집된 경전임."-『칸트와 불교』, 김진 저, 철학과 현실사, 2000, p.132.

18) 위의 책, p.133.

19) 『잡아함경』, 제2권, p.58.

지혜가 없는 사람으로 비난하면서 터부시하였다.[20]

수행승 마룬캬는 어느 날 이런 질문이 떠올랐다. 이 세상은 영원한가, 덧없는가? 끝이 있는가, 끝이 없는가? 나의 생명이란 몸과 같은 것인가, 생명과 몸이 다른 것인가? 사람은 죽은 뒤에도 존재하는가, 그렇지 않은가? 혹은 존재하는 것도 아니고, 존재하지 않는 것도 아닌가? 그리고 이를 스승께 여쭈었다.

스승은 대답했다. "마룬캬여, 가령 어떤 사람이 독이 묻은 화살에 맞는다고 하자. 그의 친구나 동료나 가족이 그를 위해 화살을 빼낼 의사를 부를 것이다. 그러나 그가 이렇게 말했다. 나를 쏜 사람은 왕족인가, 바라문인가? 서민인가, 노예인가? 이를 알지 못한다면 이 화살을 빼지 않겠다. ~ 마룬캬여, 그것을 알지 못하는 동안에 그의 목숨은 끝날 것이다."[21]

이것이 정말 무슨 동문서답인가? 질문을 회피하는 듯한 대답에서는 근본적인 문제, 곧 논리적인 모순이 함재한 탓이다. 인간이 당면한 세계적인 문제 중에는 인간이 스스로 풀 수 있는 것도 있지만, 능력 밖의 문제도 있다. 부처님도 인간인 한 예외는 없다. 부처님은 覺者라 탁월한 지혜를 갖춘 분이라고 믿지만 삼법인, 사성제, 팔정도로 뒷받침한 연기법은 그 같은 믿음을 충족시킬 만한 완전한 진리설이 아니다. 부족함이 있으므로, 그 위에 쌓아 올린 근본 교리도 제고해야 한다고 했는데, 그 근거가 무아설과 윤회설이 동시에 성립할 수 없는 모순을 통해 드러났다. 이유는 "불교가 무아설을 내세운 동시에 인도의 전통 사상인 '베다'의 윤회설을 수용한 탓이다. 도대체 고정된 실체로서의 자아가 없는데, 무엇이 윤회하고 생을 반

---

20) 『칸트와 불교』, 앞의 책, p.223.

21) 『지적 대화를 위한 넓고 얕은 지식』, 앞의 책, p.348.

복한다는 것인가?"[22] 알다시피 무아설은 부처님의 설이고, 윤회설은 인도가 전승하고 있는 고유한 전통 사상이다. 그래서 무아설과 윤회설이 동시에 성립할 수 없는 이유를 밝히기 위해서는 그런 모순을 있게 한, 보다 근본적인 원인을 파고들어야 한다. 그 실 가닥을 정확히 가닥 잡는다면, 윤회설이 베다 사상 안에서는 영원하고 불변하며, 고정된 완벽한 실체인 아트만을 인정한 탓에 지극히 순리적일 수 있지만, 무아설은 이와 다르게 고정된 실체로서의 아트만 같은 것이 없다고 보기 때문에 나라는 존재는 끊임없이 변화하고 흩어지고 모이는 임시적인 상태일 뿐이다.[23] 이런 불교와 베다의 근본적인 입장 차이 탓에 사실상 윤회설은 무아설이란 세계관 위에서는 성립할 수 없는, 서로가 등을 지고 있어 양립됨이 불가능하다. 명백히 어긋난 탓에 모순을 거론할 문제가 아예 아니란 사실이다. 그런데도 불교가 무아설을 주장하면서도 윤회설을 비판 없이 수용한 것은 세계관 구축에 있어 메울 수 없게 된 큰 구멍이다. 더 나아가 왜 이런 문제가 발생했고, 정말 무엇이 잘못된 것이냐고 했을 때, 이 연구는 베다와 불교 모두 완벽하지 못한 점이 있지만, 결국은 무아설에 더 큰 오판이 있었다는 점을 지적하지 않을 수 없다. 이것은 불교란 종교가 지닌 진리관, 구원관, 세계관으로서의 결정적인 한계성이라, 언젠가는 극복해야 할 과제이다. 삼라만상 존재와 현상을 바라보면서 그것이 유아, 유상이 아닌 무아, 무상에 근거했다는 것, 그것이 세계적 허무를 극복하는 성스러운 진리이며, 그를 통해 열반의 길을 제시한 것이지만, 진정한 사실은 바탕이 된 전제 조건 자체가 잘못된 탓에, 그렇게 해서 도달한 목표 역시 잘못되었다. 무아,

---

22)　위의 책, p.348.

23)　위의 책, p.337.

무상은 참 실상이 아니므로 명백한 한계성 관점이며, 이면에 바로 참된 실상이 있었다는 것이니, 그것이 곧 베다가 밝힌 것처럼 시공간을 초월한 절대 불변한 실체가 존재한다는 사상이다. 물론 앞에서도 지적한바 부처님이 반대급부로서 무아설을 내세운 것은 그 불변한 실재를 주장한 자들이 실질적인 본체를 드러내지 못한 탓이지만, 그렇다고 해서 불변한 실재를 아예 부정한 것은 잘못이다. 그러니까 무아설은 그 세계적인 실상을 판단한 인식의 첫 단추부터 잘못 끼운 상태이다.

단적인 예로서 불교 경전을 이해하는 관점에 있어서 "우주 만유는 實이라, 즉 시간과 공간이 시공간을 초월해 실로 존재한다고 한 '삼세실유 법체항유'설을 유치원생인 어린애에게 이해시키기 위한 법설로 치부한 데 있다(아함부의 구사학). 우주 만유가 헛것이라고 하면 곧이듣겠는가 하는 것이 이유이다. 그리고 그다음 단계로 우주 만유의 모든 法이 모양이 없이 모두 空한 것(無相皆空)이라고 한 법설은 중학교 학설이라고 했다(방등부의 성실론, 삼론 등). 고등학교 학설 격으로서는 제법이 실로 있는 것도 아니고, 없는 것도 아니라는 中道 사상을 말했으며(반야부의 유식학), 우주 만유 그대로가 진리라고 설한 것은 대학 또는 대학원 학설로 격상시켰다(화엄경, 법화경의 십지론, 기신론 화엄론 등)."[24] 이것은 완전히 본말을 전도시킨 이해 관점이다. 근본적인 원인은 세계의 근원 된 창조 실상을 간파하지 못해서이다. 분명 전통적인 인도 사상에서는 "우주 만유가 지닌 일체 法의 본원적 실체는 삼세(과거·현재·미래)에 걸쳐 없어지지 않고 실재한다. 다시 말해, 시간도 삼세에 걸쳐 실유하고 법체도 항상 실유한다"[25]

---

24) 『부처님이 계신다면』, 앞의 책, p.324~325.

25) 『불교의 교육 사상』, 박선영 저, 동화출판공사, 1981, p.39.

라고 하였지만, 부처님의 무아 사상과는 거리가 있는 탓에 불교 진리로부터 도태되고 말았다. 이 불변설이 진리로서 증거되기 위해서는 창조 메커니즘을 밝혀야 했는데, 시기상조인 탓에 관념적인 설에 그쳤다. 불교 진리 안에서의 무아설과 윤회설이 양립할 수 없는 모순점에 대해 "만일 자기 동일적인 자아가 존재하는 것이 아니라면, 누가 업을 짓고 누가 과를 받는가?"[26] 누가 보더라도 "무아설을 있는 그대로 받아들이면 주체가 부정되고, 윤회설을 있는 그대로 받아들이면 주체가 필연적으로 전제되는"[27] 문제가 확연하게 불거지는 만큼, 이런 문제를 해결하고자 한 사상적 노력 또한 전혀 없었던 것이 아니다. 하지만 이것은 문제를 있게 한 무아설의 한계성을 깨닫지 못한 상태에서는 해결할 수 있는 방도가 없다. 역사적으로 중관, 중도, 유식에 관한 사상들은 모두 무아설과 윤회설과의 논리적인 모순을 해소하기 위해서 새롭게 제시한 이론 명제이다. 하지만 그것은 결국 부처님의 무아설을 하나도 훼손하지 않고 空과 무아 사상을 더욱 주체적으로 철저하게 한 것이다. 세계관적으로 더 깊은 한계성의 늪으로 빠져버려 헤어날 수 없는 지경이 되고 말았다. 그래서 혹자는(히라카다 아키라의 주장 수용-김항배) 초기 불교의 무아설은 진아의 적극적 부정에 목적이 있는 것이 아니고, 오히려 진정한 我가 아닌 것을 我라고 잘못 알아서 이에 대해 집착하는 그릇된 아견을 제거하기 위함이란 견해를 피력하기도 했다. 그처럼 착각한 것이 사실이라면, 그 진아란 과연 무엇인가? 무아가 지닌 진아로의 진행 방향은 맞다고 해도, 윤회와 업의 주체인 불변의 실재란 정말 어디에 있는가? 어떤 종교든 그 종교를 세운 교주라고 해서 세

---

26) 『불교의 무아론』, 한자경 저, 이화여자대학교 출판부, 2006, p.174.

27) 『칸트와 불교』, 앞의 책, p.151.

계의 모든 진리를 통달하거나 자체 안에서 드러난 문제를 모두 해결할 수 있는 전지자는 아니다. 오직 지금의 종교를 있게 한 창안자로서, 그리고 인격적으로 정진한 本이 고귀하여 추종한 것이지, 모든 진리를 완전하게 꿰뚫은 지혜자가 아니다. 분명 부족한 점이 있다 보니까 후세대에 이르면서 교파를 분열시킨 빌미가 된 것이다. 부처님도 예외일 수 없다. 부처님은 인류가 인정하는 성인인 것이 맞지만, "그가 내세운 기치는 무아 사상인데, 윤회전생을 인정한다면 그것의 주체가 불변해야만 윤회하고 전생할 수 있으므로",[28] 이것은 사실상 覺者인 부처님도 풀기가 어려운 능력 밖의 문제이다.[29]

그래서 무아설은 부처님이 직접 깨친 것이라 사상을 펼칠 수 있었지만, 불교 신앙을 지탱한 또 하나의 핵심 교리인 윤회전생 메커니즘에 대해서는 어떤 지혜 하나도 보태지 못했다. 그 이유는 정말 무엇인가? 윤회설을 인정하기 위해서는 영혼의 불멸성부터 확인해야 하고, 생사를 넘나든 생멸과 영생 메커니즘을 제시해야 하며, 그로 인한 존재 의미를 다시 정립해야 하는데, 이것은 오직 만사와 만법을 관장한 하나님만이 해결할 수 있는 권능 영역이다. 즉, 불교에서는 제법, 제행이란 말을 사용하지만, 바로 그런 일체의 세계 영역은 이 연구가 밝힌 바 하나님이 천지를 창조한 역사와 연관 짓고 근거했을 때만 그야말로 부처님도 세계의 지성들도 해결하지 못한 불교 진리 과제를 풀 수 있다. 그것을 이 연구가 열린 가르침의 지혜로 펼치고자 한다. 무아설과 윤회설이 한 하늘 아래서 공존할 수 없는

---

28) 『불교의 교육 사상』, 앞의 책, p.39.

29) 기독교에서 주장하는 主 예수의 재림과 영생에 관한 문제도 불교에서 말하는 윤회전생과 동일한 세계관적 문제로서 불변성 문제를 해결해야 했다. 세상 진리와 격이 다른 이질적인 문제가 결코 아님.

(모순 관계) 주된 이유는 바로 천지가 창조된 과정상에 있어서 각자가 포착한 관점상에 차이가 있어서이다. 자신들이 보고 확인한 사실에 근거해 그것이 시발이며 근원이라고 판단했지만, 사실은 서로가 다른 하늘을 쳐다본 것이라고 할 수 있다. 무슨 말인가 하면, 윤회설을 말한 "우파니샤드는 아트만의 영원 불변성을 일관되게 강조하고, 아트만이 윤회의 주체라고 했지만",[30] 사실상은 그로부터 말미암은 현상적 질서와는 차원이 다른 궁극적 실재이다.[31] 이런 이유 탓에 우파니샤드는 현상 세계의 변화무쌍한 생성 질서를 초월한 윤회의 불변적 주체성을 아트만에게로 귀결지을 수 있었다. 하지만 부처님은 아트만의 주체성인 불변성에 맞서 "불변하는 자아의 실체 같은 것은 없다. 대신에 나라는 존재는 다만 연기에 의해 임시로 쌓여 있는 오온의 무더기일 뿐이다. 현상 세계의 분열 질서에 근거한 탓에 자아는 고정된 실체가 없는데, 있다고 믿는 탓에 집착에서 벗어나지 못하고, 뭇 중생이 일체개고(고통) 지경에 이르렀다고 추론했다. 나아가 이것을 극복할 수 있는 해탈의 길도 아울러 내세웠다. 다시 말해, 윤회하는 영원한 주체 같은 것은 없으니, 같은 인도 지역에서 발생했고 업, 윤회, 해탈이란 세계관까지 공유했지만, 불교는 이처럼 인도의 전통 사상과 근본적인 차이를 지녔다."[32]

그만큼 불교가 무아설에 근거해서 이 같은 결론에 도달한 데는 그만한 이유가 있다. 왜 불변하는 자아의 실체 같은 것이 없으므로 윤회하는 영

---

30) 『지적 대화를 위한 넓고 얕은 지식』, 앞의 책, p.385.

31) 아트만의 영원 불변성을 일관되게 주장했다고 해서(우파니샤드) 불변성이 존재로서 성립될 수는 없다. 아트만의 불변성을 성립시키는 주체적인 我는 창조에 있고, 그 불변성을 조건 짓는 본체는 다름 아닌 하나님이다.

32) 위의 책, p.384.

원의 주체도 없다고 결론 내렸는가? 그것은 결코 제법의 현상이 연기적이기 때문이 아니다. 그야말로 말미암아서 드러난 현상적인 특성 이상도 그 이하도 아니다. 더 근본적인 원인은 바로 창조로 인해 化되어서이다. 천지가 창조된 참 실상은 진정한 유아인 창조 본체이고, 말미암은 우리의 자아 본성과(아트만) 뭇 존재는 정말 무아이다. 이런 관점에서 본다면, 기독교가 인간을 피조물이라고 한 것, 플라톤이 현상계를 그림자라고 한 것과도 같다. 말미암아 창조되고 化된 현상적 세계 안에서는 우리가 굳게 믿고 있는 자아가 무아인 것이 맞다. 하지만 창조된 과정상에서 본다면 그것은 근원 된 시발 관점이 아니다. 무아일 수밖에 없는 有가 곧 하나님의 창조 본체다. 그 끊을 수 없는 인과 법칙(연기법)을 초월해 엄존해 계시다. 이 본의 비밀을 세상의 누가 알았겠는가? 하나님이 이 땅에 강림하시고 본의를 밝히기 전에는 아무도 알 수 없었다. 부처님이 제시한 성스러운 해탈의 道와 열반의 길도 중요하지만, 왜 고정된 실체가 없는 것인지 이유를 밝힌 열린 가르침을 받드는 것은 더 근본적인 일체개고의 원인을 소멸하는 해탈 道이고, 열반에 이르는 길이다. 새로운 이해로서 본다면 무아는 생멸하는 법칙에 따른 당연한 판단이고, 윤회는 창조된 생성 시스템 안에서 영원히 有한 창조 본체를 유지하기 위한 순환 시스템이다. 그러니까 불교의 무아설도 세계관적으로 한계가 있지만, 전통적인 윤회설도 창조 역사 메커니즘에 근거하지 못한 탓에 세계관적으로 한계성을 안았다. 윤회의 비밀을 푸는 열쇠 역시 창조 역사가 쥐고 있나니, 온갖 현상적 변화에도 불구하고 창조 본체는 불변하며, 영원히 有한 본체에 근거한 탓에 말미암은 우리도 형태를 달리해서 존재하지만, 사라지는 것은 없다(창조 원리). 이런 원리에 근거하면 삼라만상 존재에 있어 예외는 없다. 물질과 생명과 제 현상 작용이 모두 그러하다. 생성 변화의 뿌리인 창조 본체의 유함성을 보아야 하나니, 그곳에서 윤회의 주체인 영원불변한 아트만의 본체를 볼 수 있고, 거듭되는 윤회의 궁극적 도달 목표를 확인할 수 있다. 알고 보면, 초기 불교의 설일체유부와 무아설 간의 이견 역시 주된 원인은 천지가 창조된 이행 과정을 알지 못해서이고, 이런 문제를 풀기 위해서는 창조 본의에 근거한 세계관적 뒷받침이 필요했다.

따라서 불교 수행의 최종 목적인 해탈을 이루는 데도 창조 본의에 입각한 메커니즘 제기가 필요하다. 해탈에 관한 새로운 해석은 현상 질서 안에서 가해지는 온갖 본성적, 의식적, 행위적인 장애를 극복할 수 있는 본체로의 진입 문을 여는 것일진대, 그처럼 차원적인 문을 여는 목적이 다시는 윤회하지 않는 완전한 해탈이고, 무여 열반이라고 한 것은 재고해야 한다. 물론 현생에서 지은 업보 탓에 더 저급한 축생의 삶을 반복한다는 것은 저지되어야 하리라. 하지만 윤회의 고리를 완전히 끊어버리고자 하는 해탈 목적은 하나님이 우리를 지은 창조 본의 목적과 어긋난다. 사실상 윤회의 고가 완전하게 끊어진 해탈은 천지가 창조되기 이전의 절대적인 본체 상태인데, 이것은 창조된 인간으로서는 도달할 수 없는 차원 상태이다. 한번 존재한 영혼은 영원히 사라질 수 없고, 삶을 반복하는바 전생보다는 이생에서, 이생보다는 후생에서 더 나은 가치를 실현할 수 있도록 정진해서 영혼을 순화시키는 길밖에 없다. 바라 마지않는 바 고귀한 사명을 위하여 거듭날 수 있는 환생을 기려야 한다. 그런데도 불교에서는 우리가 태어나 이루어야 할 영혼의 목표를 반복되는 환생과 회귀와 부활 시스템을 끊어버리는데 둔 것은(해탈) 잘못이다. 이것은 불교를 신앙한 중국과 동남아 제 민들은 물론이고, 윤회전생을 절대적인 진리로 믿고 있는 인도인의 영혼을 구원하는 데 있어 제기되는 중차대한 문제이다.

이런 사상을 추종하는 "힌두교라는 종교는 환생에 대한 믿음을 공유해 출생, 삶, 죽음, 부활로 이루어진 윤회를 거친다고 보았다. 그리고 윤회의 주기에서 벗어나려면 훌륭한 삶을 영위해야 한다고 믿었기 때문에 도덕적인 삶을 권유하게 된 것은 긍정적인 역할이다. 하지만 불멸의 영혼인 아트만은 우주를 통치하는 도덕적 규칙으로 행동과 반응을 결정하는 업보에 따라 여러 형태로 부활한다고 보고, 생의 궁극적인 목표를 탄생과 재탄생의 주기에서 벗어나는 해탈"[33]에 둔 것은 결국 수많은 인도인과 불교도의 영혼을 윤회전생관이란 틀 속에서 벗어날 수 없게 하였다. 시간을 되돌리려는 시도처럼 역점을 둔 삶의 가치를 전도시키고, 이것은 하나님이 뜻한 바 창조 본의에도 크게 어긋난다. 하나님은 애써 우리가 지향하고자 하는 해탈의 절대적인 본체 상태를 마다하고, 창조 본체를 존재 본체로 이행시키고, 때가 되어 직접 이 땅에 강림하시기까지 한 바라, 하늘에서 뜻을 이룸같이 땅에서도 이루기 위해 인류 역사를 주재한 것인데, 그들은 애써 태어난 이생에서의 삶의 기회보다 저승에서 이룰 삶의 파라다이스를 더 기대하였다. 이것은 진정 해탈을 목적으로 삼은 불교의 보살 정신에도 어긋난다. 이 땅에서의 더욱 나은 환생을 목표로 삼아야 인류를 위해 헌신하는 보다 나은 가치 실현의 기회가 주어지고, 그를 통해 영혼을 고귀하게 승화시키는 것이 하나님이 우리를 창조한 목적인 사랑의 뜻과 부합한다. 완전한 해탈보다 타인과 이웃을 위해 이 세상에 다시 태어날 수 있길 기대하고, 그것을 목표로 현생의 삶을 통해 가치를 이루어 나가는 것이 하나님이 오신 지상 강림 역사 시대에서 인류가 지향해야 하는 윤회의 참 목적이다.

---

33) 『철학』, 앞의 책, p.114.

삶의 신앙적, 신념적, 인생적 가치를 천상이 아닌 지상을 향하도록 지침하는 것이 하나님이 천지 만물을 창조하고, 인류 역사를 주재하며, 이 땅에 강림하여 이상적인 나라를 건설하고자 한 목적이다. 인류 영혼이 당면한 제행무상의 근본적인 허무와 고통을 벗어나는 방법으로써 불교는 해탈을, 기독교는 믿음의 길을 지침했지만, 이 연구는 항구적인 창조 본체를 드러내는 방식을 택했나니, 무아설과 윤회설 간의 실질적인 모순 문제를 풀고, 세계관의 한계성을 극복하는 방법에 이 연구가 열린 가르침으로 밝히는 창조 본의가 주효하다. 覺者들이 불교 진리를 일구는 데 있어 하나님이 진리의 성령으로서 역사하지 않았다면 불교가 당면한 문제를 해결할 가르침의 역사를 펼칠 수 없었으리라.

3. 연기법

연기법은 불교란 종교가 기치로 내세운 핵심 된 교리이고, "다른 가르침과 가장 구별되는 부처님의 근본 가르침이다."[34] 그렇다면 이 연구가 이 같은 연기법과 대비된 명제를 내세운다면 그것을 무엇이라고 해야 할까? **"창조법"**이 곧 진리성을 대표하는 중심 法이고, 부처님의 가르침과도 대비되는 열린 가르침이다. 부처님의 法과 비교한다는 점에서 매우 언짢게 생각할 불교도들이 있을지 모르지만, 그것은 만법의 본체인 하나님의 창조 권능에 대해 무지해서이다. 하나님이 이 땅에 창조 본체를 드러내기까지는 연기법이 말 그대로 무상정등정각이라, 이상의 상위 法이 없었다고

---

34) 『연기법으로 읽는 불교』, 앞의 책, p.21.

할 수 있지만, 지상 강림 역사 시대를 맞이한 지금은 상황이 다르다. 연기법이 창조법 탓에 잠재된 한계성이 드러나고, 인류 영혼을 보편적으로 구원할 수 있는 동력을 생성시키기 어렵다. 이유는 연기법이 창조법에 근거하지 않았고, 창조법에 무지한 탓에 언젠가는 세계관으로서 한계성을 지닐 수밖에 없었는데, 그때가 그런 사실을 지적하고 있는 지금이다. 그렇다고 해서 부처님이 설한 연기법의 인류 구원 역할이 마감된다는 것은 결코 아니다. 연기법의 뿌리에 해당한 창조법만 보완할 수 있다면, 오히려 佛法의 전체 진리관을 완성할 수 있고, 추진력을 상실한 보편적 인류 구원 동력을 회복할 수 있다. 경전에 이르길, "연기를 보는 자는 法을 보고, 法을 보는 자는 부처님을 본다(『도간경-稻芊經』)"라고 하였듯, 이 연구는 하나님이 지혜를 다해 밝혀 준 창조법에 근거해 연기를 보는 자는 창조를 보고, 法을 보는 자는 하나님을 볼 수 있는 길을 트고자 한다.[35] 창조법을 통해 연기법을 판단하고자 하는 이 연구의 전반적인 논거 시도는 창조법을 몰라 한계를 지닌 연기법을 보다 근원 된 창조법에 근거해서 극복하고자 한다.

하나님의 창조법이 부처님의 연기법을 어떻게 세계관적으로 완성할 수 있는 것인지 의문을 가질 수 있지만, 그런 부정적인 이해 장벽을 허무는 데 하나님이 만세 전부터 불교 진리를 일구게 한 섭리 뜻이 있다. 그렇다면 부처님과 하나님은 과연 무엇 때문에 격이 다른가? 어떤 요인보다도 창조관에 관한 견해의 차이 탓이다. 즉, "오온은 불교가 바라본 자아의 실체이고, 연기는 불교가 바라본 세계의 실체다. 그중 연기는 매우 중요한 개념으로서 제 현상이 원인과 조건에 의해 생겨나고, 사라짐을 가리킨

---

35) 연기를 통해 法을 보고, 法을 통해 창조를 보고, 창조를 통해 하나님을 볼 수 있는 길을 틈.

다. 여기에 따르면, 세상 모든 것은 홀로 독립해서 존재하는 것이 없다. 일체가 시간적으로나 공간적으로 다른 것들과 얽히고설킨 인과의 톱니바퀴 아래 놓여 있다."[36] 겉으로 보면 연기법이 무엇인지 설명하고 있는 것처럼 보이지만, 사실은 뭇 존재가 생겨나고 존재하게 된 근거와 원인인 불교식 창조관을 피력한 상태이다. 즉, "모든 현상은 원인과 조건에 의해 생겨나고 사라진다." 지극히 논리적으로 이치를 추적한 창조관이다. 기독교식 창조관처럼 神을 전제하지 않았다는 점에서는 차이가 있지만, 그것이 특별한 요인은 아니다. 세상에는 神을 전제하지 않고서도 삼라만상과 우주의 존재 이유와 원인을 밝힌 사상이 허다하다. 진화론, 유물론, 과학주의 등등. 연기법도 시종일관 神을 전제하지 않고 제 현상이 발생한 원인을 추적한 점에서는 하나님과 무관한 것처럼 보이지만, 다른 한편으로는 그렇게 보는 것 자체가 하나님의 창조법을 보지도 알지도 못한 한계성을 나타내는 근거이다. 이것은 하나님이 이 땅에 강림하시어 밝혀 준 창조 본의에 근거했을 때만 확인할 수 있는 관점 확보 차원이다. 이 같은 안목에서 "물질과 정신의 法들은 어떻게 일어나는가? 조물주가 창조했는가, 우연하게 발생한 것인가? 하고 물었을 때, 부처님이 답하길, 조물주가 창조한 것이 아니고, 우연히 발생한 것도 아니며, 조건에 의지해서 일어난다"[37]라고 하였다

> "이것이 있을 때 저것이 있다. 이것이 일어날 때 저것이 일어난다.
> 이것이 없을 때 저것이 없다. 이것이 소멸할 때 저것이 소멸한다
> (「십력경」)."

---

36) 『지적 대화를 위한 넓고 얕은 지식』, 앞의 책, p.343.
37) 『사성제』, 앞의 책, pp. 111~112.

창조도 아니고 우연도 아닌, 원인이 있는 일면 조건을 통해 일어난다고 한 것은 틀린 말이 아니지만, 한편으로는 전적으로 창조법에 무지한 탓에 그렇게 판단한 한계성 인식의 단면이기도 하다. 바로 이 같은 사실을 이 연구가 집중적으로 조명하고자 한다.

우선 창조법은 창조 원리가 작용한 메커니즘에 관한 인식인데, 연기법은 그 같은 법칙적 결정체가 아니고, 제 현상을 바라본 일종의 사고적(관념)인 논리 추적법이라는 점에서 자격 미달이다. 최초의 각성자인 부처님은 제 현상을 일으킨 작용에 대한 본질을 꿰뚫은 法이라고 할 수 있지만, 이후의 불교도들은 그런 연기법 이상의 새로운 法을 깨달은 역사가 없다. 논거된 연기법을 이해해서 세상의 현상과 대조하고, 그렇게 조건 지어진 사실을 확인한 정도이다. 연기법은 이해하고 보면 오히려 당연한 상식적 영역이다. "연기는 부처님이 만든 法이 아니고, 세상에 있는 현상들이 일어나는 조건에 관한 진리를 발견하고 깨달은 것뿐이다."[38] 이를 통해 우리는 연기법의 객관적인 일반성을 분명하게 인식할 필요가 있다. 즉, **부처님의 연기법은 존재한 法을 발견해서 사고적으로 재구성한 관념법이지만, 하나님의 창조법은 직접 천지 만물을 창조한 결정 법칙을 밝혔다.** 자동차를 제조하는 법과 제조된 자동차를 운전하는 법은 다르다. 창조법과 연기법도 이런 본말 관계에 있다. 결코, 동떨어져 있지 않다. 다시 말해, "일체 法이 조건에 의해 일어나고, 조건에 의해 사라지는 현상은(연기법) 그렇게 될 수 있도록 한 창조법에 따라 조건 지어졌다. 그런데 연기된 원인을 조건의 유무 문제로 돌린 것은 그것이 곧 창조법을 간과한 연기법의 한계성 노출이다. 그래서 이 연구는 불교도들이 신뢰한 믿음과 달리 연기법만

---

38) 위의 책, p.161.

으로서는 세상의 된 이치를 모두 설명할 수 없는 선천 진리로서의 한계성을 지적했다. 佛法의 대의는 부처님이 깨달은 진리라고 해서 무조건 받들고 따라야 한다는 것이 아니란 말이다. 그 한계성을 확인함으로써 그것이 오히려 만사의 이치를 꿰뚫는 佛法을 완성하는 길이다.

그렇다면 앞에서도 연기법의 대의에 대해 언급했지만, 창조법에 따라 밝혀진 **"연기법"**의 본질은 과연 무엇인가? 먼저 "연기법은 어떤 가르침인가? 그것은 연기(緣起)란 글자의 뜻대로 서로 인연(因緣)하여 일어난다는 것, 다른 것과 관계를 맺어 일어나는 것이다. 이것을 조합하면 세상 만물은 홀로 존재하는 것이 없고, 서로 관계하여 존재한다"[39]이다. 이것은 사실이다. 하지만 이것만이 전부이냐고 물으면 연기법은 더 이상 할 말이 없다. "세상 만물은 서로 관계하여 존재하며, 결코 홀로 존재하는 것이 없다"란 인식을 기점으로 사실을 유추해 나가는 것뿐이다. 여기에 연기법의 한계성과 함께 창조법의 뒷받침이 요청된다. 왜 만상은 인연으로 일어나고, 다른 것과 관계해서 존재하며, 홀로 존재하는 것이 없는가? 그 답은 한마디로 창조법 탓이다. 창조되지 않았으면 이 같은 결과 현상이 있을 수 없다. 창조법, 곧 창조 역사가 인연으로 일어나게 했고, 관계해서 존재하게 했으며, 그러니까 당연히 홀로 존재하는 것이 없게 된다. 상의 상존한다. 더 본원을 파고든다면, 모든 존재와 현상이 시공간적으로 인과성과 상의 상관성을 기본적인 속성으로 한 것은(인연 연기) 천지 만물이 한 본질, 한 본체, 한 바탕으로부터 창조되었고, 하나인 근원 본체가 생성 작용으로 분

---

39) "인연은 우주의 기본적인 규율로서 세계의 모든 현상과 물상들이 모두 인연이 없다면 돌연 발생할 수 없다. 따라서 인연=일체법이고, 일체법=인연이다. 法은 모든 현상과 물상으로, 因에 의해 친생(親生)하고, 緣에 의해 조성(助成)된다."-『반야심경』, 지뿌 저, 김진무 역, 일빛, 2015, p.58.

열해서 나누어진 탓에 현상적으로는 개별화되고 분화, 독립되어 존재하지만, 바탕 본체가 건재한 탓에 연관되고 연결되어 있다. 상의 상관된 연결고리는 본질적인 인과 고리이므로 눈으로는 확인할 수 없다. 하지만 이치적으로는 추적할 수 있다. 한 본체가 생성 작용으로 늘어뜨려졌나니, 因과 果란 그 필연적인 연관성은 철칙이다. 必因 必果이다. 따라서 因과 果가 생성으로 나뉘기 전에는 당연히 因이 果이고 果가 因으로서 하나인 통합성 본질 상태를 유추할 수 있는데, 그것이 곧 시공의 생성 질서를 초월한 **"창조 본체"**이다. 이런 이유로 **"연기법"**은 창조법과 긴밀하게 연관되고, 창조법은 연기법의 뿌리로서 자리 잡고 있다. 전체가 관계되고, 인과로 연결되어 있어 당연히 독립된 실체는 없다. 이 말은 결국 삼라만상 우주가 한 본체로부터 창조된 화현체란 뜻이다. 연기법의 근원 본체를 파헤칠진대, 창조법이 어떻게 연기법과 무관할 수 있겠는가? 그런데도 부처님은 창조법을 간과한 탓에 연기법, 그것을 창조법으로 간주해서 발원한 인간의 고통 문제를 해결하였다고 했다(해탈). "모든 존재의 시·공간적인 연기성을 인식하지 못하고 영원한 실체로서 존재한다고 착각하고 집착한 탓에 현실적인 실존 상황이 고통(번뇌)으로 귀결된다고 한 결론을 내렸다."[40] 사실은 연기법 이전에 연기법을 있게 한 창조 실상을 간파하지 못하고, 자아의 허무성을 말한 것인데도 말이다. 이것이 연기법의 본질이라, 한계성 인식의 진술이기도 하다. 그런데도 이런 본의를 모르는 자들은 말한다. "연기법(관계론)에 따르면 삼라만상은 존재가 아니라 생성이다. 칸트의 물 자체가 설 자리가 없다. 배타적이고 독립적인 물 자체는 존재하지

---

40) 「번뇌 즉 보리에 관한 연구(육조단경을 중심으로)」, 안성규 저, 경상대학교 대학원, 국민윤리, 석사, 2009, p.1.

않는다."[41] 창조법을 모르면 누구라도 이처럼 판단하고 이 같은 결론에 도달한다. 물 자체가 존재한 창조 자리를 보지 못한 인식의 적나라한 노출 현상이다.

연기법을 시발로 한 불교의 팔만사천법문은 인간의 심성과 우주의 실체에 대한 진실하고도 오묘한 교설인바, "우주의 일체 만유는 곧 진리 자체인 진여 불성이 스스로의 인연에 따라 생성하고 또한 인연 따라 소멸하는 영원한 一大行相이다."[42] 그처럼 굳게 믿고 절대적인 교설로서 추종한 것이 부처님의 가르침이다. 그러나 2600년에 걸친 세월의 길을 걸어오는 동안 장대한 법륜의 수레바퀴가 닳을 대로 닳아버려 지금은 제대로 된 인류 구원 구실을 할 수 없게 되고 말았다. 수명이 다해 법륜의 바퀴를 다시 갈아 끼워야 할 때가 되었으니, 이때를 불교도들은 자각해야 한다. 그 전환 요구에 하나님이 밝힌 창조법이 있고, 이 法을 통해 제 현상의 실상을 꿰뚫은 **"연기법"**의 본질을 간파해야 한다. 그것이 무엇인가? 진여 불성의 실상을 밝힌 연기법은 그대로 창조된 세계의 현상적인 특성을 꿰뚫은 진리이다. 생겨나고, 상호 의존적인 관계의 망을 구축하고 있다는 주장은 창조로 결정된 피조성을 말한 인식 상태이다. 조건에 의한 발생은 창조 역사의 사전 결정성을, 그 결정성은 창조 이전의 사전 계획성인 하나님의 절대적인 초월 권능으로 직결된다. 연기적 실상은 창조로 인한 결정성이 생성하는 현상 모습이다. 그러니까 因과 緣을 조건으로 존재가 성립되고, 因과 緣의 소멸로 생성 현상이 마감(소멸)된다. 이처럼 천지는 이미 창조된 탓에 결정된 因과 緣으로 존재가 생성되고 소멸하는 것일 뿐, 전혀 새로운

---

41) 『강의』, 신영복 저, 돌베개, 2014, p.475.

42) 『정통선의 향훈』, 청화선사 법어집(1), 성륜불서 간행회 편, 성륜각, 2003, p.58.

창조는 없다. 이런 사실을 불교는 말하지 못했다. 그래서 오늘날 하나님이 이 땅에 강림하시어 만 영혼의 무지를 깨우칠 창조법의 지혜를 계시한 만큼, 창조된 실상을 밝힌 연기법으로 창조법을 보고, 창조법으로 일체를 결정지은 하나님의 모습을 뵈올 수 있어야 하리라.

4. 대승공

경남 합천에 있는 해인사는 고려 고종 23년부터 38년(1236~1251)에 걸쳐 간행된 팔만대장경을 보관하고 있다. 기록되고 전해진 경전 수가 이러할진대, 불교의 전체적인 진리 맥을 가닥 잡는다는 것은 쉬운 일이 아니다. 더군다나 오랜 세월 동안 수많은 논자의 견해까지 더해진 지금은 불교의 핵심 된 진리가 무엇인가에 대해 佛法의 발원자인 부처님도 감당하기 어려운 과제이리라. 하지만 처음부터 끝까지 佛法의 진리 생성 과정을 놓침 없이 주재한 분이 있다면 그분은 佛法의 정맥을 꿰뚫을 수 있으리라. 우리는 불가능한 일이지만, 그분은 우리 모두의 머리카락을 헤아리고, 갠지스강의 모래알을 헤아리며, 밤하늘에 빛나는 별들의 수효까지 빠짐없이 헤아릴 수 있는 분이나니, 그분이 바로 이 땅에 진리의 성령으로서 강림하신 보혜사 하나님이시다. 불교 진리의 발원 때부터 이 순간까지 섭리를 주재한 탓에 때가 이른 오늘날 불교 진리의 핵심을 꿰뚫어 佛法의 正道를 지침할 수 있다. 그것이 가능한 일체 판단 기준은 앞의 연기법을 통해서도 대조시킨 창조법이다. 창조법은 불교 진리뿐만 아니라 선천에서 일구어진 모든 진리 세계를 판단할 수 있는 기준이다. 열린 가르침으로 미래 인류를 선도할 대우주관이다.

그러므로 대승공 역시 판단하는 기준은 다를 바 없다. 불교 진리의 맥락 안에서 본다면 무아설-연기법을 정통적으로 계승한 것이 대승공이지만, 창조법 안에서 본다면 갈수록 태산이란 말처럼, 부처님이 설한 佛法의 세계관적 한계성과 논리적인 모순을 더욱 심화시킨 상태라고 할 수 있다. 이런 문제는 하나님이 진리의 성령으로서 창조법과 본의를 계시하기 전까지는 어떤 覺者라도 문제점을 포착하지 못했다. 그러나 이제는 때가 이른 만큼, 내포하고 있었지만 드러나지 않은 한계성을 확인할 수 있어야 소승 불교→대승 불교 단계에서 답보 상태가 된 정체성을 풀고 미래 인류를 새로운 佛法으로 구원하는 **"통승 불교"**로 나아갈 수 있다. 그 한계성 극복의 주축 메커니즘에 바로 **"대승공"**에서 **"창조공"**으로의 전환을 통한 인식과 차원적인 관점 제공이 있다. 佛法의 세계관적 관점이 전환되어야 하는 시대적인 요구는 분명한 것이나, 불교 진리가 지난날 담당한 중생 구원의 순기능 역할에도 불구하고, 미래 역사에서 요구되는 보편적인 인류 구원 역할 측면에서는 생명력이 다했다. 인도로부터 발원하여 뭇 중생을 깨우치고 삶을 고무한 불교가 어떤 종교인가? 부처님이 쌓은 그 인격적인 숭고함은? 그 같은 불교도의 굳센 신앙심에도 불구하고, 하나님의 단호한 심판 결의 대상에 있어 불교 진리 역시 예외일 수 없다. 아브라함이 조건을 단 10인의 의인이 있다면? 그것은 우리가 불교 진리의 정맥을 꿰뚫지 못한 지극히 인간적인 판단일 뿐이고, 하나님이 보시기로 불교 진리도 전제한 조건 안에 들지 못하는 심판 대상일 뿐이다. 그 기준은 명확한 것이니, 그 같은 기준으로 본다면 불교 진리는 하나님이 태초에 이룬 창조 역사 목적과 명백히 어긋났고, 각성하려고 노력하지도 않았다. 그래서 불교 진리는 더 이상 인류의 보편적 구원 목적과 세계적 이상을 달성할 수 없다. 이 것은 하나님이 만세 전부터 주재한 섭리 뜻을 깨닫지 못한 탓이다. 하나님 이 주재한 원래의 창조 목적과 섭리 뜻을 깨닫는다면, 불교 진리는 즉각 하나님이 이 땅에 강림하신 목적에 부합하는 구원의 진리로 전환될 수 있 다. 그 위대한 역사를 열린 가르침의 권능으로 펼치고자 한다.

부처님이 성도한 후 초전 법륜으로 法을 설하면서부터 불교 교단이 성 립되었다. 그런 원시 불교 이래 부파 불교, 대승 불교에 이르기까지 분파 되고 변화된 역사 과정을 거쳤지만, 저변에 흐르고 있는 사상적인 맥락은 같다. 부처님이 정각한 내용은 연기법으로 정리된바, 이 같은 법설의 대 승적인 해석이 空 사상(空 思想),[43] 곧 이 연구가 지칭하는 **"대승공"**이다. "부처님의 가르침은 생사윤회로부터 해탈을 이루기 위한 문제를 다루었 고, 이를 바탕으로 불교 교리가 발전하였다. 그 같은 교리 가운데서도 空 은 핵심적인 사상으로 대승 불교의 가장 중심적인 가르침이다."[44] 밝힌 바 사성제, 무아, 연기 등이 초기 불교를 뒷받침한 교리이지만, 결론적으로는 空 사상이 부처님의 핵심 된 가르침이란 것이다.[45] "空 사상은 원시 불교 에서 제행무상과 제법무아를 말한 부처님의 가르침을 심화시킨 사상으로

---

43) 「초기 대승 경전에 나타난 空 사상 고찰」, 지욱 저, 석림, p.262.

44) 「초기 불교와 대승 불교의 空 사상에 관한 연구」, 담마끼띠 저, 동국대학교 대학원, 불교학, 박 사, 2016, p.1.

45) "空 사상은 불교에만 나타나는 독특한 개념으로 초기 불교에서 대승 불교에 이르기까지 지역과 시대를 가리지 않고 불교의 중요한 사상적 토대로서 작용하였다. 즉, 부처님 당시에는 물론이고 이후, 부파 불교를 거쳐 중관, 유식, 밀교 등의 인도 불교사 전체에서 또한 삼론, 법상, 화엄, 禪 등의 중국 불교를 비롯한 동아시아 불교, 그리고 중관 불교를 종지로 삼고 있는 티베트 불교에 이르기까지 세계의 모든 불교 국가는 空 사상을 부처님의 가장 중요한 가르침의 하나로 받아들 임."-「용수 空 사상의 한국적 변용과 전개」, 윤종갑 저, 한국철학논집, 제21집, p.273.

써 『아함경』이나 아비다르마 불교에도 있지만, 이 사상을 더욱 심화해 존재하는 모든 것의 본성을 空이라 하고, 法이 空함과 法에 자성이 없음을 분명히 한 것은 반야경이다. 대승 경전의 성립은 B.C. 1세기에서 A.D. 1세기 사이로 추정되지만, 그중 가장 오래된 것은 대승 불교 교리의 기본을 설해 사상적 입장을 확립한 반야경이다."[46]

空 사상은 대승 불교의 기본적인 입장을 설명하는 이론으로서 이와 같은 반야경의 空 사상을 이론적으로 전개한 인물은 『중론』을 저술한 용수(150년경~250년경)이다. "중간 학파의 창시자로서 대승 불교의 아버지로 추앙되는 자이다. 그는 『중론』의 서론에서 불교의 근본 진리인 연기를 生滅, 去來, 斷常의 대립을 넘어선 것, 곧 팔불(八不)로 해석하여 어떤 고정적인 견해에 집착하는 모든 것을 철저하게 부정해서 타파하였고, 이 '부정의 논리'를 空性이라 하며, 이러한 空性이 바로 연기란 사실을 밝혔다."[47] 그가 空性 논리를 말하고 결론에 도달하게 된 것은 부처님이 무아설을 통해 인도의 전통적인 사상인 영원불변의 아트만 존재를 부정한 것처럼, 그런 사상을 이어받았다. "설일체유부 또는 아비달마 논사의 실체론과의 대결을 통해 空의 개념을 중추로 한 중관 사상을 정초함으로써 불교 교단 중 보수적인 상좌부로부터 진보적인 대승부의 철학적 기초를 닦았다."[48] 이처럼 모든 존재(제법)는 무자성한 空임을 직관하여 진여의 진리를 인식하고 이해하고자 한 수행 목적 설정과 중생을 구제하는 데 이바지할 수 있었던 것은 하나님의 창조 본체가 드러나지 못한 선천 하늘에서 그 섭리적인

---

46) 「초기 불교와 대승 불교의 空 사상에 관한 연구」, 앞의 논문, p.263.

47) 위의 논문, p.95.

48) 「空 사상과 변증법」, 이영호 저, 한양대학교, 인문논총, p.221.

역할을 대행한 여타 진리의 역할과 같은 것이다. 어떤 覺者라도 창조된 본의를 알지 못하는 상태에서는 세계관적 한계성에 직면할 수밖에 없었다. 하지만 일체가 드러난 오늘날에는 그들이 굳게 믿어 이루고자 한 진여 본성이 과연 무자성한 空인가 하는 점을 재고해야 한다. 천만 년 가로막힌 창조 본체와 존재 본체 사이의 가림 막을 걷어내어야 그렇게 해서 도달한 대승공의 진리 세계를 완성할 수 있다.

대승 불교의 기본적인 입장을 설명하는 空 사상의 진상을 본의에 근거해서 정확하게 밝히기 위해서는 空 사상이 유래된 진원부터 살피는 것이 필요하다. 즉, "불교 교단은 부처님의 입멸 후 약 100년간은 일미화합(一味和合)하여 동요가 없었다. 그러나 이후부터는(B.C. 4세기경) 계율과 교리에 엇갈린 견해가 발생하여 교단이 보수적인 상좌부와 진보적인 대중부로 분열하였다. 그래서 분열된 이 시대를 부파 불교, 이전을 원시 불교라고 한다. 부파 불교 시대의 각 부파는 부처님의 교설을 사람의 근기에 따라 설한 탓에 언뜻 보기에는 산만하고 단편적인 면이 없지 않다. 교설을 분석하는 데 있어 체계화시켜야 할 필요성이 생긴 것이다. 이것을 아비달마 교학이라고 한다. 각 부파는 아비달마 교학의 자체 성과를 경·율·론(經·律·論) 삼장(三藏)으로 결집하였다. 이 교학은 아함의 교설로 체계화하는 데 크게 이바지하였지만, 반면에 부처님의 교설을 아함에 한정하고 번쇄한 훈고학적 해석 탓에 더욱 난해하고 무미건조한 불교가 되어 버렸다. 불교의 궁극적 목적은 무위열반(無爲涅槃)에 있는 것으로 해석되고, 이상적인 인간상은 그러한 열반을 증득하는 아라한(阿羅漢)으로 인식되었다. 전문적으로 교학을 연구해서 철저하게 수행하는 출가승이 아니면 제대로 실천하기 어렵게 되고 말았다. 이처럼 부파 불교가 대중으로부터 소외되고 있을 때, 교계의 한편에서는 부처님이 뜻한 불교의 진정한 정신을 되찾으려는 사상운동이 일어났다. 이것을 곧 대승 불교 운동이라고 부른다. 재가 인의 적극적인 참여와 혁신적인 출가 인의 지도층이 추진 세력을 형성하였다. 깨달음을 구하면서 중생을 제도하는 자리 이타(自利 利他)적인 보살을 이상적인 인간상으로 부각했다. 일체중생을 성불로 인도하려는 폭넓은 가르침을 실천하는 데 출가의 근본적인 목적을 두었다."[49]

이런 대승 불교의 흥기 유래와 함께 그와 같은 목적을 뒷받침하는 空 사상의 뿌리를 살필진대, "대승의 공관(空觀)은 어디까지나 원시 불교의 삼 법인관(무상, 고, 무아), 그중에서도 무아관에 연원하고 있다."[50] 제법의 실상은 존재한 실상 그대로의 모습을 뜻하는 데, 모든 존재는 무상하여 고정불변의 자성이 빠져 있는 부정상(否定相)이란 것이 그것이다. 그리고 이 같은 부정상을 뒷받침하는 것이 부처님이 설법한 연기법인 바, 용수가 이 法과 밀접하게 연관 지어 연기→무자성→空으로 이어진 해석관을 확립하였다. 부처님이 설한 본래의 뜻을 좇은 당연한 입장이다. 용수가 본체에 대한 부정으로서 무자성[如實空]의 의미를 포착한 것은 지성사에서 중요한 세계관적 입장을 천명한 것이거니와, 이것은 그가 확립한 중관, 공관의 참의를 이해하는 판단 기준이기도 하다. 동서의 지성들이 세계관적으로 대립한 유물론 대 관념론, 창조론 대 진화론, 실재론 대 유명론 등이 모두 이와 같은 부류에 속한다. 무슨 말인가 하면, 서양 문명은 神의 인격적인 초월성을 인정한 헤브라이즘과 이성적인 사고로 현상계의 질서를 규정하고자 한 헬레니즘이 공존하거니와, 부처님의 정각 이래 불교 진리가

---

49) 「초기 불교와 대승 불교의 空 사상에 관한 연구」, 앞의 논문, pp. 269~271.

50) 위의 논문, p.265.

전통적으로 맥을 이어 발전시킨 空 사상도 그와 같다. 부처님이 지적했듯, 용수도 결국은 후자, 곧 진리적인 판단 근거를 불변하고 초월적인 梵과 아트만이 존재한다는 사실은 거부하고, 드러나 있는 현상적인 질서만으로 궁극적인 실재를 논리적으로 추적해서 규정하였다. 이것은 비단 용수만의 생각이 아니다. 진리 구조, 그리고 그 본질을 판단하는 데 있어 동서양의 지성들이 취한 대표적인 양대 입장이다. 용수가 설일체유부가 말한 삼세간을 초월해서 실재한 항구 본체론을 부정하고, 空이란 개념으로 중관 사상을 정초한 사실을 통해서도 알 수 있듯이, 현상의 분열적인 질서 안에서 온갖 변화를 초월해 존재한 법체의 항구성을 인정하지 않은 문제를 지녔고, 그것이 어떤 결과를 초래한 것이라는 것을 인류는 하나님의 열린 가르침을 받들어 명확하게 판단해야 한다. 그곳에 진정 佛法의 본체를 보고 하나님에게로 나아가는 길이 있다.

용수는 부정했지만, 그런데도 그가 세운 중관 논리를 타파할 수 있는 기준인 우파니샤드에서 강조한 아트만은 어떠한 차별성이나 개별성도 용납하지 않는 모든 인간의 공통된 자아이다. 이 말은 일체 만물을 있게 한 근원 된 바탕 본체가 있다는 것이다(창조법). 실로 그것은 사실이다. 그런데도 이런 사실에 대해 용수가 거부한 것은 초월적인 창조 본체를 볼 수 있는 안목을 가지지 못해서이다. 그런 탓에 바탕 본체를 대신하는 근거를 연기로 이어진 원인적 고리를 통해 구했다. 정작 참 본체를 버린 결과로 남는 것은 변화무쌍한 현상적 질서뿐이다. 일체의 차별성과 개별성을 용납하지 않는 창조 이전의 항구적인 본체를 잘라버린 결과, 남게 되는 것은 어떤 존재 현상도 생멸하고 변화한다고 한 무상, 무아, 무자성뿐이다. 반면에 우파니샤드는 "인간을 포함한 모든 세계는 하나의 궁극적 실재에 참여하고 있으며, 브라만은 우주의 아트만이고, 아트만은 인간에 내재한 브라만이라는 것이 지금까지도 변함없는 기본 입장이다."[51] 중요한 것은 해석의 문제인데 우파니샤드도, 사상적인 진술만으로 끝나버린 부처님도, 용수도, 잘못된 길로 들어서고 말았다. 창조 메커니즘이 뒷받침되어야 한 바, 그것은 결국 한 하나님, 한 본체로부터의 천지 창조 역사를 시사한 것이다. 요컨대, 일체 세계가 궁극적 실재에 참여할 수 있는 실질적인 조건은 하나인 바탕 본체(창조 본체)로부터 천지 만물이 창조되었을 때뿐이다. 그리해야 그다음 조건인 아트만이 인간에 내재한 브라만이라는 사실을 입증할 수 있다. 다시 말해, 초월적인 하나님이 인간의 내면에 함께 존재할 수 있다. 천만 년 이어진 범아일여(梵我一如) 창조 방정식을 공식적으로 푸는 순간이다.

이에 비해, 이것이 있으므로 저것이 있고, 저것이 생기므로 이것이 생긴다. 그리고 그 반대인 소멸 연기도 마찬가지라고 한 것은 만물 현상의 줄기(과정)를 붙들고 생성의 근원을 추적한 것과 같다. 이런 창조 메커니즘을 밝혀야 이것이 용수가 정립한 연기→무자성→空으로 이어진 중관 논리의 허구성을 타파할 수 있는 판단 근거가 된다. 창조법 안에서는 용수가 세운 중관 논리가 설 자리가 한 구석도 없다. 중관 철학의 대표적인 입장은 "모든 것은 空이며, 자성이 없다"란 것인데, 이것은 그대로 만상의 본체 뿌리를 보지 못한 사실을 자인한 고백일 뿐이다. 용수는 "반야경의 空 사상을 계승해 緣에 의해 발생한 일체법은 가명(假名), 무자성, 空, 중도라고 하면서 일체법의 존재를 인정하지 않았다."[52] "반야경의 空이 연기를

---

51) 「샹카라의 가현설 연구」, 이호근 저, 동국대학교, 박사, 1991, p.92.

52) 「인도 불교에서 중관학파 空 사상의 철학적 의미에 관한 연구」, 남수영 저, 동국대학교, 인도철학, p.서문.

전제로 하고 있음을 명확히 하고, 그렇게 空이라고 말할 수 있는 근거로서 실제로는 모든 사물이 각기 독자적으로 존재하는 것이 아니라 상호 의존적인 연기 관계로 이루어졌기 때문이라고 하였다."[53] 만상은 왜 독자적으로 존재하지 않고, 상호 의존적인가? 그 이유를 안다면 결코 空이란 결론에 도달할 수 없다. 그것은 오히려 하나인 본체 뿌리로부터 창조된 삼라만상의 당연한 결과 현상 모습이다. 독립된 것 같아도 사실은 상호 의존적이다. 하나인 본체가 생성으로 현현되면 만 가지 모습으로 化하지만, 그것은 별개가 아니다. 상호 연관된 모습으로서 하나이다. 그래서 일체의 생성 과정을 제하면 하나가 곧 만이고, 만이 곧 하나이다. 제 현상의 연기적인 특성은 바로 하나인 창조 본체가 化한 모습이다. 그런데도 문제는 뿌리에 해당한 본체를 보지 못하다 보니까 연기의 논리적 귀결이 엉뚱한 데로 귀착되고 말았다. 일체개공, 제법개공이란 명제가 그것이다. 연기는 모습 그대로 창조된 실상 자체인데, 참 실상을 빈껍데기로 만들어 버렸다. 가려진 창조 막을 꿰뚫지 못했다는 뜻이다.

용수는 말하길, "도대체 어떻게 자성(=법체)이 지어진 것일 수 있겠는가?"[54]라고 반문한 것은 만물의 연기적 생성을 창조 탓으로 보지 않았다. 다시 말해, 연기의 뿌리인 창조 본체를 보지 못했다는 뜻이다. 이런 관점이라면 부처님의 정각에 대해서도 동일하게 지적할 수 있다. 즉, "부처님은 인간을 포함한 모든 존재는 항상성이 없는 무상한 존재이며, 무상하고 괴로운 존재는 상주 불변의 我라고 할 수 없는 탓에 무아이다"[55]라고 하였

---

53) 「초기 불교와 대승 불교의 空 사상에 관한 연구」, 앞의 논문, p.121.

54) 위의 논문, p.125.

55) 「초기 불교에 나타난 空 사상 고찰」, 앞의 논문, p.290.

는데, 이것 역시 알고 보면 그런 결과 연유 탓에 무아인 존재가 아니다. 무아[空]로 본 안목 그 자체를 수행을 통한 깨달음으로 잘못 판단한 사실을 각성해야 했다. 부처님은 분명하게 인식했다. 왜 인간 삶은 고통스러운가? 그런데 무아, 즉 나(자아)를 부정했다고 해서 정말 열반에 이르는가? 아니라면 참 유아인 창조된 뿌리를 보아야 苦의 因을 끊을 수 있는가? 후자를 통해 참 실상을 보아야 하는 것이 명백한 방향이다. 창조된 그 참 실상을 만인이 볼 수 있도록 하는 것이 열린 가르침의 과제이고, 하나님에게 이르는 보편적인 구원의 길이다. 용수가 "상호 의존의 연기 개념에 근거하여 일체법의 존재를 부정한 空 사상을 표출한 것은"[56] 일체법을 生한 현상적 질서의 근원을 추적한 것이 아니다. 오히려 흔적을 없애고자 한 시도이다. 그렇게 한 존재 부정의 논리를 통해 도대체 무엇을 얻겠다는 것인가? 그 위에 해탈과 열반이란 세계가 안착할 수 있겠는가? 그것은 참으로 영원한 열락의 세계라, 空한 실상으로는 그 무엇도 지속, 유지, 뒷받침할 수 없다. 연기의 뿌리인 空은 일체의 현상 질서를 초월한 탓에 현상계의 제한적인 조건으로서는 인식이 미치지 못하니까 그런 질서를 부정해야만 드러나는 것인데, 용수는 이 같은 부정 논법을 거꾸로 추적하였다. 일체 존재는 그 실체와 본질을 찾을 수 없어서 空한 것이 아니다. 그런데도 다람쥐 쳇바퀴 돌 듯, 현상적인 질서 안에서만 연기된 뿌리를 찾으니까 허공 안만 맴돌았다. 연기적 실상과 창조적 실상과는 차원이 다른데, 끝내 그 막힌 장벽을 넘어서지 못했다. 말 그대로 실상과 본질을 찾지 못하여 空할 뿐이다. 그렇게 도달한 空은 전부도 아니고, 실상도 아니다. 空해서 空한 것이 아니고, 空 속에 있는 참 알맹이(창조 본체)를 보지 못해 空하게 본 것이다.

---

56) 「인도 불교에서 중관학파 空 사상의 철학적 의미에 관한 연구」, 앞의 논문, p.5.

불교 진리가 유구한 세월을 두고 맥락을 유지한 空性, 그러나 그것은 많은 불교도가 진리라고 믿는 것과 달리 결코 본질적인 근원 바탕과는 거리가 멀다. 그들이 가진 안목으로서는 보지 못한 창조 막에 가렸다. 그만큼 선천에서는 그 누구도 막을 걷어낼 수 있는 세계적인 조건을 갖추지 못했다. 모두 인정하였듯, 현상적인 질서 기준으로서는 용수가 연기법을 空으로 해석해 제법은 실체가 없다고 말한 것은 맞다. 마치 우리가 태양의 움직임을 보고 태양이 지구를 도는 것처럼 감지하고 있듯(천동설)…… 그처럼 세계는 연기적이어서 실상이 연기적인 것이 아니다. 창조된 탓에 연기적이다. 이런 사실을 부처님도 용수도 미처 간파하지 못했다. 불교의 무자성 교리는 이 연구가 밝힌 창조법의 有한 본체관과 어긋났다. 어떤 논리를 세워도 도달할 한계성이 역력하다. 불교 진리가 지향한 이 땅에서의 이상적인 불국토 건설 목표가 요원하기만 하다. 이것이 창조 본체를 간과한 선천 불교의 적나라한 실상임에, 그런 사실을 통해 불교도들이 참 실상을 볼 수 있도록 깨닫게 하는 것이 바로 하나님이 열린 가르침으로 펼칠 교화 권능이다. 창조된 탓에 현상계 안에서는 참 본체가 없다. 여기까지가 용수가 연기법으로 도달한 空의 귀결점이다. 하지만 그것은 전부도 아니요, 마지막도 아니라는 것, 창조법으로 보면 동일한 명제인데도 현상계 안에 참 본체가 함께하나니, 그 이유는 창조주 하나님이 창조된 현상 세계를 초월해 있음과 동시에 바탕이 된 본체자로서 세계와 함께하고 있기 때문이다.

그래서 따진다면, 불교의 **"대승공"**은 이 연구가 밝힌 바대로 통합 본체, 창조공이 아니다. 이런 관점에 근거해야 우리는 비로소 용수가 중론의 글머리에서 "불교의 근본 진리인 연기에 관해 생멸(生滅), 일이(一異), 단상(斷常), 거래(去來)의 대립을 넘어섰다(八不)고 말한 진의를 정확히 파악할 수 있다."[57] 즉, 생함이 없고 멸함이 없으며, 상주도 아니고 단절도 아니며, 일의도 아니고 다의도 아니며, 오지도 않고 가지도 않는다. 현상적 질서를 근거로 그것을 부정함을 통해 연기를 일으킨 空의 실상을 나타내고자 한 탓에, 사실은 이것도 아니고 저것도 아닌, 空의 실체를 인식하지 못해서도 이해하지 못해서도 아닌, 그런 실체가 현상계 안에서는 존재할 수 없으므로 無我란 말이다. '모든 존재에 自性이 없다=모든 존재는 空이다'란 등식에 대해 생기는 것도 소멸하는 것도 아니다. 오는 것도 아니면서 가는 것도 아니다 등으로 표현했다. 현상적 조건으로서는 있을 수 없는 존재가 空이다. 그래서 空은 "有도 아니요 無도 아니며, 연속도 아니고 불연속도 아니며, 같지도 아니하고 다르지도 아니하나니",[58] 그와 같이 부정한 목적은 고정적인 견해에 집착하는 모든 것을 철저히 타파해 苦의 因을 끊고 열반에 이르고자 함이다. 하지만 정작 절실한 하나를 얻고 보니 절실한 나머지를 모두 잃어버린 격이다. 空의 因은 끊을 수 있을지 모르지만, 因의 生에 관해서는 설명할 길이 없게 되고 말았다. 八不은 결단코 창조 논리가 아니다. 그처럼 현상계 안에서는 동시에 성립됨이 불가능한 부정적 논리일지라도 창조 본체 안에서는 가능하나니, 이유는 창조 본체는 오직 현상의 분열 질서를 초월해 존재한 탓이다. 이 같은 개념이 空性의 부정 논리 안에서는 성립될 수 없다. 즉, 창조 본체, 초월 본체인 탓에 동질성과 이질성이 동시에 존재할 수 있지만, 현상계 안에서는 있거나 없거나 한 존재만 가능한데, 그 이유는 현상계가 창조된 결과 세계인 탓이다. 반면에 본체는 결과를 있게 한 바탕 본체이다. 그래서 연기공으로 추적한 논리

---

57) 「초기 불교에 나타난 空 사상 고찰」, 앞의 논문, p.266.
58) 「空 사상과 변증법」, 앞의 논문, p.225.

를 통해서는 빈껍데기만 남는 空性에 도달하고 말지만, 창조공으로 관점을 전환하고 보면 空性이 그대로 제행, 제법, 제 연기를 일으킨 뿌리 본체이다. 일체 연기는 창조공으로부터 말미암았고, 창조공을 지향하나니 결코 무아, 무자성하지 않다. 제 희론은 空性이기 때문에 滅하는 것이 아니다. 오히려 生한다. 관점을 전환한 만큼이나 도달하게 되는 결론도 판이하다. **"대승공"**은 언젠가는 반드시 해결되어야 할 불교 진리의 대 진리적 과제였다. 현상 질서를 부정한 대승공으로서는 말 그대로 허무에 귀착될 수밖에 없지만, 창조공을 긍정한 측면에서 보면, 현상 질서를 부정한 것이 오히려 창조 본체를 선명하게 부각한다. 왜 창조 본체를 현상적인 질서로서는 나타낼 수 없는가? 창조 이전, 생성 이전, 경험 이전, 인식 이전인 탓이다. 연기법에 따라 원인을 없애야 일체 苦를 멸할 수 있다고 했지만, 사실상 원인이 없는 적멸 상태는 오직 창조 본체로 존재한 창조 이전의 본체 상태일 뿐이다. 창조되고 존재하는 한 원인은 영원히 소멸할 수 없다. 원인이 소멸하는 상태는 죽음인데, 그것도 사실은 본래의 본체 상태로 귀환하는 것일 뿐이다. 원인이 소멸한 경우의 정확한 존재 상태를 이해해야 추구할 것을 추구할 수 있다.

그래서 지금까지 맥을 이은 불교의 핵심 진리인 연기공의 실상을 정확히 파악해서 무자성인 空을 유자성인 空으로 전환하는 것이 향후의 불교가 추구해야 할 혁신적 목표이다. 그리하면 인생의 고통 문제뿐만 아니라 세계의 궁극적인 문제까지 푸는 절대적인 진리 자리를 차지할 수 있다. 인류가 끈을 놓지 않은 염원의 실체가 空性인 만큼, 관점을 전환하면 이전까지 불미했던 조건에도 불구하고 능히 절대적인 창조 본체를 뒷받침할 수 있다. 그러기 위해서는 무엇보다 창조 본의에 근거한 열린 가르침에 귀를 기울여야 한다. 그래서 살펴보면, 空이란 개념 속에는 창조에 관한 인식과 논리와 원리가 전혀 없다. 이런 진리적인 조건으로서는 세계의 궁극적 과제인 생겨남의 문제를 해결할 수 없다. 佛法으로 이루고자 한 일체의 구경세계가 공염불이 되고 만다. 기껏 존재는 모두 그 자체로서 존재하는 것이 아니라 연기로 있다. 업과 번뇌는 분별로부터 일어난다고 하여 영역을 한정시켰고, 논리 전개도 빈약하다.

즉, "空의 개념은 원시 불교로부터 대체로 두 가지 측면에서 발전해 왔다. 첫째는 『아함경』에서 보이는 허공이다. 텅 빈 것이란 뜻으로 무아 사상을 비유 또는 형용하는 뜻으로 발전했다. 그리고 또 하나는 누차 언급했듯, 교리의 중심 개념인 연기를 발전시킨 것이다. 연기는 고정적인 실체를 인정하지 않는다는 점에서 空 사상과 밀접하게 관련되어 있다."⁵⁹⁾ 왜 空性은 존재해야 할 그 무엇(자성)이 없다는 의미로 결집한 것인가? 이유 가운데는 방법상의 문제도 있다. 불교는 수행을 통해 깨달음을 얻고자 하는 것이 목적인데, 현상의 연기적인 실상을 사변적으로 추적하다 보니까 현상계의 분열적인 결정성 안을 맴돌고 말았다. 깨달음으로 현상적인 질서를 초월해 차원 밖의 창조 본체를 직시해야 했지만, 잘못된 방법으로 엉뚱한 결론에 도달하고 말았다. 이것이 불교 진리가 도달한 세계관적 한계성이다. 그러니까 수행 본연의 방법은 중국의 선불교가 되살리고, 목적을 달성했다고 할 수 있다.⁶⁰⁾ 현상적 질서를 초월해야 차원적으로 존재한 창조공을 엿볼 수 있는데, 연기가 취한 사변적 추적으로서는 현상적 질서를 초월할 수 없게 된다. 그러니까 애써 들이댄 설명 방식이라는 것이 꿈, 환상,

---

59) 「초기 불교에 나타난 空 사상 고찰」, 앞의 논문, p.268.
60) 인도의 불교는 서양이 취한 현상적인 질서 인식과 세계관적 접근 관점이 비슷함.

가유와 같은 개념뿐이다. 꿈을 꾸는 꿈속에서는 꿈이 그대로 현실로서 여겨지지만, 깨어나서 보면 꿈이란 사실을 알게 되듯…… 같은 논리 적용으로 이 연구는 창조공에 관해서도 설명할 수 있다. 진아가 드러나기 전까지는 무아가 무아일 수밖에 없다. 그러나 진아(창조 본체)가 드러나고 보면 무아가 꿈이고, 환상이며, 가유란 사실을 알게 된다. 왜 무상이 무상이었는가? 창조 뿌리를 드러내지 못한 상태이기 때문이다. 모든 존재가 가명(거짓 이름)이고, 허깨비(환영)인데도, 참 본체가 드러나지 못한 조건 속에서는 그것이 참 실상인 것처럼 보인다. "눈앞에 드러난 현상은 인연에 의해 존재하는 가유일 뿐, 그 본질은 空하다"[61]라고 한 것은, 결국 제한적인 연기적 추적에 의한 결론일 따름이다. 같은 현상이지만 창조법으로 바라본 가유를 있게 한 空과는 판이하다. 창조공으로부터 화현된 탓에 참 진상은 본체이고, 그로부터 드러난 연기적인 제 현상은 가유이다. 창조와 무관하게 쌓아 올린 불교 진리는 자체 논리로 도달한 결론처럼 일체가 무자성이며, 무의미하다. 空性뿐만이 아니고 불교 진리 모두가 그러하다. 정말 각성할 것을 각성했을 때 비로소 佛法을 진리로써 완성해 만 중생을 제도할 수 있다. 空의 뿌리를 찾아서 佛法의 진리성을 완비해야 했는데, 그렇지 못한 탓에 "끊임없는 생멸 변화가 있는데도 생멸 변화를 일으킨 주체(작자)가 없다"[62]라고 하는 어이없는 결론에 도달했다. 이런 잘못은 다시없다. 창조 뿌리를 제거한 업보 탓이다.

기독교가 불교는 神을 믿지 않는 무신론적 종교라고 규정하지만, 그것은 공격하는 대상에 대한 초점이 빗나갔다. 창조 본의와 크게 어긋난 空性

---

61) 「초기 불교와 대승 불교의 空 사상에 관한 연구」, 앞의 논문, p.115.

62) 위의 논문, p.47.

의 논리적 귀결을 대상으로 삼아야 했다. 분명 불교의 空性은 명백히 하나님의 창조법과 동떨어졌나니, 이것이 선천 불교가 지닌 세계관적 한계성이다. "현상계(삼계)는 끊임없이 유전, 생멸하고 항상적인 자성을 갖지 못한 것"[63]이 결코 아니다. 그런데도 그렇게 판단한 것은 다름 아닌 본체계가 존재하지 않는다고 본 데 있다. 이런 관점에서 용수가 세운 "연기=空性=가명=중도"[64]란 등식은 더 이상 진리로서 생명력을 지탱할 수 없는 명제이다.[65] 다시 말해, 연기에 의해 조건적으로 생한 모든 존재는 자성이 없으므로 空한 것으로 판단한 空은 바로 생성함에 따른 결과론일 뿐이다. 이것은 명백히 근원을 향한 추적이 잘못된 것이며, 세계적 현상을 거꾸로 본 상태이다. 바로잡을진대, 모든 연원은 창조 본체, 창조 역사, 창조 본의로부터 출발했다. 즉, 空은 연기의 귀결이 아닌, 연기의 최초 출발점이다. 그것이 곧 연기공→**"대승공"**으로부터 창조공으로의 핵심적인 인식의 전환이다. 그러기 위해서는 도대체 空性이 왜 연기적 실상의 시작이 되지 못하고, 그렇게 귀결시킨 잘못이 어디에서 비롯된 것인지 원인을 추적해서 바로잡아야 한다.

밝힌 바 불교 진리는 부처님 이래 불변한 아트만의 실체를 부정한 순간부터 근본적으로 문제를 안았다고 할 수 있다. 그 구체적인 원인은 바로 부파 불교의 한 가닥인 설일체유부의 실유설을 부정한 데서부터 세계관적 한계성이 이미 결정되어 버렸다고 할 수 있다. "불교가 무아설로서 아트

---

63) 「용수 空 사상의 한국적 변용과 전개」, 앞의 논문, p.289.

64) 위의 논문, p.277.

65) 이런 등식 명제를 통해서는 어디서도 緣을 이룬 창조 본체의 실 가닥을 찾을 수 없다. 다시 말해, 현상은 있는데 근원 된 바탕 본체를 찾을 수 없음. 이것이 곧 명백하게 창조 의식이 빠진 선천의 한계적인 존재 논리임.

만을 비판한 것은 전통적인 베다 사상을 거부한 강력한 메시지이다. 부처님은 말씀하길, 현상의 사물, 즉 色의 가운데 아트만이 있다면 영원히 고정된 것으로 변화되지 않을 것이지만, 실은 그러한 아트만이 존재하지 않는 까닭에 변화와 고통이 생긴다. 그리고 그렇게 변화되는 고통이 일어나는 것은 곧 우리의 오온이라, 그 오온인 신체에는 아트만이 없다. 그래서 오온은 연기의 도리로 이루어져 있다"[66]라고 하였다. 이것이 부처님이 밝힌 깨달음의 요지가 확실할진대, 근본부터 재고해야 하는 문제이다. 아브라함의 믿음처럼 부처님의 말씀은 수많은 중생이 신앙하고 추종하는 마음의 안식처인 만큼, 부처님이 밝힌 法만큼은 참 진리에 속한 줄 알았지만, 알고 보니 그렇지 못했다. 결국, 하나님의 말씀이 옳았다. 그 결정적인 오판은 영원히 고정적인 아트만이 없는 까닭에 현상과 현실 삶에 온갖 변화와 고통이 생긴다고 본 것이다. 본체 뿌리를 잘라버린 현상적인 모습만으로 문제의식의 원인을 진단한 것이다. 왜 영원히 고정된 아트만이 존재하지 않는가? 현상계와 차원을 달리해서 엄존해 있고, 영원히 고정적이고 자체로 불변인 상태로 현상계의 온갖 변화를 일으키고 있다. 그래서 밑동인 본체 뿌리를 잘라버리고 오온이 연기의 도리로 이루어져 있다고 한 판단은 잘못 도달한 결론이다. 연기법으로서는 윤회를 일으킨 창조 시스템을 설명할 길이 없다. 사실상 윤회는 불변한 실상이 일으킨 영속을 위한 순환 시스템(생성)인데, 작용한 근거를 찾지 못했다. 창조된 존재는 영원히 유한 상태, 그것이 본질이다. 소멸할 수 없다. 생→사→환생이란 시스템은 유한 본질의 순환적 변화 모습일 따름이다.

부처님 당시에는 혁신적인 가르침일지 모르지만, 결과적으로 부처님부

66) 「초기 불교와 대승 불교의 空 사상에 관한 연구」, 앞의 논문, pp. 191~192.

터 첫 단추를 잘못 끼웠다는 사실은 베다 사상의 전통을 따른 불교의 한 부파인 설일체유부의 주장을 살펴보면 두드러진다. 세계관에 따른 근본적인 차이 때문이기는 하겠지만, "오온에 아트만이 없다(사물이 실체로서 존재하지 않는다)는 주장에 대해 실재론적 견해를 주장하는 학파의 논사들에게 있어서는 도저히 승인할 수 없는 것이었다."[67] 다시 강조하건대, "설일체유부의 아비달마 철학에 의하면, 사물의 본체는 삼세, 곧 과거, 현재, 미래에 걸쳐 초시간적인 자기 동일성을 유지하는 실체(용수=자성)라고 본 것이다."[68] 그런데 후일 空性을 무자성으로 해석한 용수는 현상과 본체를 대립시킨 이 같은 실체론적 존재론을 비판하고 나섰다. 이것은 명백히 본체와 현상을 긴밀하게 연결한 창조 메커니즘을 알지 못한 탓이다. 질서 차원이 다른 두 영역 중에서 용수는 한 영역만 택일하고 말았다. 그러니까 썩은 동아줄을 잡고 만 용수의 중론은 논리 전개가 빈약하지만, 설일체유부의 논리 근거는 든든하다. 그렇게 펼친 논리는 서로에 대해 정반대이다. 관념론과 유물론의 세계관적 차이처럼…… 즉, "法은 현상에 가현하는 존재의 본질이며, 불변하는 것으로 생각한 것이 설일체유부를 대표하는 아비달마 불교이다."[69] 취한 관점이 다르니까 주장도 판이한 상태이다. 이에 대해 용수는 "法은 경험적 존재로서 직접 간파되는 것이 아니고, 사유의 세계에 속하는 명칭에 지나지 않아 法은 후생적, 혹은 개념적 존재일 뿐이다"[70]라고 했는데, 그것이 결국은 잘못이다. 法은 경험적 존재로서

---

67) 위의 논문, p.141.

68) 「空 사상과 변증법」, 앞의 논문, p.223.

69) "法은 삼세에 걸쳐서 불변이고, 생멸하는 것은 없고, 항상 그 자체의 존재성을 보관, 유지하고 있다."-「초기 불교와 대승 불교의 空 사상에 관한 연구」, 앞의 논문, pp. 128~129.

70) 위의 논문, p.129.

직접 간파할 수 있는 대상이 아닌 탓에 수행을 통한 깨달음으로 직시해야 하는 것이고, 사실상 현상적인 질서로서는 파악할 수 없는 것이 맞다(물자체는 인식할 수 없음). 하지만 그것으로 끝이 아니라는 것이 문제이다. 그럴 수밖에 없는 이유를 알아야 했는데, 용수는 그 단계에서 멈추고 말았다. 그만큼 유부의 주장에 대해 용수는 더 이상 답할 말이 궁색하다. "만들어진 모든 것은 무상하다는 것이 불교의 기본 명제인데, 유부적 관점에서 본체는 항상하지만, 그것이 작용해서 나타나는 것은 현재의 일순간일 뿐이다."[71] 그러니까 제행이 무상한 것은 그것이 세계의 본질적인 본모습이 아니고, 현재에 일순간 나타나는 현상(가현)이라는 것이다. 이처럼 유부의 空性 논리에 대한 견해는 분명했다. "석녀의 아이가 태어났다고 할 수 없는 것처럼, 사물이 空하다면(항구적인 본체가 없다면) 그것이 태어난다든지 멸한다든지 하는 제 작용 현상 자체가 있을 수 없다. 그러므로 사성제는 성립할 수 없다."[72] 과연 어느 편의 주장이 맞고, 혹은 틀린 것인가? 최종 판단은 모든 역사를 주관하고 섭리한 하나님께서 내릴 수 있다. 심판은 확실한 기준을 가지고 판정하는 것인데, 그 모든 판정 근거는 **"창조 메커니즘"**에 있다. 그리고 그렇게 결정을 내렸다면 그렇게 한 설명이 따라야 함에, 그것이 곧 하나님이 밝히는 열린 가르침의 메시지이다.

즉, "대승 불교는 부파 불교에서 주장한 만물실유(萬物實有) 관점을 반대하고 法에 대한 지나친 집착을 비판했는데",[73] 그것은 옳지 않다. 따라서 반야경에서 물질적 존재 또는 사물은 과거에도 현재에도 미래에도 실

---

71) 위의 논문, p.276.

72) 위의 논문, p.134.

73) 『동양 윤리 사상의 이해』, 조현규 저, 새문사, 2006, p.312.

재하지 않는다고 한 空性 주장은 틀렸고, 모든 것이 삼세에 실유한다고 한 유부 주장은 옳다. "설일체유부란 명칭 자체가 모든 것(一切)이 존재[有]한다고 설하는 사람들이다."[74] 이것은 결코 소멸할 수 없는 창조의 유함 본질을 대변했다. 그런데도 "모든 것은 관계성 속에서만 존재하며, 따라서 항상 새로운 因과 緣이 더해짐으로써 만물은 존재의 모습을 변모시켜 간다"[75]라고 한 연기법 논리는 그렇게 해서 드러난 현상적 질서만 국한해서 보면 옳은 판단인 것처럼 보이지만, 그렇게 된 근본적인 연유가 관계성이 아닌 창조인 탓에 실상 궤도를 이탈했다. 즉, "인간을 포함한 만물은 神에 의해 창조된 것이 아니고, 영혼과 같은 실체적 존재를 본질로 하는 것도 아니다"[76]라고 함에, 이 같은 인식 형태로서는 불교란 종교가 하나님이 이루고자 한 인류의 보편적 구원 목적을 달성하는 데 이바지하기 어렵다. 크게 각성해야 하나니, 그렇게 깨달을 수 있도록 교화 권능을 발휘할 분은 천상천하에 하나님밖에 없다. 불교 진리도 결국은 희구한 "적멸 적정한 세계를 진공묘유(眞空妙有)"[77]라고 표현한 것처럼, 일체 원인을 소멸시킨 진공묘유 세계란 결코 그들이 말한 空性 상태일 수 없다. 모든 존재가 생[因]하기 이전인 창조 본체 상태를 이상적인 것으로 여긴 말이다. 그러고 보면 의도치 않게 佛法 역시 창조법과 공통된 분모를 갖춘 것이라, 空性은 불멸한 것이기도 하고, 자성이 없는 것이기도 하다. **"대승공"**과 창조공은 결국 한순간 깨달음의 차이에 달렸다. 한편으로는 자성이 없다고 하는 것

---

74) 「초기 불교에 나타난 空 사상 고찰」, 앞의 논문, p.274.

75) 위의 논문, p.273.

76) 「초기 불교와 대승 불교의 空 사상에 관한 연구」, 앞의 논문, p.96.

77) 「초기 불교에 나타난 空 사상 고찰」, 앞의 논문, p.278.

이 맞을 수도 있지만(본체로부터 화현된 탓), 그 같은 현상 세계를 결정지은 본체계는 현상의 결정 질서를 초월해 삼세 간에 걸쳐 변함없이 실유하고, 현상계의 온갖 생멸 변화에도 불구하고 법체로서 항유한다. 이것이 유구한 세월을 두고 대립각을 세운 불교 진리의 문제를 풀 하나님의 지혜로운 해답 메시지이다. 정답을 손에 쥔 이상 아무리 불교 경전이 방대하더라도 풀지 못할 진리적 과제가 없다.

이에, 반야경은 지적한 대로 창조 본의를 벗어난 空性에 근거한 세계관이므로, 만 인류를 제도하는 佛法으로 거듭나기 위해서는 처한 한계성을 극복할 수 있는 새로운 해석 관점이 필요하다. 반야경은 일체 제법이 空임을 반복해서 설한 경전인바, 그렇게 설한 관점의 족보를 다시 한번 살핀다면, "부처님의 정각 본질인 무아로부터 그것을 대승적으로 전개한 것이다. 따라서 제법 무아=일체 법공으로 바꾸어 부를 수 있다. 일체 제법, 곧 모든 것이 空하다고 하는 반야경 사상이 용수에 의해 발전한 것이다."[78] 주지하다시피 "대승의 반야는 지혜를 의미한바, 보다 구체적으로 말하면 제법의 자성이 비어 있음[空]을 여실하게 아는 지혜이다. 제법 空性의 도리를 설명하는 것이 반야공관이다."[79] 철저한 사실에 근거한 논리인 것 같지만, 정말 무엇이 문제인가 하면, 반야 바라밀을 수행한 자가 보리심을 얻어 획득한 지혜로, 그 같은 논리적 귀결로서 이룬 空性에 도달하는 데 있는데, 알고 보면 차원이 다른 본체를 꿰뚫을 초월적 지혜가 아니라는 데 있다. 수행은 의식으로 닦은 직관력으로 지혜를 구하는 것이지 사변적인 능력을 기르는 것이 아니다. 그러니까 진리의 가닥을 잘못 잡고 번지수를

78) 「초기 불교와 대승 불교의 空 사상에 관한 연구」, 앞의 논문, p.109.

79) 「왕필의 현학과 승조의 반야 사상 비교 연구」, 이현석 저, 원광대학교, 불교, 박사, 2016, p.50.

잘못 찾은 것이라고 할까? 직관력을 길러야 비어 있는 空性 자리에 핵심된 알맹이인 창조 본체가 자리를 잡고 있다는 사실을 깨닫는다. 그런데도 전혀 반대 방향으로 눈길을 돌려 비어 있는 空性을 통해 현상적인 질서 줄기를 가닥 잡고자 한 것은 하나님의 천지 창조 역사에 반기를 든 진화론의 세계 판단 양상과 같다. 또한, "일체 현상을 무명으로부터 연기(기대어 일어남)하여 성립한 것으로 본 것은"[80] 기독교가 취한 '無로부터의 창조' 관점과도 같다. 이 같은 기독교 창조관도 앞서 밝힌 창조법에 따라 비판받을 진리 판단 대상이거니와, 연기된 제법이 마땅히 독립된 존재성(자성)을 지닐 수 없는 것은 연기로 인해서가 아니라 창조된 피조체인 탓이다. 피조체는 자체를 창조할 수 없다. 自生, 自化가 웬 말인가? 창조된 탓에 결정된 본질을 벗어날 수 있는 창조 因을 지니지 못했다. 그런 이유로 제법이 空性인 것은 맞다. 하지만 그런 논리적 귀결은 이미 부차적이다. 그래서 반야란 지혜도 지혜는 지혜인바, 空性으로 본 것은 일상적인 인식, 지식과 다른 지혜이다. 우리는 감지 가능한 현상적 질서와 다른, 그것을 부정한 실체를 발견해야 하므로, 그것 역시 깨달음에 속한 정신적인 작용 영역에 속한다. 하지만 그것은 감각적인 인식을 부정한 것 이외의 그 이상도 이하도 아니다. **정진해서 이루어야 할 깨달음의 참 목적은 결국 차원이 다른 초월성 본체를 직시해서 그로부터 하나님을 아는 데 있다.**

이 같은 반야경의 진의 해석 중에서도 『반야심경』은 空性 사상의 핵심을 밝힌 반야경을 대표하는 경전인바, 불교도들이 깊은 신앙심을 가지고 밤낮으로 독경하는 진언처럼 우주의 본성을 감동케 해 고해(苦海)의 바다를 무사히 건너게 해 주는 것으로 믿지만, 그 어떤 신비한 능력을 얻기

---

80) 위의 논문, p.50.

나 해결책을 준다고 해도 『반야심경』을 통해 창조 본의를 깨닫고 하나님의 존안을 뵈온 자는 없다. 이것이 문제이다. "아제아제 바라아제 바라승아제 모지사바하."[81] 그렇게 간절히 바란 피안의 궁극적인 도달 지점은 바로 우리 모두를 창조한 하나님의 본체 안이 되어야 하리라. 그리고 그 길을 강림하신 하나님이 열린 가르침으로 자상하게 지침하고자 하신다. 곧, 『반야심경』에서 설한 유명한 명제인 색즉시공 공즉시색……은 천지 만물이 창조된 진심 본의를 가장 정확하게 직시한 창조 방정식인데도 잘못 추적한 대승공의 논리적 귀결 탓에 창조 因을 볼 수 있는 안목이 가려졌다. 창조법에 근거한 해석이 절실한 시점이나니, 강조한바 연기공을 창조공으로 전환하는 데 대승공의 극복 방법이 있다.

먼저 관자재보살은 색불이공 공불이색이라고 하여 色과 空의 상호 의존성과 불가분한 관계를 밝혔다. 여기서 전통적인 의미로서의 色은 형색(形色), 혹은 색신(色身)으로서 형상과 질량을 가진 물질이다. 이에 대하여 空은 허공, 혹은 진공을 가리킨다.[82] 이런 개념을 色=空이요 空=色이란 등식에 대입시켜 "모든 집착은 무의미한 것이다"란 아전인수격 결론을 내렸다. 하지만 같은 등식이라도 空을 본질적인 뿌리로 보고 해석하면 즉각 창조 방정식으로 승격된다. 이 식을 풀어헤치면 천지 만물이 어떻게 창조된 것인지, 나아가서는 色과 空, 그러니까 물질과 본질과의 긴밀한 관련성까지 파악할 수 있다. 空이 허공이란 것은 얼토당토않은 것이니, 본질로 전환해야 창조적인 해석을 할 수 있다. 色空만 그러한가? 수상행식(受想行識)도 그러하니, 전통적인 해석은 "물질적 경계와 의식적 영역의 근원을

---

81) 가세 가세 건너 가세. 함께 건너가 깨달음을 이루세.

82) 『반야심경』, 앞의 책, p.193.

추구하다 보면 결국 모두 무자성인 탓에 空한 것으로 판단하였지만, 전환한 관점으로서는 하나인 空으로부터 일체 만물이 창조된 것으로 해석된다. 이유는 분명하다. 전통적인 해석으로서는 色과 空을 같은 현상계 안에서 하나로 연결 지은 것이지만, 사실은 色과 空은 존재한 차원이 달라 가로막힌 色空인데, 이 연구가 그 장벽을 뚫어 色空 간을 연결했다. 현상적 질서 조건 안에서 판단하니까 창조벽을 뚫지 못해 色=무상=苦=무아=空으로 귀결시켰다. 지극히 제한적인 탓에 그 이상의 판단 조건을 허락하지 않았다. 하지만 이렇게 제한된 조건을 제하고 보면 色과 空 사이에는 심오한 창조 메커니즘이 작용하고, 무수한 생성 과정을 거쳤다. 그 같은 일체 절차를 거친 결과가 곧 色=空이요 空=色이니, **色은 空으로부터 나온 창조 결과물이고, 空은 色을 있게 한 바탕 본체이다.** 그래서 色은 空의 화현체임에도 결국은 하나이고 같다. 色과 空이 다르지 않다.

보리 살타여, 만물의 空性은 창조되지도 않고 절멸되지도 않으며, 늘지도 않고 줄지도 않는다. 그 이유는 무아, 무자성인 탓이고, 원인이 없기 때문이라고 했지만, 이런 해석은 창조 본의에 어긋났다. 인식을 전환할진대, 왜 만물의 空性은 生도 滅도 없고, 늘지도 줄지도 않는가? 이미 창조된 탓에 현상계 안에서는 전혀 새로운 창조가 없고, 滅이 없는 것은 창조의 有함 본질 안인 탓이다. 그러니까 세상 안에서는 소멸의 탈출구가 어디에도 없다. 창조된 존재는 하나님의 영속된 본질을 부여받은 탓에 바탕이 된 본질은 변함이 없다. 질량 불변의 법칙이 여기에 근거한다. 相이 없음에 머물러(無因相住) 무엇을 할 수 있는가? 그렇게 되어서는 인생의 苦를 근본적으로 소멸시킬 수 없다. 덧없는 空性을 깨달았다고 한들, 집착을 일으키는 원인을 滅했다고 한들, 그로부터 인생의 본질적 허무를 극복할 궁극적

에너지는 샘솟지 않는다. 그렇다면? 진정 우리를 있게 하고, 우리를 위해 천지 만물을 지은 하나님의 창조 본의를 깨달아야 하나니, 그리하면 인생의 허무한 어둠의 장막을 걷고 광명한 열락의 세계로 나아가리라. 창조 문제를 풀지 못하면 인생 문제도 근본적 해결이 어렵다. 불교는 연기적 귀결로서 제법의 空性을 깨달으면 지혜를 얻고 집착을 소멸시킨 해탈과 이상적인 존재 상태인 열반에 이른다고 하지만,[83] 이런 주장은 지적했듯, 윤회설과도 모순될뿐더러, 더 나아가서는 열반과도 대치된다. 윤회→해탈→열반은 반드시 불변하고 영원한 실체인 본체가 뒷받침되어야 성립된다. 연기적인 실상과 달리 해탈과 열반은 아예 존재한 차원이 다른 세계이다. 그런데 사대개공(四大皆空)이라, 만물이 모두 고유한 실체가 없는 것을 깨닫는다는 것은 현상적 질서 안에서 生한 연유를 추적한 수평적 인식에 불과하다. 차원적인 세계(열반) 진입과는 거리가 멀다. 수행자 중 열반에 이른 자 누구인가? 이런 현실을 깨달아야 비로소 보편적인 중생 제도의 길을 틀 수 있다.

돌이켜보면, 선천 불교는 세계관적 한계성에도 불구하고 역사상으로 이룬 인류 구원 역할은 지대했다. 하지만 세계가 종말을 맞이한 오늘날에 있어 창조 본의를 모른 불교 진리는 결국 허망하다. 심판 국면을 피할 수 없다. 그렇게 해서 모두 버려지고 말 것이라면 하나님이 지난날 佛法을 통해 이룬 섭리 역사 역시 무익해지고 만다. 그럴 수는 없다. 하나님은 공의로운 분이시니, 그래서 오늘날, 이 땅에 강림하시어 佛法의 空性으로 어떻게 하면 궁극의 창조 道에 이를 수 있는지 길을 밝히셨다. 진리의 성령으로서 역사한 이 말씀의 가르침에 귀 기울이는 데 최상의 깨달음이 있고, 하나님

---

83) "일체의 法을 空이라고 정관(正觀)하는 것이 바로 열반의 길이며, 적멸 적정한 열반의 세계는 진공묘유임."-「초기 불교와 대승 불교의 空 사상에 관한 연구」, 앞의 논문, p.97.

에게로 나아가는 궁극의 길이 열리리라.

5. 선불교

예수라는 한 인간으로부터 시작된 기독교의 원천이 서쪽을 향해 물꼬를 터 대장정의 역사를 이룬 것이라면, 고타마 싯다르타란 한 인간으로부터 시작된 불교의 원천이 동쪽을 향해 물꼬를 터 대장정의 역사를 이룬 것은 하나님이 만세 전부터 주재한 섭리 뜻이다. 그 발자취를 우리는 서역을 거쳐 도달한 중국 불교, 그중에서도 보리 달마를 초조로 삼은 선불교를 통해 추적할 수 있다. 지구는 둥근 만큼 하나님이 주재한 섭리의 궁극은 결국 돌고 돌아 서로 만나는 것이니, 그렇게 해서 합치된 지점이 바로 기독교 진리도 불교 진리도 유교 진리도 융성한 한반도이리라. 불교 진리와 기독교 진리는 심대한 한계성을 내포한 세계관이라, 동양의 본체 문명을 만났을 때라야 비로소 극복될 수 있고, 그 같은 세계관적 통합력은 정작 발원지인 인도 문명도 서양 문명도 중국 문명도 아닌 섭리 역사의 최종 실마리를 휘어잡은 한반도이다. 그 장대한 통합 역사의 비밀을 바야흐로 이 연구가 밝히고자 하거니와, 이 같은 하나님의 주재 뜻을 확인할 수 있는 진리 개척 本을 바로 중국의 **"선불교"**가 보였다.

"중국은 1세기 후반 한나라 때 서역으로부터 불교를 받아들여 상류층부터 믿기 시작했다. 부처님의 가르침은 포용성을 가진 사상이다. 그래서 중국은 큰 마찰 없이 전통적인 사상과 조화를 이룬바, 토양성이 강한 중국 불교로서의 특색을 띠게 되었는데, 그중 대표되는 종교가 곧 선불교[禪

宗]이다. 구마라습(344~413), 현장(601~664) 등 수많은 역경사에 의해 수백 년 동안 역경 사업이 진행되었는데, 이 무렵 보리 달마가 520년에 중국으로 건너오면서 중국 선불교의 역사가 시작되었다. 인도는 학파 불교이지만, 중국은 경전을 중심으로 한 종파 불교이다. 번역된 대장경을 중심으로 중국 불교가 성립되었다(천태종, 법상종, 밀교, 율종, 삼론종, 정토종, 화엄종, 선종).[84] 선불교는 육조 혜능(638~713)이 토대를 닦아 중국에 정착하였다. 당시의 불교는 "인도 불교 이래 홍인(601~675)까지의 선법은 닦아서 깨닫는 수인증과(修因證果)란 점진법이었다면, 조사선의 실질적인 개창자라고 할 수 있는 혜능에 이르러 정혜일체(定慧一體)의 돈오법으로 전환하였다."[85] 선불교가 아무리 토착화된 중국식 불교라고 해도 인도 불교가 일관되게 계승한 부처님의 근본적인 가르침을 벗어난 예는 없다. 적어도 표면적인 모습으로서는 그러하다. 하지만 이면에는 하나님의 섭리 뜻이 작용하였다는 점도 때가 되면 간파할 수 있어야 했다. 즉, "부처님의 연기법에서 출발한 용수의 중도 사상을 받아들인 중국 불교는 그 후 천태종과 화엄종에서 이론적으로 더욱 정교해졌고, 그것을 선불교가 실천적으로 계승하였다."[86] 혜능의 일대기를 담은 "『육조단경』은 초기 禪 사상에 나타난 반야 사상과 佛性 사상을 융합하여 무념, 무상, 무주(無念, 無相, 無住)의 일행삼매(一行三昧) 경지로 승화시켜 새로운 선불교의 기틀을 마련하였다."[87] 하지만 선불교의 뿌리를 연기공, 반야공에 두었다는 사실을

84) 「현 중국의 선종 및 마조선 전개」, 신명희 저, 한국신학, 제20호, pp. 161~162.

85) 「조사들의 오(惡)의 체상용」, 한국신학, 제28호, 한국선학회, 2011, p.1.

86) 「육조단경의 삼무 연구」, 김영근 저, 동국대학교, 선학, 석사, 2020, pp. 76~77.

87) 「육조단경의 선 사상 연구」, 김길환 저, 동국대학교, 불교, 석사, 2006, p.서론.

통해 본다면, 그것은 아무리 무념, 무상, 무주로 단어를 바꾸어 표현했다고 해서 그것이 중국식 불교가 지닌 특성이 될 수는 없다. 전통적인 불교를 계승한다는 측면에서 본다면 부처님의 법맥을 이은 것이라고 할 수 있지만, 그렇다고 그런 법맥 속에 온전히 함몰되어 버린다면, 선불교 역시 어떤 결론에 도달하든 창조공을 간파할 수 없는 한계성을 피할 수 없게 되고 만다. 창조 본체, 곧 空=무자성=무념, 무상, 무주란 등식 구성으로서는 창조 본체의 참 알맹이를 찾을 수 없다. 찾아야 했나니, 그것이 궁극적인 목적지에 도달해야 할 선불교의 세계 극복 과제이다.

"여기서 무념은 항상 번뇌 망념을 떠나 괴로움이 없으며, 만물의 본질은 실체가 없어서 생멸 등의 변화가 없는 마음의 근원 자체이다(대승기신론의 一心). 그리고 무상은 금강경 사구게(四句偈) 가운데 하나인 '무릇 존재하는 모양은 모두 변화하는 것이다. 만일 모든 모양이 진실한 모양이 아닌 줄 알면 곧바로 여래를 보게 되리라'란 구절을 통해 끊임없이 변화하여 실체가 없는 무상의 도리를 밝히고 있다. 또한, 무주는 『금강경』의 '應無所住 而生其心'[88]이란 구절에서 그 출처를 찾을 수 있다."[89] 도로 아미타불이란 말이 있듯, 결국은 그것이 그것이다. 이런 관점에서는 俗諦의 문제든, 眞諦의 문제든, 어떤 영역도 근본적인 문제를 해결할 수 없다. 즉, "모양이 없다의 무상은 결국 반야성공(般若性空)적 입장이다. 일체의 모양[相]은 인연 화합으로 잠시 모양을 비춘 것이지 원래는 없다는 것, 그래서 三無란 반야계 경전에서 강조하고 있는 반야 사상의 실천을 요약한 말일 뿐이다."[90] 무엇

---

88) "마땅히 머무는 바 없이 그 마음을 내라."

89) 「육조단경의 삼무 연구」, 앞의 논문, p.80.

90) 위의 논문, p.21.

이 문제인가? 그렇게 귀결지은 것은 궁극적인 답이 아니기 때문이다. 그렇다면? 무아설, 연기법, 무자성을 벗어나 창조법으로 나아가야 한다. 선불교의 三無와 연기공, 대승공은 현상적인 질서를 부정한다는 측면에서는 같다. 그러나 진의는 다르다. 三無도 결국은 대승공처럼 차원 벽에 가려 창조 본체까지는 보지 못한 상태이다. 선불교는 인도 불교의 대승공과 달리 自性空이라고 칭하거니와, 자성공 역시 창조를 알아야 알맹이 있는 본체공이 될 수 있다. 그리해야 진정한 하나님의 참 본의를 꿰뚫을 수 있다. 전혀 다르게 해석할 수 있는바 무념, 무상, 무주는 역시 원래 없어서가 아니고, 원래부터 有한데 창조 이전, 생성 이전, 경험하기 이전인 탓에 三無인 것이 똑같은 개념이다. 있는 것을 부정하는 無와 없는 것을 인정하는 無는 다르다. 이유로서 불교 진리는 창조 본체를 보지 못한 탓에 있는 것을 부정한 것이고, 이 연구는 그렇게 부정한 사실을 부정한다. 그리해야 佛法, 만법, 더 나아가 창조법이 모두 정상화된다. 이 같은 판단 관점을 확보하기 위해서는 바로 만세 전부터 뜻을 두고 선불교를 일으킨 하나님의 섭리 뜻을 간파하는 것이 중요하다.

알다시피 유일신 신앙을 가진 유대교로부터 기독교라는 새로운 종교가 창립된 것은 역사적 측면에서는 민족 종교로서의 틀을 벗어나지 못한 유대교와 달리 세계적인 종교로 발전한 것이라고 할 수 있지만, 한편으로는 전파되는 과정에서 그것을 받아들인 사람들의 사고방식과 문화적인 특성에 따라 변용된 헬레니즘(그리스-로마)식 기독교라고도 할 수 있다. 같은 관점으로 선불교는 인도 불교를 받아들이는 과정에서 중국인이 자신들의 사고 틀과 문화적인 전통에 맞추어 새롭게 정립한 중국식 불교이다. 즉, "중국에서는 불교의 원천인 인도적 사유와는 다르게 불교 교리를 좀 더 현실적으로 해석하고 정리해서 체계를 세웠고, 그중에서도 특히 선불교는 인도 불교가 중국적으로 전개한 자각의 종교란 특징을 가장 두드러지게 중국적 사유 방식으로 변용해서 발전시킨 중국화 불교의 대표적인 모습을 정착시켰다. 중국화 불교의 역사 과정에서 그들은 노장사상의 形而上學적 철학과 사상을 원용해서 불교의 가르침과 사상을 해석했는데, 이것을 격의불교(格義佛敎)라고 한다."[91] 사상적인 측면에서 좀 더 설명한다면, "중국은 불교를 처음 받아들일 때 용수가 말한 난해한 空 개념을 쉽게 이해하기 위해 이와 유사한 노장의 無 개념에 기대어 설명하고자 하였다. 그 결과 불교와 空 개념이 오해되어 허무주의로 인식되기조차 하였다. 그러나 구마라습(344~413)에 의해 용수의『중론』을 비롯한 三論이 번역되고, 승조(384~414)에 의해 空 개념이 차츰 이해되기 시작하자 격의불교의 폐단은 어느 정도 불식되었다. 하지만 空 사상을 가장 바르게 이해했다고 하는 길장(549~623)조차도 空 사상을 그대로 받아들였다고 하기보다는 중국식 이해에 기반을 두고서 수용하였다고 할 수 있다. 이처럼 중국식으로 이해된 空 사상이 연속적인 발전인지 아니면 비연속인 이탈인지는 쉽게 판단할 수 없는 문제이다."[92] 쉽게 결단할 수 없는 만큼, 애매한 것은 동양적 사유를 주도한 중국인조차 자체의 사유 특성과 섭리적인 본의를 간파하지 못한 상태이다. 알고 보면, 불교 진리를 중국의 사유 방식에 따라 각색함으로써 인도 불교와는 전혀 다른 중국화된 불교를 정립한 것인데도, 정작 자신들은 그 진의를 모르고 애써 인도 불교에 접붙여 이해하였다. 우리

---

91) 「능가경에 나타난 선 사상에 관한 고찰」, 이철상 저, 원광대학교 동양대학원, 동양학, 석사, 2002, p.2.

92) 「용수 空 사상의 한국적 변용과 전개」, 앞의 논문, p.274.

나라에는 원불교란 한국식 불교가 있는 것처럼, 선불교는 중국식 사유 방식으로 불교 진리를 재구성해서 체계 지은 중국적 특성을 선명하게 드러낸 불교인 것이 분명하다. 기독교 진리가 그리스적 사유 방식에 의해 재구성된 것처럼, 종교 진리는 그것을 수용해서 해석한 측이 주체가 되므로, 그런 사례로서 본다면 자체 지닌 문화적 특성과 사유 방식적 본색은 지워질 수 없다. 이런 역사 작용의 원칙에서 본다면, 인도 불교의 선불교화 과정은 하나님의 창조 본의에 더 가깝게 다가선 것인데도 정작 중국인은 자신이 이룬 그와 같은 사상사적 의미를 자각하지 못했다. 그 무지를 오늘날 강림하신 하나님이 위대한 말씀의 가르침으로 깨우치고자 한다. 왜 한때 중국 사상계에서는 대승공을 본체로서의 無로 이해하고자 한 적이 있었는가? 이것은 空 개념의 바른 이해 여부와 수정 절차를 따지기 전에 인도 대륙과 중국 대륙이 지닌 문명의 세계관적 특성과 사유 방식의 차이성을 분명하게 구분 지은 것이다. 그것을 이 연구는 인간 사유의 심원한 뿌리를 관장한 세계의 有無 인식과 궁극적 시원의 추적 인식 여부를 통해 확인하고자 한다.

이에, 용수 空 사상의 바른 해석을 자처한 자들은 空과 無를 같은 것으로 보는 시각에 대해 空 사상의 정체성을 손상한 것이라고 비판했다. 즉, "용수의 경우 본질주의자가 빠지기 마련인 有와 無의 양변을 어떻게 비켜 가는가? 어떻게 중도를 일관성 있게 설명해 나가는가를 살피는 것이 중요하다. 있다[有]와 없다[無]의 두 가지 상반된 말과 비어 있다[空]는 말이 어떤 관계를 맺는지를 알아보아야 한다."[93] 하지만 이것은 有無에 관한 세계관적 인식이 투철한 중국적 사유 방식을 적용했을 때만 비교하고 판단

---

93) 「초기 불교와 대승 불교의 空 사상에 관한 연구」, 앞의 논문, p.152.

할 수 있는 전개 과정이지, 인도적 사유 방식을 통해서는 아예 거론조차 할 수 없고, 그래서 空을 非有非無로 중도화시킨 외곬 길을 걸었다고 할 수 있다. 이것은 결코 긍정적 관점도 논리적인 판단도 아닌, 세계관적으로 선택의 여지가 있을 수 없는 한계성 인식이다. 무아설과 연기법이 당면한 문제인 현상적 질서를 벗어나지 못한 한계성과도 맞닿아 있다. 흔히, 인도인은 시공간 개념을 중시하지 않고 역사에 관해 관심이 없다고 하거니와, 이런 사고방식의 특성을 다시 말하면, 창조에 관한 인식이 없다고 표현할 수 있다. 그러고 보면 **佛法은 정말 세계의 有한 존재성을 제거했고(무아), 有無 개념을 부정했으며(중도), 세계의 시원 뿌리를 무시했다(無).** 창조 인식은 세계의 有無성과 시원에 관한 뿌리를 관장함으로써만 추적할 수 있는 것인데, 팔만대장경에는 이런 세계관적 의식 자체가 아예 없다. 이것이 인도 불교와 선불교를 구분하는 창조 본의 관점 기준이다. 연기를 空性으로 해석하여 無가 곧 有이고, 有가 곧 無라고 한 것은 空性이 有와 無를 초월한 인식이 아니라, 창조에 관한 인식이 아예 없어서이다. 연기를 있게한 空性이 아니라, 생성함으로 인한 연기를 말한 것이므로, 그것은 현상적 질서를 벗어나지 못한 인식이다. 그렇게 해서 표현된 것이 곧 "모든 것은 실체로서 있지 않고 연기에 의해 있는 것, 즉 모든 것이 空이란 결론이다."[94] 최초의 시점에 대해 무시무종(無始無終)으로 표현한 우주관도 같은 맥락이다. 시공간이 분열하는 질서 안에서의 시원에 관한 인식이다 보니 시작도 없고 끝도 없는 생성성을 표현한 것일 따름이다. 끊임없이 생성하는 시공의 분열 질서 안에서는 우주의 첫 시작과 마지막 끝이 거두절미 되어 無始無終 상태로 인식된다. 본체 뿌리를 폐기하고 과정만 본 연기법,

---

94) 위의 논문, p.155.

첫 시작을 없앤 중도 등이 모두 동일한 인식 상태이다.

　반면에 중국에서는 애써 최초 시작의 단서를 인식적으로 포착하고자 한 사고적 특성을 보였다.

> "시작이 있다. 아직 시작이 있지 않은 시작이 있다. 아직 시작이 있지 않은 것조차 있지 않은 시작이 있다(『장자』, 제물론 편)."

　분열하는 현상의 질서 안에서 첫 시작에 관한 궁극의 시점을 추적하다 보니 인식상으로 최초의 출발점을 찾지 못한 문제점은 있지만, 이런 사고적 노력은 분명 인도인들이 그 시작에 관한 초점을 애써 흩트려 버리려고 한 것과 대조된다. 이에, 노자는 우주의 有無와 시원 인식에 관해 의미심장한 명제를 남겼다. 즉, "도생일 일생이 이생삼 삼생만물." "천하만물 생어유 유생어무(천하의 만물은 有에서 생기고, 有는 無에서 생긴다)." "이름 없음이(無名) 천지의 시원이요 有名이 만물의 어미이다" 등등. 이것을 "위진 현학가들은 그들의 貴無 사상 속에서 우주와 천지에는 시원이 있는데, 이것이 곧 道이고 無이며, 또한 일체의 근본이 된다"[95]라고 하였다. 有는 無에서 生 한다고 하여 궁극적 시원을 無에 둔 탓에 더는 인식적, 논리적, 존재적으로 추적할 길은 없지만, 그 같은 궁극적 추적 자체가 틀린 시도는 아니다. 천 길 낭떠러지 앞에 당도해 길은 끊어졌어도 펼쳐진 세상의 하늘마저 시야에서 사라지는 것은 아니듯, 시원을 추적하는 데도 거기에는 그만한 이유가 있는 것이므로, 無가 본래 無, 곧 본무로 이해한 것이다. 이것은 오온(伍蘊)이 모두 空하다고 결론을 내린 인식적인 사유와 대조

---

95) 「불교의 노장철학에 관한 일고찰」, 김항배 저, 철학사상, p.13.

된다. 본무란 현상적 질서 안에서는 인식할 길이 가로막혀 있지만, 만물을 있게 한 본체는 존재하는 것이고, 그것이 현 존재와는 차원이 다른 그 무엇이라고 추론할 수밖에 없지만, 만상이 모두 實이 없다(허하다, 空하다)고 하는 것은 그런 가정조차 아예 불식하고, 현재 존재하는 현상의 조건 속에서 근원을 추적한 것이다. 본무란 뭇 존재를 있게 한 본체가 따로 있다는 생각이고, 空은 그런 생각을 부인한 것이다. 그것은 분명 본체자체의 존재 여부를 떠나 허함[空性]에서 추적을 멈춰 버린 인도적 사유의 특성 탓이다. 본무든 空性이든 인식적으로 더는 전진할 수 없는 궁극점에 머문 것은 같지만, 그런 결과를 통해 이해한 의미 해석은 판이하다. 空性은 연기적인 결과를 통해 애써 시원에 관한 인식의 추적 흔적을 제거한 것이고, 본무는 시원에 관한 인식 추적의 결과를 통해 차원이 다른 본체 세계를 엿본 것이다. 왜 주어진 현상적인 조건을 통해 추적한 결과로써 도달한 궁극적인 인식이 無로 귀결된 것인가? 그 이유는 분명하다. 천지 만물이 창조되었음에도 바로 그 같은 창조에 대한 인식 자체가 전무하다 보니 창조 역사가 있기 이전의 바탕 본체 역시 본무란 개념으로 표현할 수밖에 없었다. 천지 만물이 왜, 언제, 어떻게 생겨났는가에 관한 생각과 인식적인 차이는 이와 같은 것이다. 어쩌면 상식적인 의문과 궁금증으로서 인간이라면 누구라도 당연하게 간직하고 있는 생각인 것 같지만, 인도인은 緣만 추적했지 生은 생각하지 않았고, 비슷한 사고방식을 따른 기독교는 확인해서 선언은 하였지만, 신앙하는 데 그쳤는데, 중국적 사유 방식만큼은 문제의식을 구체화한 사고 전통을 남겼다.[96)]

---

96) "중국 고대의 사상가들은 有無의 범주를 사용해서 세계의 존재 문제를 해석하고 회답하려고 하였다. 이 때문에 有無의 개념은 세계 및 천지 만물의 시종 문제를 탐구하는 것과 곧바로 연결된

따라서 사고 방식적인 측면에서 본다면, 본체론적 사고 전통을 따른 선불교와 인도 불교는 중국화 된 불교이기 이전에 진리적인 차이가 이미 근본적이다. 하지만 불변한 실재를 거부한 무아설과 연기법이 전통적인 아트만 사상, 윤회설과 모순되었듯, 선불교가 취한 교리적, 수행적, 신앙적 입장 역시 인도의 근본 불교, 대승 불교와는 질적으로 차이가 있는 것인데도 그런 사실을 선불교가 스스로 문제 삼거나 각성하지는 못한 것 같다. 그 이유는 중국의 사고 전통 역시 세계의 有無 존재성 안에 창조된 비밀이 도사리고 있었는데, 그것을 알지 못한 탓이다. 無와 有 사이에는 창조된 역사가 도사리고 있어 그것을 알아야 차이점을 대비해서 확인할 수 있다. "우주의 생성론적인 본무 입장에서 반야공의 사상을 이해하려고 한다면, 이것은 분명 반야학의 원칙 입장이나 기본 원리와 어긋난다. 실제로 노자의 無 및 왕필의 귀무론 가운데서 표현되고 있는 우주 생성론 사상은 바로 有와 無를 분석하는 사유 방식으로부터 나온 것이다. 구체적으로 말하면, 선후를 가지고 無와 有를 규정하는 것은 시간으로 無와 有를 구분하는 것이고, 무형과 유형으로 無와 有를 계정(界定) 하는 것은 공간으로 無와 有를 구분하는 것이다. 그렇게 반야 사상의 본지(本旨)에서 보면, 실상을 無라고 보건 有라고 보건 이것은 모두 편견이다. 왜냐하면, 반야에서는 본체 실상은 일체의 분별을 넘어선 것으로 實相은 非有非無라고 한 것이다."[97]

이처럼 세계를 바라본 사고방식 면에서의 근본적인 차이가 선불교에도 영향을 끼쳐서 반영된 것인데도 이런 사실을 선불교가 간과하고 만 것은

다. 이것이 바로 중국의 전통 철학이 서양 철학이나 인도 철학과 다른 독특한 점이다."-위의 논문, p.12.

97) 위의 논문, pp. 11~12.

그런 세계관적 바탕을 제공한 노장사상이 표현한 말대로 "우주 생성론"인 탓이다. 생성론 역시 창조론과는 차원을 달리한다. 생성론은 지극히 질서 적이지만, 창조론은 지극히 초월적이다. 생성을 일으킨 근원은 반드시 바탕이 있는데, 그것을 보지 못한 것이므로 그들도 결국은 창조를 간과했다고 할 수 있다. 창조를 모르면 본의를 모르고, 본의를 모르면 궁극을 모른다. 그런 영향 탓에 그들은 절로식 우주관과 무위자연을 말한 것이다. 곧, 창조 역사의 주체자를 모른 한계 인식인바, 이것이 선불교 역사에 그대로 반영되었다. 인식적으로는 본무 상태에 도달했지만, 그 이상은 나가지 못했다. 그 이상의 초월적인 無有(창조 본체) 본체까지 미칠 수 있어야 비로소 요해될 수 있는 문제이다. 불교 진리가 일관한 연기를 통한 무자성(자성이 없다) 실재성도 조건은 마찬가지이다. 생성하는 현상 질서 안에서 인식적으로 도달한 궁극적 상태일 뿐, 그 같은 상태가 그대로 세계의 근본된 실상은 아니다. 창조가 그러하듯, 일체 인식은 영원한 본체 실상인 하나님에게 도달했을 때 완성되나니, 그 사실을 지난날 선불교가 이룬 섭리 역사를 통해 확인하고자 한다.

인도 불교는 부처님이 증득한 연기법을 깨달아 고통의 원인을 없애고 윤회하는 고리를 끊어 해탈을 이루는 것이 목적이지만, "선불교는 자기 본래의 佛性을 깨달아 회복하는 돈오견성(頓惡見性), 견성성불(見性成佛)을 강조한 자각적 종교이다."[98] 여기서 분명한 것은 연기법을 깨닫는 것과 본래 자신의 佛性을 깨닫는 것과의 차이성이다. 본래 佛性, 곧 바탕이 된 본성을 깨닫는 것은 연기법보다 더 근원적이고 창조적인 방법임에, 그 같은 추구 목적에 하나님에게로 나아갈 수 있는 모종의 길이 있다. 선불교가 이

---

98) 『선불교 개설』, 정성본 저, 민족사, 2020, p.23.

런 가능성을 개진한 데는 "불성론에 대한 중국 고유의 본체론적 해석이 가미된 탓이다. 지적했듯, 인도의 반야공관은 중국에서의 격의불교란 과정을 거쳤고, 특히 도가 체용론을 받아들여 새로운 사상 체계로 거듭난 것이다. 도가적 체용론이 반야공 사상뿐만 아니라 후대의 선불교에까지 영향을 미친 것이다. 그래서 선불교에 대한 정확한 이해는 도가 체용론을 전제로 했을 때 비로소 가능해진다. 다시 말해, 체용적 사유 방식은 인도 불교가 중국 불교로 전환되는 데 있어 결정적인 영향을 끼쳤다."[99] 그리고 이 같은 사상적 기반 형성이야말로 이 연구가 오늘날 선불교 교리를 지극히 창조적으로 해석할 수 있는 길을 텄다. 그런데도 선불교는 중국적인 사고방식으로 일군 자체의 본체론적 해석에 머문 반면, 이 연구는 하나님의 창조 본의를 받든 상태이기 때문에, 그 이상의 진리 세계까지 지침할 수 있다. 참으로 창조된 본의를 알아야만 본의를 모른 인도 불교와 선불교의 본질을 규명하고, 세계관적 한계성을 넘어설 수 있다.

첫 번째, 본체론에 근거한 선불교의 창조 인식으로서는 **"모든 法이 원래 한 바탕이다"**란 명제가 있다(法界一相). 이것은 바탕이 된 본체란 존재를 전제하지 않고서는 성립할 수 없는 창조적 명제이다. 밝힌 바 "본체로부터의 창조"를 시사했다. "만유 제법은 모두 인연이 모여 생긴 일시적인 가짜 존재이므로, 실다운 체성(본체)이 없다"[100]란 명제와 명백하게 대조된다. 인도 불교에서는 체성(본체)을 부인했지만, 선불교는 그것을 전제한 것이므로, 크게 대비된 것이라, 아예 결별이라면 결별한 것이라고도 할 수 있다(기독교가 유대교와 결별한 것처럼……).

---

99) 「용수 空 사상의 한국적 변용과 전개」, 앞의 논문, p.283.

100) 「능가경에 나타난 선 사상에 관한 고찰」, 앞의 논문, p.16.

"일체(一切)의 法은 모두가 마음의 法이요, 일체의 이름은 모두가 마음의 이름이다. 만법은 모두 마음에서 생겼고, 마음은 만법의 근본이다(「전등록」, 권 28, 馬祖示衆)."[101]

그런 대상이 心이든 道이든 理이든 만물, 만법, 만상의 근본이라고 한 인식 자체가 항구 불변한 변화 이전의 불변한 체성(본체)을 상정한 상태이다. 선불교가 "마음조차도 또한 본체의 모습은 한가지 空"[102]이라고 말한 것은 결코 연기공, 반야공이 귀결시킨 분열 결과로서의 허상공이 아니다. 창조에 관한 인식이 없었던 탓에 그렇게 말한 창조공이다. 그래서 상대적 개념과 산하대지 모두가 마음이라는 한 바탕에서 비롯된 것이라고 하였다. 모든 황하의 모래 같은 세계가 원래는 하나의 空(元是一空)이다. 원시, 근본 불교로부터 대승 불교까지 일관된 연기 논리와는 격을 달리했다. 오직 "마음이라는 한 法이 모든 法을 두루 갖춘 탓에 만법은 마음이라는 하나의 法에 귀일시키고자 한(萬法歸一)"[103] 수행의 목적 설정이 가능한 것이었다.

두 번째, 본체에 근거한 선불교의 창조 인식으로서는 부처님의 위대한 깨침이자 가르침이기도 한 **"모든 중생은 佛性을 가지고 있다"**란 명제가 있다. 즉, 『열반경』, 『사자후 보살품』에서는 "모든 중생은 佛性을 가지고 있지만, 무명에 가려져 해탈하지 못할 뿐이다"[104]라고 하였다. 여기에 근거해 황벽 선사는 말하길, "마음이 곧 부처이니라. 위로는 모든 부처님으로부터 아래로는 꿈틀거리는 벌레에 이르기까지 모두 다 佛性이 있어서

---

101) 위의 논문, p.48.

102) 「중국 초기 선종 사상과 수행 고찰」, 이혜옥 저, 한국선학, 제21호, p.93.

103) 『소실육문』, 대정장 48, p.366c.-「육조단경의 삼무 연구」, 앞의 논문, p.59.

104) "一切衆生悉有佛性."-『열반경』, 대정장 12, p.573c.

같은 마음의 본체를 지녔느니라"[105]라고 하였다. 장자가 道는 어디에도 있고, 심지어 똥 막대기에도 존재한다고 한 것처럼, 중생이 지닌 佛性의 편재 인식과 동일하고, 평등한 佛性(본성)을 전제한 것은 분명 空性에 근거한 인식이 아니다. 타고난 천부 본성(창조 본성)에 대한 통찰이다. 한 본체로부터 말미암은 탓에 존재한 일체중생은 예외 없이 동일한 佛性(창조 본체에 근거한 본성)을 지닌 것이고, 그것은 똑같은 바탕 본체에 근거했다는 뜻이다. 이처럼 너와 나의 佛性에 있어 차별은 있을 수 없다. 그래서 현세에 주어진 모든 어려움에도 불구하고 불교의 가르침은 성불에 대한 수행의 당위성과 성불을 향한 무궁한 가능성을 고무할 수 있었다. "돈오는 일체중생이 본래 佛性을 구비하고 있음에 근원하여 空性을 터득하는 것을 종지로 삼았거니와",[106] 여기에서 空性은 연기로 귀결된 空이 아니고, 창조공이다. 이 단계에서도 空性, 중도로 돌아가 버리면 불교 진리가 더는 세계의 궁극적인 문제를 해결할 수 없고, 佛法도 완성할 수 없다. 언젠가는 짙게 드리운 空性의 그림자를 지우고 넘어서야 했나니, 그때가 바로 지금이다. 어떻게? 일체중생의 佛性 구비 상태를 창조적으로 해석해야 보편적인 인류 구원의 실타래를 풀 수 있다. 왜 너와 나 모두가 동일하게 佛性을 갖추었는가? 이것은 유교에서 말한 각구일태극과 같은 개념으로서, 한 본체로부터 창조되었다는 뜻이다. 그런데도 불교는 이 같은 창조관과 무관하게 무명을 깨쳐 해탈을 이루는 데만 집중하였다. 하지만 정진하고 수행해서 망념만 없애면 무명을 걷어내어 佛性을 회복하는가? 그것은 견성으로 성불하기 위한 전제 조건일 뿐이다. 그런 경지에 도달한 상태에서 정

---

105) 「중국 초기 선종 사상과 수행 고찰」, 앞의 논문, p.86.
106) 「육조단경의 삼무 연구」, 앞의 논문, p.40.

작 깨달아야 할 것은 空性이 아니고 창조 본성이다. 그리해야 일체중생이 어떻게 佛性을 구비한 것인지에 대한 본의를 깨닫는다. 무아만 깨달아서는 궁극적인 해탈 경지에 이를 수 없다.

세 번째, 본체에 근거한 佛法의 창조 인식으로서는 **"중생 즉 부처"** 명제가 있다. 더 상세하게 말하면, "중생이 곧 부처요 부처가 곧 중생이니, 중생과 부처는 원래 한 본체이다. 생사 열반과 유위, 무위가 원래 같은 본체이고 세간, 출세간과 6道, 4生과 산하대지와 有情, 無情이 또한 같은 본체이다."[107] 황벽 선사, 그는 치열한 수행으로 궁극적 본체를 깨닫기는 하였다. 단지 그것을 뒷받침할 수 있는 그 이상의 보편적인 본체 바탕을 확보하지 못한 탓에 기존 설법 인식인 "번뇌 즉 보리" 명제를 따랐다는 것뿐이다. 하지만 창조 본의를 밝힌 지금의 세계관적 여건은 달라졌다. 창조 본체의 뿌리가 모두 드러난 바라, 새로운 해석이 가능하게 되었다. 즉, 중생 즉 부처란 등식은 그대로 창조 등식으로 이어져 창조 본체로부터 중생과 생사 열반…… 有情, 無情이 말미암았고, 이행된 변화 과정을 거쳤지만, 그렇게 化된 과정을 제한다면 일체 존재가 하나인 본체로부터 화현 된 동일 본체이다. 空性은 연기로 시작해서 연기로 끝나버린 현상적 질서 안에서의 인식이지만, 본체관에 근거한 중국적인 사고방식으로서의 空性은 연기 이전과 연기 이후의 차원 질서를 넘어선 초월 인식이다. 유무, 시원, 분열성을 극복한 인식이랄까? 아무리 현상적인 질서가 무궁무진하고 모습 또한 변화무쌍해도 그런 변화를 일으킨 생성 과정을 제한다면 최종 결론은 결국 **"현상 즉 본체"**이다. 그것을 선불교에서는 **"중생 즉 부처"**로 표현했다.

아무리 수많은 삼라만상 존재를 열거해도 그것들을 창조 이전인 본래

---

107) 『고경』, 「완릉록」, 황벽 저, p.506.-「중국 초기 선종 사상과 수행 고찰」, 앞의 논문, p.91.

자리로 되돌리면 결국은 하나인 본체일 따름이다. 覺者 황벽이 "중생에게 갖춰진 본래 부처의 모습은 진리의 법신불로서 공여래장(空如來藏)"[108]이라고 하여, 아무리 중생이 본래 부처란 사실을 강조해도 佛法이 펼친 세계관 안에서는 더 이상 이 같은 등식 명제를 증거할 근거가 없다. 알고 보면, 이것은 말을 바꾸어 **"인간 즉 하나님"**이란 표현과도 같다. 그만큼 경천동지할 불신관이다. 기독교 역사에서는 독생자 예수에게만 허용된 등식이고, 그렇게 신격화되는 과정에서는 엄청난 논란을 거친 바라, 절대적인 하나님이 피조체인 인간과 동일한 본질을 지녔다는 것이 기독교 신앙 안에서는 결코 허용될 수 없다. 그것이 불교 진리 안에서는 보편화되었고, 애써 수행으로 도달하고자 한 목적으로까지 삼았다는 것은 놀라운 일이다. 그런데도 정작 불교도들이 그 의미를 대수롭지 않게 여긴 것은 등식이 함축한 진의를 알지 못한 것이다. 기독교적으로 말하면, 왜 인간은 하나님과 같은 거룩한 본성을 지닌 존재자인가? 이유를 알기 위해서는 인간이 어떻게 하나님의 본체로부터 창조된 것인지를 알아야 했다. 하지만 선천의 覺者들은 누구도 그 이유를 간파하지 못했다. 수행자이든 수양인이든 이 시대의 누구라도 정말 무엇을 궁극적인 깨달음의 목적으로 삼아야 하는지를 알 수 있다. "생명을 가진 존재는 모두 같은 진성(眞性)을 갖고 있다는 것, 범부와 부처 역시 본래 같은 부처임을 알고자 한 선불교적 믿음",[109] 이처럼 일련의 佛性 자각에 대한 창조 본의적 접근이 불교 진리가 지닌 한계성을 극복할 수 있게 하는 앞으로의 추구 과제이다. 범부 중생을 본래 부처로 격상시킨 것은 인간 본성의 이상적인 실재성을 상정한 것이 결코 아니

---

108)　위의 논문, p.87.

109)　「중국 초기 선종의 성립에 관한 고찰」, 김제란 저, 원불교 사상과 종교문화, 제87집, p.20.

다. 모두 예외 없이 佛性을 가졌고, 그것이 부처와 동일한 佛性이란 사실은, 창조된 인간의 본성 바탕이 본래 그러하다는 뜻이다. 이런 연유 탓에 "이미 모든 중생은 부처가 될 수 있다를 넘어 이미 모든 중생은 부처란, 중생과 부처가 모두 같은 眞性을 갖고 있다고 한 선불교의 근본이념은 여래장(如來藏)이란 세계"[110]이기 이전에 창조 본체를 뿌리로 한 하나님의 세계이다. 바탕이 된 본체 뿌리를 보지 못하면 "중생 즉 부처" 등식을 풀 길이 없지만, 볼 수 있게 된 지금은 근거가 된 창조 메커니즘을 밝힐 수 있다. 깨달음으로 궁극적 본체를 직시하는 것과 그렇게 해서 작용한 직관 메커니즘을 구체적으로 드러내는 것은 결과를 달리하는 것이니, 선불교는 바로 전자에 머문 인식이다. 이것을 알면 네 번째, 창조 인식으로 제시된 **"견성 성불"**, 즉 본래 본성을 보면 여래를 본다고 한 명제를 이해할 수 있다.

왜 "견성은 성불과 같은 위상을 지녔고, 본성을 깨닫게 되면(보면) 여래의 자리에(如來地) 앉는가?"[111] 유교의 아성인 맹자도 자기 본성을 알면 하늘을 안다고 하였듯, 우리 본성(자성)은 하나님의 본체로부터 창조된 탓에 모든 창조 정보(유전 정보)를 본성 자체가 간직한 탓이다. 이런 이유로 창조주는 절대적인 하나님이면서도 피조체인 인간과 함께할 수 있는 길이 열린다. 그래서 창조된 본의를 알면(맹자) 선천 하늘에서 가로막힌 본체 세계(하나님)로 나갈 수 있는 길을 튼다. 믿음이든 진리이든 佛性[본성]이든…… 이런 본의 인식 탓에 즉심시불(卽心是佛)이라, 정혜(定慧)가 일체인 것처럼, 心과 佛도 일체이다. 천인합일은 그대로 神人合一의 길과

---

110) 위의 논문, p.221.

111) 「중국 초기 선종 사상과 수행 고찰」, 앞의 논문, p.112.

일치한다. "자성은 만법의 근원이자 성불의 근거이다"[112]라고 한 『육조단경』의 불성관(진의)을 그대로 확인할 수 있다. 神과 佛은 창조로 인해 세계 안에서 구분되었지만, 한 본체로부터 말미암은 탓에 결국은 본래인 한 본체로 귀결, 합일, 일체 된다.

다섯 번째, 본체에 근거한 선불교의 창조 인식으로서는 **"자성은 본래 모든 것을 구족하고 있고, 본래 청정하다"**란 명제가 있다. 초기 선불교에서는 "부처와 法을 밖에서 대상을 찾지 말고 각자의 마음에 본래 구족하고 있으며, 무한한 공덕을 지닌 청정한 자성이 있음을 굳게 믿고, 바로 지금 본래의 마음자리로 돌아갈 것을 주장하였다."[113] "우리는 본래 자성이 청정한 佛性을 구족하고 있어서 본래 부처[本覺]의 입장이라고 할 수 있지만, 현실적으로는 현상의 경계에 집착하고 매몰되어 사량 분별과 차별심, 시기 질투심을 일으키는 중생[不覺]으로 살고 있다"[114]라고 하였다. 이처럼 선불교는 자성의 본래 구족함과 본래 청정함을 인간 본성의 기본 바탕으로 하고, 그것을 견성하는 데 깨달음의 목적을 두어, 그와 같은 본성 상태를 회복하기 위해 수행 정진하였다. 이것은 분명 창조된 본의에 근접한 인식으로서 충분히 진리성을 겸비한 상태이지만, 결국 문제는 자력으로 창조 본의를 각성하지 못한 것, 그러니까 왜 자성이 본래 구족하고 청정한 것인가에 관한 이유이다. 여기에 대한 설명이 전혀 없다. 이것은 서양에서 세운 진화론적 관점과도 대치된 것인데, 불교도들은 무관한 것처럼 비판 없이 간과하였다. 무슨 말인가 하면, 본래 구족과 본래 청정이 자성 존

---

112) 「육조단경의 선 사상 연구」, 앞의 논문, p.23.

113) 「중국 초기 선종 사상과 수행 고찰」, 앞의 논문, p.186.

114) 『선불교 개설』, 앞의 책, p.185.

재의 첫 시발점이라는 것은 진화론의 점진적 메커니즘과 대비된다.[115] 진화론적 관점에서 본다면, 처음부터 완성되고 구족한 상태에서의 본성 성립은 있을 수 없다. 하지만 선불교는 그런 청정 구족 본성을 기치로 내세웠고, 그와 같은 본성 상태를 직시(견성-깨달음)하는 것을 수행의 최종 목표로 삼았다. 왜 우리는 일체를 갖춘 본래의 본성을 견성해야 현실에 가로 놓인 번뇌를 끊고 본래 본성(부처)이란 자기 모습으로 돌아갈 수 있는가? 그것은 결코 수많은 세월에 걸친 진화한 결과로써 구축된 본성이 아니다. 이미 창조로 완성되었고, 그렇게 해서 존재한 탓에, 현실의 장애 요인만 제거하면 본래 모습을 볼 수 있고, 그렇게 하면 보는 즉시 견성한다. 구족, 완성되어 있지 못한 상태에서는 견성성불과 돈오적 깨달음이 불가능하다. 그 이유는 오직 한 가지, 현상의 분열적 질서를 초월하여 자성이 이미 창조되고 완성된 상태이기 때문이다. 이것은 현상 질서 안에서 연기적으로 추적해서는 도달할 수 없는 인식이다. 그런데도 현재의 질서 조건은 본래 구족성과 청정 본성을 가늠하는 기준이 되나니, 현재 지닌 질서를 기준으로 할 때 본래 본성의 구족 상태는 창조 역사의 시작이 그렇게 일체를 구족한 통합성 본질로부터 생성되었다는 뜻이다. 인간은 하나님이 매우 만족하시리만큼 티 없이 순수한 몸 된 본체로부터 창조되었다. 자성의 그 구족된 청정(선의 이데아) 상태는 현상의 분열 질서를 초월해 선재하였다. 그래서 선불교가 표방한 명제는 그대로 창조 본의를 대변한 본체성 인식이다. 자성의 궁극적인 본성 상태는 결코 空한 허상이 아니다. 현 질서보다 선재해 있다 보니 현상의 질서 조건 안에서는 인식할 방도가 없게

---

115) 최초 시원에 관한 인식과 첫 시작을 일으킨 메커니즘은 그 대상이 우주론이든 종이든 본성이든 상관없이 공통적이고 동일하다.

되므로 空하게 보인 것뿐이다. 하지만 현 질서를 넘어 견성하면 창조된 바탕 본체, 곧 본래 구족성과 본래 청정성 상태를 직접 확인할 수 있다. 그래서 견성하면 즉각 깨달음과 연관되어 자성의 청정성을 보는 것은 空性을 보는 것이 아니고, 창조된 본래 바탕을 직시함이다. 空은 최종 귀결이 아니다. 본의가 그러하다.

마지막 본체에 근거한 佛法의 창조 인식으로서는 육조 혜능이 길 가다가 듣고 깨달았다는 **"응모소주 이생기심"** 명제가 있다. 『금강경』에서는 "무릇 존재하는 모양은 모두 변화하는 것으로 만약 일체 모양이 진실한 모양이 아님을 안다면 곧바로 여래를 보게 되리라(무릇 모양이 있는 것은 모두 허망하다)"[116]라고 하였다. 이것을 "혜능은 무상으로 표현하고 제법 空性, 즉 모든 모양은 인연 화합으로 이루어져 있고, 모양을 갖추고 있는 모든 존재는 고정된 실체로 존재하는 것이 아니며, 그 본질이 空함을 의미한다"[117]라고 이해했지만, 그것은 사변적인 논리에 따른 귀결일 뿐이라, 깨달은 자로서의 참 각성 인식이 아니다. 언젠가는 다시 해석되어야 했나니, 그것이 곧 하나님이 밝힌 **"창조 본의 관점"** 인식이다. 無相은 현상적 질서 인식으로 추적한 귀결적 모습일 뿐이다. 바탕 뿌리는 창조 본체가 뒷받침하고 있는데, 이것을 보지 못한 탓에 空性, 곧 無相인 것으로 인식하였다. 바로잡을진대, 현상 질서 안에서 無相으로 인식한 것은 곧 만상이 화현 되어서이다. 창조된 모든 것은 반드시 존재하게 된 뿌리가 있다. 그래서 창조된 존재는 변화하고 변화해 결국은 소멸하지만, 뿌리에 해당

---

116) 『금강경』, 대정장 8, p.749a.

117) 「육조단경의 삼무 연구」, 앞의 논문, p.8.

한 본체는 불변하다.[118] 그래서 일체 모양이 진실한 모양이 아님을 안다면 곧바로 여래를 보게 되리라고 함에, 이것을 空性에 귀착시키면 여래를 보는 것이 불가능하다. 본의를 깨쳐야 여래(하나님)를 볼 수 있다. 그래서 이와 같은 명제를 다시 고쳐 말할진대, 만약 모든 형상 있는 것이 형상 있는 것이 아님을 알면, 곧바로 창조 본체를 꿰뚫게 된다. 진정 인류의 깨달음 목표가 그렇게 되어야 한다. 중국적 사유에 있어 體 없는 사고, 연기, 현상, 존재, 色, 진리, 자성은 있을 수 없나니, 그것이 그대로 창조 본의에 근접한 인식이다.[119] 따라서 혜능이 佛法으로의 기연이 된 "머무는 바 없이 그 마음을 내라"라고 한 것은, "모든 法은 무자성한 空이기 때문에 안과 밖의 어떤 대상에도 마음을 점획해서는 안 된다"[120]란 의미가 아니다. 현상적 질서 조건을 초월해서 만물, 만상, 만생을 낼 수 있는 창조 본체로 깨달아야 한다. 모든 것은 자체가 받아들이기 나름이므로, 혜능 역시 어떻게 佛法에 기인해서 깨달음을 얻은 의미를 받아들인 것인지는 알 수 없지만, 이 연구가 밝힌 창조 본의에 근거한 깨달음은 얻지 못한 것 같다. 혜능이 깨달음을 얻은 覺者인 것은 분명하지만, 그 순간에도 잠재되어 있었던 창조 본체까지는 꿰뚫지 못했다. 그래서 이 연구의 열린 가르침이 바로 그와 같은 선각들이 깨달아야 할 마지막 길을 틔워, 그들마저 완전하게 깨우쳐 성스러운 하나님의 창조 세계로 인도하고자 한다.

---

118) 無相은 현상적인 모습이 변화하고 변화해 소멸함에 대한 귀결 인식이다. 하지만 이 같은 인식이 사실은 본체 뿌리를 보지 못함에 따른 한계 인식일 뿐이므로 현상적 모습과 본체적 뿌리를 함께 알아야 한다. 그래서 현상적 변화에만 국한한 인식은 불변한 본체를 간과한 인식이 된다.

119) "『육조단경』에는 무념으로 종지[宗]로 삼고, 무상을 체(體)로 하며, 무주[住]로서 근본[本]을 삼는다."-「중국 초기 선종의 성립에 관한 고찰」, 앞의 논문, p.103.

120) 「육조단경의 삼무 연구」, 앞의 논문, p.8.

부처님의 설법을 담은 경전을 보면 진제보다는 속제에 관한 가르침이 대부분을 차지한다. 대승 경전에서도 연기법, 空性을 깨달아야 생사윤회를 해탈할 수 있다고 했지만, 정작 수행하는 방법 면에서는 속제 문제를 해결하는 데 더 집중했다. 그렇지만 선불교만큼은 수행 목표를 견성하고 성불하는 데 집중함으로써 수행법이 진제를 깨닫고자 한 목표와 일치된 방향으로 나아갔다. 그도 그럴 것이, **인도 불교는 논리적, 사변적인 깨달음을 지향했다면 선불교는 직관적, 의식적인 깨달음을 추구했다고 할 수 있다.** 즉, "깨달음의 의미는 연기의 구조를 깨닫는 것이고, 부처님이 설한 法역시 연기의 세계를 들어 보이는 것이다."[121] 일체의 존재는 시간적, 공간적으로 불변적 속성이지만, 독립된 실체가 없으므로 空하다고 하는 것은 사고를 통한 논리 추적 결론이지, 깨달음을 통해 구한 직관적 통찰이 아니다. **연기 구조는 사고로 판단하는 것이고, 본체 구조는 직관으로 직시하는 것이다.** 차이가 분명한데, 연기적 구조는 주어진 현상적 조건을 통해 확인하고 이해하면 되므로 굳이 깨달아서 구할 것까지 없다. 이것은 불교가 수행적 방법으로 표방한 깨달음의 목적과는 배치되므로, 이것을 선불교가 바로잡았다. 다시 말해, "부처님이 체득한 불교 법문은 인도 전통의 우파니샤드의 브라만교 교설인 범아일여의 知를 터득하고자 한 요가 실천법과 달리, 생로병사의 생사윤회 원인을 관찰하는 사유 방법과 일체 만물이 존재하는 것은 인과 연의 결합으로 이루어진 연기의 법칙을 깨닫는 데 중점을 둔 것이다. 몸과 마음을 집중하여 만법의 근원인 진리를 관찰하여[觀] 깨닫고, 반야의 지혜를 체득하여 생사윤회의 고통과 괴로움의 근원을 찾

---

121) 『강의』, 앞의 책, p.474.

아 제거하여 영원한 해탈을 이루도록 한 수행을 강조한 것이다."[122] 하지만 선불교에 이르러서는 양상이 완전히 달라진다. 깨달음으로 연기의 因을 소멸시키는 것은 지극히 인위적인 것이므로(사변적) 의식(본성)적으로 나아가야 했다. 그 자성 견성의 목적이 바로 일체를 말미암게 한 창조 본체이다. 이처럼 佛法의 대의를 깨닫고 正法으로서의 조건을 구족했을 때, 중생심의 번뇌 망념으로 고통받는 心病을 진단하고, 발심 수행하여 본래 청정한 진여 본성, 곧 창조 본체를 깨달아 회복할 수 있나니, 일체법의 진실한 실상을 여법하고 여실하게 볼 수 있다.[123] 이를 위해 "선불교는 깨달음의 목적으로서 중생심의 모든 차별심, 분별심과 二元의 상대적인 대상 경계를 초월하여 어떤 대상 경계의 존재나 사물과의 구분을 없애고, 본래 청정한 진여 일심의 지혜로 일체법을 통섭하여 不二 일체의 경계를 이루고자 하였다. 그래서 『육조단경』에서는 일체중생이 본래 구족한 자성의 본래 청정함을 깨달아야 한다고 했나니, 그것이 다름 아닌 창조 본체와 본의이다. "만약 본래의 마음자리를 알면 곧 해탈이요, 이미 해탈을 얻었으면 이것이 반야삼매(般若三昧)이다."[124] 수행으로 창조 본의를 깨닫고 창조 지혜를 획득했다는 뜻이다. 창조 본체를 직시했을 때 비로소 불교가 제시한 일체 해탈의 조건이 충족된다. 인간의 참다운 성품을 보아서 바로 부처가 되도록 하는 것이 선불교의 기본이다. 그렇게 지향한 부처의 실체가 곧 창조 본체일진대, 이것은 분명 하나님과 함께하는 길을 선불교가 방법적으로 튼 것이다. 여기에 **"선불교"**가 표방한 돈오적 깨달음의 역할이 있다.

---

122) 『선불교 개설』, 앞의 책, p.13.

123) 위의 책, p.86.

124) 「중국 초기 선종 사상과 수행 고찰」, 앞의 논문, p.106.

돈오의 분명한 목적이 "자기의 본마음이 바로 부처의 마음이며, 자신의 본래 성품이 곧 부처의 성품임을 깨닫는 일"[125]이라고 함에, 자신의 본마음과 본래 성품(자성)이 바로 하나님의 본체로부터 창조되었다는 사실은 현상의 온갖 제약을 넘어 직시하는 것이 해탈할 수 있는 조건을 충족시킨다. 이것이 깨달음의 궁극 목적이라, 나를 있게 한 창조 본체를 견성해야 깨달음의 목적은 물론이고 道, 法, 본성 창조관을 모두 완성할 수 있다. "돈오, 그것이 일체의 분별 알음알이를 떨쳐버리는 궁극의 해탈(구경각)이다."[126] 일체의 분별 알음알이를 떨쳐버리는 것은 연기적인 분열 질서를 꿰뚫는 직관이다. 현상계와 차원이 다른 본체계를 직시하는 것이 돈오의 진정한 진리 인식 목적이고, 그것은 그대로 우리와는 존재한 질서 차원이 다른 하나님을 뵈올 수 있는 지름길이다. 그래서 선불교가 표방한 대표적인 종지가 "문자를 활용하지 않고 곧바로 앉아서 자성 자리를 꿰뚫어 보는 수행법이다."[127] 이런 "돈점 사상은 연기적인 인도 불교와 다른 중국 불교(선불교)의 독자적인 사고이다."[128] 그래서 해탈은 업의 근원을 끊는 것을 넘어 현상 질서의 제약과 장애를 극복하고 차원이 다른 본성에 도달하는 경지이자, 모든 번민을 끊은 영원한 삶을 일컫는다. 이것은 분명 무아, 무자성 사상과 배치된다. 영원한 생명이 보장되는 삶의 세계를 의미함에, 佛法은 바로 이 같은 세계 획득 목적을 지향해야 한다. "사대개공(四大皆空)과 지수화풍이 모두 본질에서 空하다는 것을 깨닫는 것"[129]과는 차원

---

125) 『돈점 진리 담론』, 박태원 저, 세창출판사, 2017, p.29.

126) 위의 책, p.40.

127) 「능가경에 나타난 선 사상에 관한 고찰」, 앞의 논문, p.1.

128) 「중국 초기 선종 사상과 수행 고찰」, 앞의 논문, p.114.

129) 『반야심경』, 앞의 책, p.195.

이 다른, 자성을 깨닫는 것은 모든 면에서 불교 진리의 추구 결과를 갈래 짓는다. 불교 진리 전체가 새로운 방향으로 나가지 않을 수 없다. 佛法이 발원된 지가 언제인데 아직도 "만상은 실이 없어 공허한 것이고, 어느 한 순간도 고정되어 있지 않고 부단히 변화하다가 결국 멸하고 만다"[130]라고 탄식하면서 주저앉아 있을 것인가? 새로운 수행 원리와 깨달음 방법을 모색하지 못하면 만 중생이 정법, 즉 창조된 본래 자리에 안착하지 못해, 이것이 바로 죽어서도 영혼이 구천을 떠도는 윤회의 진정한 굴레가 된다.

선불교를 포함한 선천 불교는 열린 가르침으로 지침한바 창조 본의에 근거해 새롭게 혁신되어야 하나니, 그 변화의 주도권을 유물주의로 일색된 현재의 중국 불교, 그리고 인도 불교를 통해서는 기대하기 어렵다. 그렇다면? 유구한 창조 세월을 거쳐 도달한 끝자락에서 아직도 수행인의 정신 맥이 살아 숨 쉬는 한민족이 그 역할을 주도해야 하리라. 그런 역사 추진의 정맥 방향을 꿰뚫은 이 연구는 하나님의 본의 뜻을 받들어 새로운 불교 진리의 혁신을 주장하였다. 부처님이 창립한 인도 불교도, 중국인이 정립한 선불교도, 소태산이 세운 원불교도 아닌, 미래 인류를 보편적으로 구원하고, 하나님의 나라로 인도할 제3의 **"통불교 진리"**를 개창하게 되리라.

---

130) 『부처님이 계신다면』, 앞의 책, p.7.

제33장 기독교 진리

1. 기독교 신앙의 한계 틀

　지난주부터 화려하게 피어난 벚꽃이 일주일이 지나자 스치는 바람에 우수수 휘날리고 있다. 화무십일홍이고 생자필멸을 모르는 바 아니지만, 인간은 자신의 그 마지막 삶이 언제인지를 모르는 탓에 산 자로서의 삶을 끝까지 지키려 하고, 삶에 대한 미련의 끈을 놓지 않으려 한다. 지구상의 어떤 인물, 권력, 나라도 그 영광을 영원히 지속한 경우는 없다. 사상, 종교, 이념, 문명 영역도 마찬가지이다. 진리가 영원한 것이라면 바로 이 같은 역사적 사실에 어김이 없었다는 사실 자체에 있으리라. 하지만 인간의 본성상 마지막 순간을 맞이하기까지는 현재 존재한 삶의 상태에 안주하려 하고, 안위를 누리려 한다는 데 있다. 바로 기독교란 종교가 그러하다. 기독교가 발흥한 지가 언제부터인가? 수많은 왕조와 제국은 명멸한 역사 과정을 거쳤지만, 수십 세기를 지나서도 기독교란 진리 맥은 건재하지 않은가? 과연 그러한가? 지구상에 존재한 어떤 유형, 무형의 역사적 대상과 존재도 떠오른 태양은 지고 마는 질서 속에 있는 것일진대, 기독교 진리도 서서히 잠식되는 한계성의 그림자, 결코 영원할 수 없는 종말성 요인을 냉철하게 짚어내어야 한다. 그리해야 당면한 **"기독교 신앙의 한계 틀"**을 극복한 새로운 기독교 역사, 곧 이 땅에 강림하실 하나님의 지상 강림 목적에 부합하는 보편적인 구원 역사를 도모할 수 있다. 삶의 마지막 불꽃이 사라지기까지는 누구도 죽음을 실감할 수 없는 것처럼, 기독교의 가르침을 절대적인 진리로 믿는 신앙인은 인정할 수 없는 사실이겠지만, 역사상 명맥을 이은 현 체계로서의 기독교 진리가 그대로 영원하게 지속하기는 어렵고, 때가 이르면 한계성에 도달하리라는 것은 기독교란 종교를 태동시킨 경전, 교리, 신학적 전통 등이 이미 그렇게 드러날 결과성 요인을 사전에 배태하였다.

"콕스는 지난 이천 년 동안의 기독교 역사를 3단계로 나누어 설명했다. 첫 단계인 신앙의 시대(1~3세기)에서 초기 기독교인들은 예수를 믿는 것보다 예수의 가르침을 행하느냐를 중요시했다. 두 번째 단계는 믿음의 시대(4~20세기)인데, 로마 제국의 통치 수단으로써 선택된 기독교는 善과 惡, 나와 너, 정통과 이단을 구별하는 데 역점을 두었다. 이 기간에 기독교는 정통과 올바른 가르침에 집중하여 주도권을 유지하는 데 집중하였다."[1] 이것이 문제이다. 이때부터 기독교는 여러 가지 측면에서 더는 변화할 수 없는 경색된 방향으로 나아갔다. 하지만 생성하는 세계는 변하고 또 변하는 법이다. "15~16세기의 르네상스, 종교개혁과 그 여파인 과학 혁명으로 유럽은 새로운 기독교를 요구했다. 그러나 30년 전쟁(1618~1648)에서 드러났듯, 자체 이데올로기에 매몰된 근본주의가 세를 부리기 시작했다. 하지만 21세기에 들어서면서 이러한 근본주의적 기독교는 점점 세력을 잃고 있다. 이런 추세는 거의 세계적 현상이다. 그래서 콕스는 오늘날의 기독교는 세 번째 단계인 영성의 시대에 진입했다고 주장했다. 점점 많은 기독교인이 도그마와 교리를 무시하고 종교 간의 울타리를 걷어치우

---

1) 『인간의 위대한 질문』, 배철현 저, 21세기 북스, 2015, p.16.

고 있어, 콕스도 앞으로는 영성이 조직화한 종교로 대체될 것이라고 선언했다."[2] 그렇게 예단한 영성 시대가 무엇인지 구체적으로 설명하지는 못했지만, 그것은 분명 영원할 것만 같았던 기독교 신앙의 저무는 태양을 바라보면서 내일에 새로운 태양이 떠오를 것을 기대한 판단인 것만은 분명하다. 이 같은 결과를 초래한 원초적(본질적)인 원인은 과연 어디에 있다고 생각하는가? 기독교 신학은 主 예수를 하나님의 독생자로서 신격화하는 데 주력했지만, 그 같은 神적 본질 승화가 만유, 만 진리, 만 역사, 만 영혼을 규합할 수 있는 하나님의 창조 본체자체는 아니다. 당연히 타 진리, 타 종교, 타 문화를 포용해서 통합하고자 한 노력과 교리 생성 발자취는 그 어디에도 없다. 많은 부분에 있어서 결함을 안고 출발한 신앙인 탓에, 자기 앞가림과 신앙적 아성을 방어하는 데 급급했다. 통합보다는 이단을 척결하는 데 더 혈안이 되었다. 그러니까 때가 이른 오늘날 세계적인 한계성에 봉착했다.

"4~5세기에 기독교가 본격적으로 등장한 이래 중세 천년의 세월 동안 유럽 사회는 세계 역사를 인간이 아니라 온통 神의 의지가 작용한 결과로 바라보게 되었다."[3] 하지만 현재의 대다수 인류도 그렇게 보는가? 믿음과 신앙이 그처럼 보편적이지 못한 것이라면, 이유는 무엇인가? 기독교는 하나님을 신앙한 종교인데도 창조주인 하나님의 본체를 드러내고자 한 노력을 등한시하였다. 결과로 르네상스 이후 본격적으로 발견되기 시작한 자연과학적 진리를 수용할 수 없게 된 한계성에 직면했다. 급기야 18세기에 이르러서는 하나님의 존재성을 뒷받침한 본유 관념, 직관주의, 그리고 계

---

2) 위의 책, p.17.

3) 『생각의 역사』, 피터 왓슨 저, 남경태 저, 들녘, 2018, p.24.

시를 전면적으로 거부한 사태를 맞이하고 말았다.[4] 오랫동안 그들은 교회에서 울려 퍼지는 종소리를 들으면서 평생의 삶을 영위하였는데, 오늘날은 세상이 온통 세속화되어 버렸다고 할까? 세속 신학자 반 퍼어슨은 "세속화는 세계에 대한 종교적, 또는 유사 종교의 이해로부터 세계를 풀어 놓는 것이고, 폐쇄된 모든 세계관을 헤쳐 버림이며, 모든 초자연적 신화와 거룩한 상징을 깨뜨려 버림이다"[5]라고 하였다. "사람들은 점점 우주와 세계에 대해 근대 과학이 제시하는 설명과 기독교가 전하는 가르침이 조화를 이루지 못한다고 느끼게 되었고, 근대 초기가 되어서는 기독교 세계가 붕괴하기 시작해, 기독교가 전하는 일체의 가르침에 대해 신뢰도가 떨어져 버렸다."[6] 자타가 인정하듯, 기독교는 하나님의 창조 역사 뜻을 받든 주맥 종교인 것이 분명할진대, 세계가 종말을 맞이한 오늘날 인류 영혼을 빠짐없이 구원해야 할 대의적 역사를 눈앞에 두고 그대로 주저앉을 수는 없다. 돌파구를 찾아 한계성을 극복해야 하고, 이전보다 더 영광된 신앙 세계를 건설해야 한다. 그 길을 트기 위해 오늘날, 이 땅에 강림하신 하나님이 열린 가르침으로 권고하노니, 세상이 기독교 신앙을 버리고 세속화된 원인이자 창조 섭리의 주맥인 기독교가 자체 구축한 외골수 신앙과 교리로부터 탈피하는 것이 급선무이다. 그것이 결코 쉬운 일은 아니겠지만, 새로운 신앙 세계를 확보하는 길은 바로 지금까지 지켜온 신앙 세계를 버리는 것이다. 만 인류를 구원하고 만 진리를 포괄하기 위해서는 기독교 신앙이 지금까지 구축한 세계관적 틀을 과감하게 깨뜨리고 벗어나는 것이

---

4) 위의 책, p.24.

5) 『기독교 명저 60선』, 앞의 책, p.372.

6) 『그리스도교 역사와 만나다』, 앞의 책, p.466.

필수 조건이다. 그것은 정말 역설적이다. 이전까지는 유일 신앙을 지키는 것이 신앙적 정의를 이루는 길이었지만, 지금은 버리는 데 신앙적 정의를 지키는 길이 있다.

돌이켜 보면, 전통적으로 기독교를 수호한 신앙인들은 일관되게 시대적 상황을 초월하여 유일신 신앙을 앞장서 고취하였다. 사도 바울은 우리는 "모든 생각을 사로잡아 그리스도께 복종시켜야 한다(고후, 10: 5)"라고 하였다. 또한, 성 아우구스티누스는 『신국론』에서 강조하길, "하나님에 관한 지식은 오직 그리스도를 통해서만 얻을 수 있다"[7]라고 했다. 이 같은 주장이 기독교 신앙이 처한 세계적 조건 안에서는 절대적일 수 있지만, 하나님의 지상 강림 본체가 드러난 **오늘날은 主 예수를 주축으로 한(성자 시대) 신앙적 패러다임으로서는 인류의 보편적인 구원 역사에 있어 한계가 있다.** 지금 손에 쥐고 있는 것을 내어놓지 않으면 새로운 것을 잡을 수 없다는 것은 어디서도 적용되는 자명한 원칙이다. 기독교가 만민을 구원할 하나님의 대명을 수행하기 위해서는 기존에 쥔 그리스도를 향한 유일 신앙을 버려야 하는 것이 필수 조건이다. 그럴 수 없다면 불교인, 유교인, 이슬람인……을 빠짐없이 구원할 수 없다. 主 예수가 이후부터는 더 이상 하나님을 향한, 하나님에게로 통하는 유일한 길이 될 수 없다. 이전까지는 하나님이 오직 예수그리스도만을 통해 세상 위로 드러날 수밖에 없었지만, 지금은 하나님이 이 땅에 강림하신 만큼, 세계와 신앙적 조건이 완전히 달라졌다. 기독교가 자체 신앙만으로 세계를 복음화해 뭇 영혼과 진리와 문명을 일색시키고자 한다면 그것은 제2의 분서갱유 역사 재현이다. 진시황 때의 이사는 분서갱유를 통해 사상의 통일을 꾀했고, 한무제 시대의 동중

---

7) 『지도로 보는 세계 사상사』, 앞의 책, p.18.

서는 정치적 통일을 견고히 하고자 제자백가를 축출하고 유교만 존중하였는데,[8] 그러한 시도는 어떤 역사적 결과를 낳았는가? 그들의 통일 시도 단행은 한계성을 지닌 세계관의 자구책일 뿐이다. 창조된 세계는 화현 된 결과 세계인 만큼, 폭 좁은 세계관으로 만개한 다양성을 획일화시키고자 하는 통일 노력(유일화)은 역사적인 正道가 아니다. 보다 포용성을 확대해서 종국에는 세계의 다양성을 통합하는 방향으로 나가야 한다. 그런데도 유일 신앙을 계속 고집한다면, 그것은 결국 선천 **"기독교 신앙의 한계 틀"** 에 기인한 것일 뿐이다. 이것은 인류를 보편적으로 구원하고자 한 하나님의 섭리 뜻에도 어긋난다. 그런데도 무리한 신앙관을 계속 지키려 하다 보니 상식에도 반한 역사적 죄악을 반복해서 자행하고 말았다. "사실상 현대 물리학으로 가능해진 모든 핵무기보다 종교의 이름으로 학살당한 이가 더 많았다. 십자군 전쟁으로부터 홀로코스트에 이르기까지, 종교는 善과 사랑의 도구라기보다는 증오의 도구로 더 많이 쓰였다."[9] 기독교 신앙에 의한 자칭 이단의 처단 역사는 기독교의 보편화된 신앙 전통과 믿음과 교리를 부정한 견해와 사상과 신념의 돌출에 있다. 하지만 이러한 이단성을 도출시킨 원인을 제공한 것도, 그것을 기필코 수호하고자 죄를 부른 것도, 결국은 기독교 신앙을 뒷받침한 진리의 한계성 탓이다.

이에, 하나님이 열린 가르침의 권능으로 지침하고자 하는 기독교 신앙의 새로운 진리 세계 건설 방향은 하나님이 이 땅에 강림하심에 따른 필연적 대의이다. 하나님이 본체를 드러낸 이상, 선천 질서를 지탱한 일체의 신관, 신앙관, 교리관, 진리관, 역사관은 지평 너머로 사라지고, 전혀 새로

---

8) 『유교는 종교인가(1)』, 앞의 책, p.20.

9) 『세계관의 전쟁』, 디팩 초프라 · 레너드 믈로디노프 저, 류운 역, 문학동네, 2013, p.31.

운 하늘 질서를 맞이하게 되리라.

2. 복음의 진리 추적

主 예수가 사역한 일체의 결과에 대한 의미는 예수가 생각하고 판단하고 실행한 탓에 주어진 것이지만, 이면에는 하나님이 역사하므로 결과 지어진 것이기도 하다. 그런데도 한편으로는 그렇게 역사한 결과에 대해 그렇게 역사한 뜻을 판단해서 해석한 인간의 의도까지 더해져 있다는 점에서, 지금까지 구축된 기독교 역사와 예수 사역과 복음의 전반적인 의미는 재고할 여지가 있다. 역사적으로 "기독교는 서기 1세기경 파키스탄 지역에서 유대인에 의해 탄생하였다. 그리고 1세기가 끝날 무렵 시리아, 이집트, 소아시아 등으로 펴져 나갔고, 후에는 그리스와 이탈리아에까지 영향을 끼쳤다. 복음서의 기록에 따르면, 예수그리스도는 천국의 복음을 전하고 인간에게 회개할 것을 권했으며, 악행을 멈출 것을 전도했다. 이런 말씀과 예수가 행한 기적은 큰 반향을 일으켰다. 그의 행적은 로마 제국 치하의 제사장들에게 치명타를 입혔고, 자리를 위협한다고 느낀 그들은 예수를 제거하기로 했다. 급기야 제자 유다의 밀고로 예수는 유대 왕국에 주둔해 있던 빌라도 총독에게 체포당한다. 예수그리스도는 온갖 모욕과 매질을 당했고, 끝내는 십자가에 못 박혀 생을 마감했다. 사도의 증언에 의하면, 예수그리스도는 죽은 지 3일 만에 돌무덤에서 부활했다고 하였다. 의심 많은 사도들에게 여러 차례 나타나기도 했다. 그들은 차츰 예수가 진실로 부활했다고 믿기 시작했고, 죽음을 이겨낸 구세주로 확신했다. 그렇

게 해서 승천 후 사도들은 예수그리스도의 말을 전파하기 시작했고, 구세주라고 선포했다. 그리고 서로 사랑하고, 그리스도의 이름을 기리며, 하나님을 경외하는 단체를 조직했는데, 이것이 바로 기독교이다."[10] 모든 것은 예수가 이룬 것이고, 하나님이 역사한 것이지만, 사실상 기독교 탄생 역사를 주도한 것은 예수그리스도가 인류의 죄를 사하기 위해 기꺼이 십자가에 매달린 것이라고 믿고, 인류 구원에 대해 희망을 얻은 인간들의 믿음에 의해서이다. 예수 자체만을 놓고 본다면, 그의 사역 의도는 반대자들의 세력에 부딪혀 좌절된 것이다. 십자가 죽음 이후의 역사는 전적으로 예수가 남긴 의미와 그것을 따른 추종자들의 믿음에 의존했다.

예수가 사역한 공생애 동안 말씀한 복음도 마찬가지이다. 신약 성경에도 예수가 한 말씀은 특별히 빨간 글씨로 나타내고 있는데, 예수는 복음을 땅끝까지 전파하라고 한 마지막 유지를 남기고 승천하였다. 그래서 기독교가 표방한 "예수가 인간의 죄를 사하기 위해 대신 피를 흘린 것이란 십자가 희생의 의미 규정은"[11] 순전히 인간적인 관점에 의한 이해 해석이다. 예수가 생전에 그런 뜻을 직접 말씀으로 밝혔다면 모르되, 사후 사역에 관한 결과를 종합한 판단인 탓에 예수의 직접적인 의도와는 거리가 있다. 그렇다면? 인간의 믿음, 경험, 주관적인 이해가 더해졌다는 점에서 때가 이른 오늘날은 과연 당시에 가진 판단과 이룬 해석이 합당한 것이었는가에 대한 통찰이 필요하다. 설사 예수의 복음과 다른 인간적인 의도가 가미되었다고 해도, 또 한편으로 인간 영혼은 하나님의 구속 의지 안에 있고, 하나님이 성령으로 역사한 바라, 그것이 전적으로 인간만의 의사에 의한 규

---

10) 『지도로 보는 세계 사상사』, 앞의 책, p.171.

11) 위의 책, p.171.

정이라고 할 수는 없다. 예수 사후의 기독교 역사는 예수가 직접 행한 사역이 아니라고 해서 하나님이 이룬 역사가 아닌 인간의 역사라고는 할 수 없지만, 그래도 복음을 수용하고 해석하는 과정에서는 인간이 이룬 경험과 가진 생각과 사고적 특성, 문화적 전통, 세계적 조건 등이 영향을 미치지 않을 수 없다. 그래서 재고한다면, 기독교가 결론 내린 제반 역사에 대한 의미 규정과 해석이 예수의 직접적인 뜻과 더 나아가서는 하나님께서 주관한 뜻과 합치되는가? 다시 말해, 하나님의 뜻대로 기독교 역사가 펼쳐졌는가 하는 문제는 여러 가지 제약 조건으로 그렇게 해석하고 판단한 탓에 그렇게 진행 중인 역사 과정에서는 누구도 잘잘못을 파악하기 어렵다. 그렇게 결정된 방향과 의미대로 진행 중인 역사 안에서는 그 자체가 전부인 진리요 길이요 생명이라, 그렇게 규정한 것 외의 다른 사역 의미와 복음에 관한 해석은 확인될 수 없다. 오직 판가름할 수 있는 것은 그와 같은 방향으로 추구해서 이룬 믿음과 신앙과 해석 역사가 결과를 드러내었을 땐데, 그때가 하나님이 지상 강림 본체를 드러낸 이 순간이다.

올림픽을 대비해 밤낮으로 땀 흘린 선수들은 경기에서 딴 메달 빛깔이 성과를 말하듯, 기독교 이천 년 역사가 오늘날 세계 인류에게 남긴 믿음의 결과와 보편적 구원 역할 성과란? 냉철하게 가늠할진대, 과거 역사에서는 희망의 불이 타올랐다고 할지라도 오늘날이 되어서는 여력을 잃고 말았다. 하지만 하나님이 창조 이래 섭리한 의도 뜻은 결코 그런 것이 아닐진대, 이 시점에서 가늠할 것은 도대체 기독교 이천 년 역사가 어디서부터 하나님의 창조 목적과 주재 본의에 어긋난 것인지를 발견하는 것이다. 나그네가 길을 잘못 들었다면 그런 사실을 확인한 순간 가던 길을 멈추고 다시 돌아서야 하듯, 기독교 역사의 결과가 하나님의 섭리 뜻과 어긋난 사실을 확인하였다면, 열린 가르침이 권고한 바를 수용해서 기독교 역사의 첫 시발점인 예수의 공생애를 알린 선포 말씀으로 돌아가 미래의 기독교 역사를 그로부터 재설정해야 한다. 때가 되므로 예수께서 요단강에 이르러 …… 성령에게 이끌리어 마귀에게 시험을 받으러 광야로 가사 …… 시험을 물리친 후 가버나움에 가시어 이때부터 예수께서 비로소 전파하여 가라사대, "회개하라. 천국이 가까왔느니라(마, 4: 17)." 여기서 "예수가 선포한 천국, 즉 하나님 나라는 성경의 최대 주제이자, 예수가 전파할 핵심 메시지이다."[12] 복음이 기쁜 소식인 이유도 예수가 "하나님 나라의 도래를 선포했기 때문이다. 그래서 이 땅에 새로운 하나님의 질서(나라)가 임한다는 말씀은 예수의 사명과 아이덴티티(mission & identity)의 핵을 형성한다."[13] 하나님 나라의 도래가 예수의 공식적인 선포와 함께 시작되었다. "예수의 나라는 본질에서 하나님의 새로운 통치 질서이며, 그것은 하나님과 인간 개체 사이의 인격적 관계이다."[14] "하늘의 질서는 하늘이라는 공간 속에 갇혀 있는 질서가 아니다. 반드시 땅으로 내려와 새로운 땅의 질서가 되어야만 하는 질서이다. 그런 의미에서 하늘의 질서는 타락한 질서, 즉 예수가 본 갈릴리의 현실적 질서와는 전혀 다른 것이었다."[15]

개혁해서 새로운 땅의 질서를 개창해야 함에, 그때가 지금 무르익었다. 곧, 새로운 나라의 질서로 바꾸어야 한다고 선포한 것이다. 이런 의미라면 예수의 선포 이래 전통적인 유대 신앙으로부터 새로운 기독교 신앙이

---

12) 『하나님 나라』, 박철수 저, 대장간, 2015, pp. 485~486.

13) 『도올의 마가복음 강해』, 앞의 책, p.34.

14) 위의 책, p.164.

15) 위의 책, p.163.

탄생하였으므로 땅의 질서가 전격적으로 바뀌기는 하였다. 하지만 예수가 선포한 하나님 나라의 본질적인 의미에서 본다면, 그것은 하나님이 태초에 천지 만물을 창조한 목적과 연관된 탓에, 이를 통해 새로운 하늘의 질서 도래에 대한 의미를 되새겨 보아야 한다. 과연 예수를 따른 제자들과 추종한 신앙자들은 가까이서 직접 외침을 들은 바라고 할지라도 그 뜻을 제대로 이해했는가? 그리고 오늘날의 기독교는 하늘나라의 질서를 얼마나 구현시킨 성과를 달성하였는가? 이천 년 역사를 통해 얼마나 일관되게 하나님의 나라를 건설하기 위해 노력했고, 신앙을 끝까지 지켰는가 하는 점이다. 예수가 선포한 복음의 뜻보다는 예수란 존재 자체를 신격화해 신앙화하는 데 몰입한 것은 아닌지…… 그러니까 처음 시작은 장대한 캐치프레이즈로 출발하였지만, 끝 날이 되어서는 선포 의도가 흐지부지되고 말았다. 땅의 질서는 어디까지나 하늘의 질서가 本이 되어야 함에, 그 하늘 질서를 이룬 근간은? 바로 땅의 질서를 창조한 하나님의 창조 뜻과 목적과 이루고자 한 원대한 꿈이다. 그런데도 후대의 신앙인은 그 하늘의 창조 질서와 원리와 뜻을 현실적인 삶의 가치와 진리 인식과 역사의 실현 목적으로서 초점 잡지 못했다. 그래서 지난날의 기독교 역사는 처음부터 신앙의 길을 잘못 들어섰고, 창조된 본의와 어긋났다고 판단한다. 중세 신권 질서의 기초를 터 닦은 성 아우구스티누스도 하나님의 나라(신국)와 인간의 나라를 애써 구분하는 데 급급해, 하늘의 창조 질서를 本으로 한 이 땅에서의 천국 건설 뜻과는 거리가 있었다.[16] 무엇이 과연 기독교 신앙의 정통이고 참의인가? 라고 했을 때, 우선된 판단 기준은 무엇보다도 예수가

---

16) "하나님의 도시는 인간의 도시와 다르다. 아우구스티누스가 그렇게 이야기했다."-『지식의 역사』, 찰스 밴 도렌 저, 박중서 역, 갈라파고스, 2010, p.246.

선포한 천국 도래의 의미를 바르게 이해해서 받드는 것이 핵심이다. 그것이 기독교 신앙의 정통 맥을 이루어야 하는 것일진대, 그런 계승 역사가 지금, 이 순간이라고 해서 때가 늦었거나 불가능한 법은 없다. 천국 선포의 본 의도는 그런 사실을 깨닫는 순간이 이 땅에서의 하늘나라 질서를 구현하는 기독교 역사의 새로운 첫 출발점이다.

그 선포 의도의 요지를 초점 잡을진대, 하나님 나라의 질서는 바로, 이 땅에서 하나님이 통치하는 질서 세계의 확립이다. 그것이 분열된 인류 사회를 규합해서 하나 되게 하고, 타락할 대로 타락한 땅의 질서를 종식할 만한 영혼의 보편적인 구원 목적을 달성하는 길이다. 기존 신앙, 기존 질서, 기존 신관과 다름에, 그것이 이 연구가 선언한 지상 강림 역사 시대의 도래이고, 성령의 시대 개막이다. 예수가 선포한 하나님의 나라를 이 땅에서 구현하기 위해 하나님이 직접 강림하셨다. 지금까지 이룬 기독교 역사를 통틀어 무엇을 미래 역사의 추진 동력으로 삼고 계승할 것이냐고 했을 때, 이 땅에서의 하나님 나라 도래 때를 구체적으로 알게 하는 것이 하나님과 예수와 만 인류가 지향해야 할 일치된 역사 추구 목적이다. 그런데도 그것이 지난날은 세계적인 조건이 미비한 탓에 예수의 첫 선포는 하나님의 천지 창조 목적을 초점 잡고 인류 역사의 추구 대의를 표명한 것이었지만, 기독교 역사가 출발한 단계에서는 발아된 싹에 불과했다고나 할까? 예수마저도 하나님 나라에 들어가는 전제 조건으로 회개해야 한다고만 했을 뿐, 그 나라를 어떻게 건설해야 한다는 지침이 없었다. 하늘나라가 어떤 나라인가에 관한 본의적 개념을 개진하지 못했다. 그러니까 예수를 따른 제자들도 복음 선포 자체의 의미보다는 예수의 神적 사역 의미를 밝히는 데 더 주력하였다. 하나님 나라에 대한 인식이 부족하다 보니 부수된 다른 의미 가닥을 붙들었다. 더하여 사도 바울은 역사적인 예수보다도 예수가 부활하심으로 구세주가 되었다는 사실에 주안을 두게 됨으로써, 공관 복음서에 나타난 하나님 나라 복음과 십자가 복음과는 사뭇 차이가 있게 되었다. 그것은 예수의 공생애를 경험하지 못한 사도 바울의 관념화된 복음 탓이기도 하며, 기독교 신앙의 초석을 다진 업적만큼이나 천국 선포의 창조적 본의 의도와 어긋나 버린 선천 기독교의 한계적 신학관을 이루고 말았다.

"사도 바울의 선교 열정과 해석 위에서 기독교라는 세계적인 종교가 탄생했다는 것은 모두가 인정하는 사실이다. 하지만 일부 신학자 중에는 바울의 그리스도론과 실제 존재한 역사적 예수의 가르침에는 어느 정도 차이가 있을 수 있음을 지적했다."[17] 이것은 이 연구가 내린 판단이 아니다. 그렇다면 그것은 어떤 차이인가? "실제로 예수는 생전에 자신이 神과 같은 위상을 갖추고 있다고 밝힌 적이 없었고, 그의 가르침도 지상에서 하나님의 나라를 실현하는 것과 이를 준비하는 마음 자세를 가지는 데 초점을 맞추고 있었다. 반면, 바울은 예수의 생전 가르침보다는 예수의 죽음과 부활이 하나님의 구원 역사에서 어떤 의미를 갖고, 예수가 어떤 지위를 갖는지에 집중했다. 말하자면, 구체적 현실의 예수가 바울로 인해 초월적이고 形而上學화된 예수로 변모한 것이다."[18] 이 같은 차이가 기독교를 부흥시키고 세계화했지만, 다른 한편으로는 서양 기독교로서의 세계관적 한계 요인도 동시에 발단시켰다. 마치 역사적 부처님이 직접 설한 말씀을 담은 초기 불교 경전과 열반 이후 부처님을 신격화한 상태에서의 설법을 담

---

17) 『지적 대화를 위한 넓고 얕은 지식』, 앞의 책, p.516.

18) 위의 책, p.517.

은 대승 경전과의 차이처럼…… 그렇게 해서 위상을 드높인 신앙적 대상으로서 추앙되기는 했지만, 한편으로는 그 같은 관점에 따라 의미 해석이 얼마든지 달라질 수 있다는 점에서 수십 세기를 지난 오늘날은 결과적인 관점으로 불미한 조건 속에서 그 같은 믿음과 신앙으로 차원의 강을 건넌 만큼, 이 시점에서는 그렇게 해서 지킨 신앙관을 마감하고 버려야 할 때가 되었다(타고 강을 건넌 뗏목). 그 이유는 분명하다. 기독교 역사는 처음 예수가 선포하고 초점 잡은 천국 건설이란 목적의 달은 보지 않고, 그렇게 말한 예수 자체의 존재 의미와 가치를 신격화, 교리화하는 데 더 열중했다. 그것이 역사적인 기독교가 지향한 현실일진대, 예수그리스도가 선포한 본래의 천국 도래 메시지 상태로 되돌아가야 한다. 그렇게 해야 이탈된 섭리 궤도로부터 하나님의 천지 창조 목적과 뜻을 실현하고, 역사를 완성하는 방향으로 나갈 수 있다. 그렇지 않다면, 현 상태의 기독교 신앙으로서는 그 같은 창조 목적 달성과 섭리 역사 완성이 요원하다. 기독교 신앙은 정말 예수가 선포한 천국 도래의 가르침대로 그 뜻을 정확히 이해해서 지침한 방향대로 나아갔는가 하고 물었을 때, 어느 모로 보나 메시지의 역사 추진 동력이 감쪽같이 소실되고 말았다. 그렇게 추진한 "기독교 이천 년 역사가 유대교와는 다른 기독교만의 정체성은 확립했지만",[19] 역사적 예수의 본래 메시지 의도 면에서 본다면, 유대교도 기독교도 하나님의 창조 본의를 자각해서 인류 구원 역사를 주도했다고 보기는 어렵다. 그 본의 의도가 이 연구의 증거로 하나님의 지상 강림 본체와 함께 비로소 밝혀진 바라, 이때가 되어서야 예수가 선포한 하나님의 나라가 도래할 세계적인 조건을 갖춘 것이라고 할 수 있다. 말 그대로 기독교가 기존의 하나님

---

19) 위의 책, p.518.

신앙인 유대교와 구분함으로써 새로운 신앙 질서를 창출한 것처럼, 이제는 이 연구의 열린 가르침이 기독교의 신앙 전통을 구분시켜야 할 때가 되었다. 하나님의 나라 도래란 하나님의 직접적인 통치 질서가 이 땅에서 확립되는 것이고, 하나님의 창조 권능과 영광을 온전하게 회복시킨 이상적인 나라를 건설하는 것일진대, 그 같은 지상 천국 건설은 하나님이 이 땅에 강림하셨을 때만 역사적으로 본격화될 수 있다. 그래서 지상 강림 역사 때를 기준으로 이천 년의 기독교 신관, 교리, 신앙 체제는 모두 과도기적인 역사 과정으로 밀려난 사실을 열린 가르침으로 깨닫고 메시지를 받들어야 하나니, 그렇게 했을 때 미래 인류를 보편적으로 구원할 본래의 천지 창조 목적에 부합한 지상 천국 건설 역사를 추진할 수 있다.

기독교 신앙 역사를 결정지은 요인으로서는 예수가 선포한 복음 메시지를 어디에다 초점을 맞추었는가에 있기도 하지만, 직접 행한 사역 역사의 하이라이트라고 할 수 있는 십자가 희생 의미를 어떻게 해석하는가도 포함된다. 부활한 예수를 경험한 사도 바울이 해석한 바대로, 기독교인들은 "예수가 십자가형을 받은 것은 예수가 인류의 죄를 짊어졌고, 그 죄에 대해 속죄하기 위하여 인류를 대신해서 고통을 당한 것이란 의미로 받아들였다. 이것은 죄와 자기 책임이라는 오랜 유대교 전통의 맥락 안에서 볼 때, 아주 두드러진 심오한 사상이다. 하지만 한편으로 정의와 대속이란 측면에서 보면, 지극히 이해하기 어려운 개념이기도 하다."[20] 인간 본성이 어떻게 부여되었는가 하는 것은 문화권마다 규정한 개념이 달랐다. 이것은 관점의 문제이지 절대적인 결정 영역이 아니란 뜻이다. 이런 측면에서 본다면 성경에 기록된 인류의 조상(아담과 이브) 행적을 통해 기독교가

---

20) 『세상의 모든 철학』, 앞의 책, p.216.

원죄설을 숙명적으로 받아들인 것도 문제이지만, 여기에 근거해 사도 바울이 예수의 십자가 희생을 속죄와 대속 개념으로 해석한 것 역시 재고할 여지가 있다. 인류가 아담과 이브 탓에 후손들이 원죄의 굴레를 벗어날 수 없게 되었다는 것은 불교에서 말한 업의 개념과 무엇이 다른가? 그리고 더욱 결정적인 것은 그 같은 원죄 의식 탓에 가려버린 인간 본성의 창조성에 있다. 하나님의 본체에 근거한, 하나님으로부터 부여받은 거룩한 본성을 끝까지 보지 못했다. 유교는 배우면 누구나 성인이 될 수 있다고 했고, 불교는 중생은 누구나 佛性을 가졌고, 견성하면 성불할 수 있다고 함으로써 인간 본성의 잠재 가능성을 고무한 바인데, 기독교는 아예 그 싹을 짓눌러 버리고, 예수와 교회를 통한 구원 통로만 열어놓았다. 원죄 관점에 따른다면, 바울의 해석대로 예수의 십자가 희생이 속죄와 대속 행위로서 계승될 수는 있겠지만, 부여된 본성에 대한 이해가 잘못된 것이라면, 그것은 예수가 인류의 죄를 짊어지기 위해 희생을 택한 것이기 이전에 인류가 저지른 객관적인 사실 그대로, 인류가 얼마나 욕심에 찬 타락하고 어리석은 죄인인가 하는 사실을 증명할 뿐이다. 처음 창조된 본성은 순수한데 세월이 지나는 동안 얼마나 타락한 지경이 되었는가 하는 것은 역사적인 확인이 필요한 문제였는데, 하나님의 독생자인 예수그리스도가 희생적인 모험을 감행했다. 하나님은 소돔과 고모라 성을 멸망시킬 수밖에 없다고 보았지만, 아브라함은 인간적인 안목에서 의인을 구하고자 한 조건을 내세웠던 것처럼, 예수가 인류의 죄악 상태를 입증하기 위한 실험 대상으로서 앞세워졌다. 그것이 예수그리스도가 인류를 구원하기 위해 행한 거룩한 희생 뜻이다. 예수는 인류의 죄악을 대속하기 위해 죽음을 향해 형극의 십자가를 짊어진 것이기 이전에, 인류가 더는 용서할 수 없는 죄인이란 사실을 확인시키기 위해 하나님의 독생자로서 희생의 최전선에 나섰다. 이런 해석 위에 서야 인류가 저지른 죄악 행위가 백일하에 드러나고, 잘못을 깨닫게 되므로 속죄를 통한 인간 본성의 전환점을 이룰 수 있다. 그런데 **"대표 희생"**이 아닌 **"대속 희생"**으로 해석한 결과, 인간이 저지른 죄악을 예수가 대신 짊어지고 간 것으로 받아들여 예수는 거룩한 성자로서 승화되었지만, 인간은 자신들이 저지른 잘못을 깨달아 용서와 속죄로 본성을 다시 회복하는 길과는 거리가 멀어져 버렸다. 무슨 말인가 하면, 직접 죄악을 각성해서 직접 죄악에 대해 속죄하고 직접 구원을 얻는 역사를 실감할 수 없게 되었다. 일체 절차가 말 그대로 대속되고 대리화 된 탓에 구원 역사도 간접적인 절차로 나가 버렸다. 이처럼 대속 의미를 앞세운 본성 구원 절차는 그야말로 직접 이루는 것이 아니고, 예수그리스도가 어떻게 인류의 죄악을 대속하게 된 것인가를 경험함이 아니라 머리로서 이해하는 절차인 탓에, 이것은 불교의 연기법처럼 사변적인 방법을 통해 구원의 길을 지침한 것이다. 생명력을 가진 구원 역사는 그런 것이 아니다. 하나님의 살아계신 실존성과 역사성과 진리성과 차원성을 삶의 과정에서 성령의 역사로 체득해서 깨닫는 것이다. 우리는 이천 년 전 하나님께서 사랑하는 독생자를 인류 역사의 현장에 직접 던지신 뜻과, 형극의 고통을 감수하면서 사역을 완수한 그리스도의 희생 뜻을 정확하게 가닥 잡아야 한다. 그리해야 향후의 기독교 진리가 예수그리스도의 사역 완수 의미와 복음의 진의 위에서 만 인류를 보편적으로 구원할 수 있는 동력을 다시 생성시킬 수 있다.

대속이든 대표이든 인류는 독생자를 희생시킨 당사자인 탓에 자나 깨나 죄인의식을 가지고 속죄할 방도를 찾아야 하는 것은 지울 수 없는 과제이다. 하지만 향후의 보편적인 구원의 역사를 펼치는 데 있어 대속 의식은 결국 관념적인 탓에 제약이 있지만, 대표 의식은 인류가 직접 자기 잘못을 주체적으로 깨닫게 하는 절차인 탓에 직접적인 구원의 길을 연다. 그것이 예수의 십자가 희생을 통해 모든 역사를 주관한 하나님의 섭리 뜻을 깨닫는 길이다. 기독교 진리가 미래 역사에서 새로운 구원 역할을 수행하기 위해서는 이 같은 사역 의미를 각성해야 한다. 역사적 예수와 초월적 예수를 구분하고, 초월적인 예수를 통해 이룬 기독교 역사의 종합적인 결과를 진단하면서 역사적 예수가 남긴 복음의 진의를 재고해야 한다. 즉, 예수의 십자가 희생이 이전에는 예수가 인류의 죄악을 대속한 은혜를 감득하는 구원 방식이었다면, 오늘날 이 연구가 제시하고자 하는 죄악의 직접 각성 방식은 인류가 예수를 희생시킨 죄악의 주체자라는 사실을 깨닫는 데 있다. 바로 이와 같은 인류 죄악의 현 실체를 오늘날 강림하신 보혜사 하나님이 가르침의 권능으로 일깨우고자 하신다. 인류가 독생자를 희생시킬 만큼 죄악을 저질렀는데도 그런 죄악을 깨닫지 못하는 어리석음을 깨우쳐 죄악 상태를 벗어나게 하는 데 하나님의 열린 가르침과 인류 구원의 보편적인 당위성이 있다. 이것이 향후 기독교 진리가 추구해야 할 과제이고, 인류를 빠짐없이 구원하는 역사의 대로(大路)이다. 오늘날의 결과가 대변하듯, 과거의 대속 원리로서는 인류 영혼을 일부밖에 구원하지 못했다. 인류가 죄인인 것은 인류의 타락과 욕심과 무지가 핵심 된 요인이다. 이런 사실을 깨닫지 못한다면 앞으로도 역사는 얼마든지 반복되고 재현될 수 있다. 성육신한 하나님의 역사를 분별하지 못하고 대못을 박아 희생시켰나니, 그 대죄를 어떻게 할 것인가? 그렇게 저지른 역사적인 죄악에 대해 속죄하고 창조 본성을 온전하게 회복하여 하나님 앞으로 나아갈 기회를 부여하고자 하는 것이 열린 가르침이 밝히는 기독교 진리의 새로운 출발 역사 기대이다. 부처님의 속제 가르침처럼 예수는 살아생전에 행한 사역 역사와 가르침을 통해 "가난한 자, 고통스러워하는 자, 절망에 빠진 자 등, 당시의 절대다수 사람에게 희망과 사랑을 심어 주었나니",[21] 그 사랑의 실천 메시지가 곧 미래 역사에서 온전하게 구현해야 할 복음의 참 메시지이다. 사랑은 하나님이 천지를 창조한 역사의 변함없는 참 본의이나니, 복음의 그 순수한 뜻과 정신을 받든 하나님의 나라를 기독교가 이 땅에서 주도적으로 건설해야 하리라.

3. 예수의 신적 본질 진의

예수의 神적 본질을 증거하는 것은 예수의 사역 당시 제자들 간에 있어서나 중세 초기 교부들이 기독교 신앙을 신학적으로 뒷받침하는 과정에 있어서나 오늘날에도 핵심 된 해결 과제이고, 기독교 진리의 중심 문제이다. 이것을 제대로 증거하지 못한 탓에 유대교, 이슬람교와 갈라선 바이고, 기독교 문화권 안에서도 숱한 이견과 설이 난무했다. 겨우 삼위일체설의 정립으로 논란은 일단락되었지만, 그렇다고 해서 예수의 神적 본질이 진리적, 원리적, 본질적으로 입증된 것은 아니다. 그렇다면 현대 신학은 이런 문제를 어떻게 다루었고 확실하게 해결하였는가? 그렇지 못한 것은, 그 이유가 예수 스스로가 미완인 과제로 남긴 탓이다. 이렇듯 **"예수의 神적 본질 진의"**를 밝혀서 증거하는 것이 어려운 것이라면, 사실상 갈라선 유대교와 이슬람교와의 대립 문제도 해결할 수 있는 길이 없어진다. 하지만 그

---

21) 『업그레이드 먼 나라 이웃 나라(네덜란드)』, 이원복 글 · 그림, 김영사, 2019, p.51.

진의를 확실하게 증거하면 3교가 하나 되는 것은 물론이고 유대인, 이슬람인 모두 기독교 진리로 구원할 수 있는 길을 열 수 있다. 그런 해결을 위한 실마리는 과연 누가 가닥 잡을 수 있는가? 인간인 우리의 지력으로서는 불가능하지만, 예수는 우리의 헤어날 길 없는 죄를 사할 수 있는 것처럼, 진리적인 증거 문제를 해결할 수 있다. 그리고 종국에 다시 오심은 인류 역사의 종말과 구원과 심판 문제로까지 확대된다. 하지만 예수조차도 해결하기 어려운 문제가 있었나니, 그것은 다름 아닌 자체의 神적 본질을 증거하는 문제이다. 이것은 독생자와 하나님을 구분하는 권능 차이이기도 하다. 하나님은 창조주시라, 예수가 못다 한 궁극적 문제까지 풀 수 있다. 이것이 예수를 보낸 아버지 하나님과 그렇게 해서 이 땅에 온 예수가 지닌 권능상의 분명한 차이이다. 무슨 말인가 하면, 예수의 神적 본질을 증거하는 것은 예수를 낳은 하나님만 아버지로서 해결할 수 있다. 하나님이 아니면 풀 수 없는 문제인 탓에 지금까지 누구도 완전하게 입증하지 못했고, 삼위일체론조차도 그것은 논거이지 증거한 것이 아니다. 존재적으로 보아도 성부와 성자는 드러났지만, 성령이 본 모습을 드러내지 못한 상태에서는 논거조차 완성될 수 없다. 반드시 때가 도래하여 세계적인 조건을 갖추어야 하므로 예수는 이르길, "내가 아버지께로서 너희에게 보낼 보혜사 곧 아버지께로서 나오시는 진리의 성령이 오실 때 그가 나를 증거하실 것이요……(요, 15: 16)"라고 하여 증거 문제는 당대가 아닌 장래의 과제로 미루어 두었다. 그때가 언제인가? 보혜사 하나님이 진리의 성령으로서 강림하신 지금이다. 하나님이 펼치고자 하는 열린 가르침이 예수가 예고한 예언을 성취할 조건을 갖추었다. 이 연구는 일찍이 고뇌한 길의 추구 과정에서 길을 인도하고 세운 역사 의지의 주체가 예수가 때가 되면 요청해서 보내리라고 한 보혜사 곧 아버지께로서 나오시는 진리의 성령인 것을 증거하였거니와, 그렇게 해서 강림하신 보혜사 하나님이 이룰 중대한 과제로서는 첫째, 인류를 모든 진리 가운데로 인도하는 것이고 둘째, 아들 예수를 증거하는 것이며 셋째, 인류에게 장차 이룰 하나님의 구원 역사, 곧 '장래 일'을 알리는 것이다. 그래서 이 연구는 예수의 말씀대로 창조 본의로 인류 영혼을 궁극적인 본질 세계로 인도하고 있고, 예수의 神적 본질 진의를 증거하고자 하며, '미래 기독교의 방향' 제시로 '장래 일'을 알리고자 한다. 이전에는 직접 증거할 수 있는 전능자인 보혜사 하나님이 오시지 못한 탓에 主 예수를 굳게 신앙하면서도 神적 본질을 증거하는 데 있어서는 노심초사하였지만, 오늘날은 아버지인 보혜사가 진리의 성령으로서 강림하신 만큼, 이전에는 예수 자신의 처지에서 하나님의 아들인 사실을 증거하고자 했다면, 지금은 하나님이 직접 예수가 하나님의 아들인 것을 증거함이 가능해졌다. **예수가 하나님의 아들인 것을 예수 자신이 직접 증거하는 것이 아니고, 하나님이 예수의 아버지인 것을 하나님이 직접 증거함이 가능해졌다.** 예수 자신을 증거하고, 혹은 남이 증거한다고 해도 그것은 어느 모로 보나 완전할 수 없지만, 하나님은 예수를 창조하고 낳은 아버지인 탓에 완전하게 증거할 수 있는 창조주이시다. 보혜사 하나님은 진리의 성령으로서 아들의 神적 본질을 증거하며, 더 나아가서는 이 땅에 오신 하나님의 몸 된 강림 본체까지 증거한다. 성부, 성자, 성령의 본질을 증거하는 것은 물론이고, 동일한 방법으로 인류 전체의 본질까지도 모두 드러내고 증거한다. 이것은 "너희도 처음부터 하나님과 함께 있었으므로 증거하느니라"라고 한 것처럼, 몸 된 본체로부터 더 보편적인 神적 본질의 세계적인 확대를 시사한다.

기독교가 지금까지 걸어온 이천 년 역사는 그 신앙 대상자인 예수그리스도의 神적 본질을 완전하게 규명하지 못하고 믿음에 의지한 탓에 신관을 분열시킨 분란을 막지 못했다는 것이 이 연구의 판단이다. 그리고 그처럼 미비한 세계적 조건은 오늘날에 이르기까지 하나님의 지상 강림 본체가 드러나지 못해서이다. 그런데도 예수의 神적 본질이 신앙적으로 안착할 수 있었던 것은 하나님이 모든 조건을 고려한 섭리 역사 탓이다. 과도기적인 유지 방책으로서 민족 신앙인 유대교의 전통 안에서 발생한 기독교를 동서남북 중에서도 서양 쪽으로 향하게 한 것이다. 그것이 무슨 뜻인가 하면, 분명 이 땅에서 인간으로 태어난 예수가 우주, 세계, 자연, 인간의 모든 것이 神이라고 하는 범신론적 神이 아니고, 전능하신 하나님의 아들로서 신격화시킨다는 것은 예사로운 일이 아닌 탓이다. 삼위일체론을 통해서 보아도 성부에 이은 성자의 본질이 미처 드러나지 못한 상태인데, 어느 곳이든 방향을 돌렸다고 해서 기독교 신앙이 그곳에서 뿌리내릴 수는 없는 법이다. 그런데 유독 원시 기독교(초대 교회)[22]가 발을 내디딘 그리스-로마의 융합체인 헬레니즘 문명은 "인간 중심적인 문화인 바, 이 같은 특성이 있는 문화와 유일신 신앙 문화인 유대 종교, 즉 헤브라이즘이 만난 탓에 예수가 하나님의 아들로서 인준되는 神적 본질 승화 역사를 완성할 수 있었다. 물론 첫 과정은 험난했고, 핍박도 받았지만, 세계 제국으로 도약하고자 하는 로마가 제국을 하나로 통일하고자 하는 필요성 탓에 기독교를 국교로 공인하였다. 결과적으로 인간 중심적인 유일신교의 중심에 선 예수는 인간인 동시에 神化 되었고, 神인 동시에 인간화된 성육신 교리로 완성되었다."[23] 알다시피 로마는 그리스의 사상과 문화를 받아들인 토

---

22)   로마의 국교가 되기 전의 기독교를 초대 교회 또는 원시 기독교라고 함. -구글.
23)   위의 책, p.53.

대 위에서 세운 제국인 만큼, 제국 안은 그리스적 사고방식과 전통이 혼재해 있었다고 할 수 있다. 물론 로마 제국 자체도 절대 권력을 가진 황제를 신격화시키기는 했지만, 그 기반은 어디까지나 그것이 가능하다고 여긴 인간 중심 문화에 있다. 神을 인간화한 신화가 살아 있는 문화이다. 인간의 신격화 토양이 팽배한 탓에 예수가 인간으로서 신격화되는 것이 절대 불가능한 문턱이 아니었다. 예수의 神적 승화 바탕을 헬레니즘 문명이 제공한 것이라고 할까?[24] 그렇지만 그것까지가 예수의 神적 본질을 입증하는 데 있어 기독교 신앙이 서쪽을 향해 뿌리내린 섭리 역사 결과의 전부이다. 유대교의 전통을 이은 기독교가 유일신 신앙을 비판 없이 그대로 계승한 것은 때 이른 하나님의 창조 본의를 알지 못한 탓이다. 그래서 기독교도 예수의 神적 본질 승화 역사를 예수 한 분만에 한정시켰다. 이에, 창조된 본의가 밝혀진 지상 강림 역사 이후의 기독교 신앙의 정립 방향은 그렇게 확인한 神적 본질 승화 역사를 만 인류를 향해 확대하는 데 있고, 그 기반은 바야흐로 서쪽을 향한 섭리 역사의 끝자락에서 맞닿아 있는 동양 문명, 그중에서도 한반도가 제공하게 되리라. 천인합일 지향의 본체론 전통이 살아 있는 동양 문명이 예수의 神적 본질을 확실하게 입증하는 것은 물론이고, 이 땅에 강림하신 하나님의 지상 강림 본체도 확실하게 뒷받침하리라.

우선 예수가 정말 하나님의 아들인가 하는 것은 자신의 자아 확인 절차가 중요한 근거이다. 이것은 성경의 복음서에서 찾을 수 있으니, "예수는 자신을 하나님의 아들이라고 하였다. 아니 하나님을 아버지라고 불렀고, 아버지로 안 탓에 예수 자신은 하나님의 아들이라는 의식을 가진 것 같다.

---

24) 神이 인간이 되고, 인간이 神이 될 수 있는 문화적, 인식적, 관습적 바탕을 헬레니즘 문명이 제공함.

하르낙은 예수가 어떻게 자신이 하나님의 아들이라는 의식을 갖게 되었느냐는 문제는 신비에 속하며, 심리학이나 역사적 연구도 이 문제에 대한 해답을 주지 못한다고 했다. 하지만 하르낙의 판단처럼 '하나님의 아들'이란 이름은 하나님에 대한 지식을 의미할 뿐이다"[25]란 판단은 잘못이다. 유대적 전통에서 인간과 구분된 절대 초월적인 하나님을 아버지와 아들로서 관계 짓는 것은 전통적인 유대적 신앙과는 구분된 혁신적인 신관일뿐더러 지극히 인간적, 가족적인 神 의식을 내면화한 것이다. 그와 같은 입장에서 예수는 자신이 하나님의 아들인 것을 의식적으로 확실하게 인식하였고, 말씀으로 천명하였다. 단지 그 뜻을 제자들이 정확하게 이해하지 못해 神적 본질을 제대로 입증하지 못한 것뿐이다. 이것을 오늘날 강림하신 하나님이 말씀의 가르침으로 해소하고자 한다. 요한복음 중 빌립이 가로되 "주여, 아버지를 우리에게 보여 주옵소서. 그리하면 족하겠나이다." 예수가 가라사대, '빌립아, 내가 이전에 와서 너희와 함께 있으되, 네가 알지 못하느냐? 나를 본 자는 아버지를 보았거늘, 어찌하여 아버지를 보이라 하느냐? 나는 아버지 안에 있고, 아버지는 내 안에 계신 것을 네가 믿지 아니하느냐. 내가 너희에게 이르는 말이 스스로 하는 것이 아니라 아버지께서 내 안에 계셔 그의 일을 하시는 것이다. 내가 아버지 안에 있고 아버지께서 내 안에 계심을 믿으라(요, 14 : 8)."

이렇게 하나님을 보이라고 한 빌립의 요구에 대해 예수가 대답한 말씀의 결론적 요지는 아들인 예수와 아버지인 하나님은 하나란 말이다. 그 판단 근거로서는 아들은 아버지 안에 있고, 아버지는 아들 안에 계시기 때문이다. 그런 이유 탓에 예수는 나를 본 자는 하나님을 본 것과 같은데, 따

---

25) 『기독교 명저 60선』, 앞의 책, p.141.

로 하나님을 보이라고 하느냐고 하였다. 동일한 근거로 예수가 행한 사역은 스스로 행한 것이 아니고, 하나님이 자기 안에 계셔 하나님이 하나님의 일을 하시는 것이란 주장을 폈다. 당시로서는 예수도 질문한 빌립에게 자신은 하나님과 동일체란 사실을 믿음에 호소할 수밖에 없었다. 그 말은 자체의 神적 본질을 실질적으로 입증할 수 있는 세계적 조건이 갖추어지지 못했다는 뜻이다. 하지만 하나님이 지상 강림 본체를 드러낸 오늘날은 아버지와 아들로서 구분되면서도 동일체인 아들의 神적 본질을 창조 본체에 근거해 입증할 수 있다. 왜 어떻게 해서 하나님이 예수 안에 계셔 예수의 하는 일이 하나님이 하시는 일이 될 수 있고, 하나님이 예수 안에 계시고, 예수가 하나님 안에 있음이 가능한가? 그것은 먼저 하나님이 태초에 천지 만물과 예수를 비롯한 인류를 어떻게 창조했는가 하는 역사 사실을 알아야 한다. 어떻게 해서 神이 인간화될 수 있고, 인간이 신격화될 수 있는지는 하나님이 인간을 지은 창조 문제부터 풀어야 한다. 그런데 그 본의 비밀은 예수에게만 해당하는 것이 아니다. 만인의 성인화 가능성과 만 중생의 성불 문제와도 연관된다. 神이 인간의 모습으로 활약한 그리스의 신화적 전승 문화 안에서는 神人 동일성 문제를 풀 수 없다. 그렇다면 성서적인 관점이면 풀 수 있을까? 성서는 인간을 무엇이라고 정의했던가(피조체)? 그것이 아니라면, 기독교의 성육신 교리는 이 같은 문제를 풀 수 있을까? 성육신은 "하나님의 아들 예수가 인간을 구원하기 위해 인간의 몸으로 태어난 것"[26]을 의미하고 神, 곧 하나님이 사람이 되었다는 뜻이기도 하다. 즉, "고대 교회에서는 예수가 하나님의 형상을 완성하기 위해 인간의 모습으로 나타났다고 믿었다. 하나님이 예수그리스도라는 인간의 형상

---

26) 성육신, 한국어 사전.

으로 왔다는 것이다. 예수그리스도 안에 하나님의 영광과 하나님의 본질과 그의 능력이 나타났다고 보았다(히, 1: 3)." 그래서 기독교 인간학은 예수그리스도 안에 계시가 된 하나님의 형상으로부터 시작했다."[27]

그렇다면 예수그리스도 안에 계시가 된 '하나님의 형상'이란 무엇인가? 성서가 증언하고 있는 '하나님의 형상'은 예수만의, 예수를 신격화시킨 신성한 속성인가? 아니면 인간 모두에게 부여된 보편적 속성인가? 기독교 신앙은 전자의 길을 택해 하나님의 형상이란 神적 본질 바탕을 예수에게만 부여하고, 계시가 되고, 한정해서 유일 신관을 확립하는 방향으로 나아갔다. 하지만 그 근거가 된 창세기에서 인간을 창조한 과정을 보면, "하나님의 형상을 따라 사람을 만들고 하나님의 모양대로 사람을 지었다(창, 1: 26)"라고 되어 있다. 여기에는 다양한 해석을 가할 수 있다. 그래서 "신약성서와 유대교의 해석과 초대 교부의 해석은 神 형상에 관한 의미를 나름대로 토착화하거나 철학적 개념으로 설명했다."[28] 더해서 이 연구가 새로운 관점을 보태는 것은, 그 같은 하나님의 형상 계시가 성육신을 목적으로 오직 예수그리스도에게만 국한된 유일한 역사가 아니란 입장이다. 그것은 기록 그대로 하나님이 태초에 인간을 하나님의 형상대로 지은 보편적 원리에 기반을 두어 예수가 성육화된 神적 본질의 승화를 의미하고, 그것은 예수뿐만 아니라 인류 모두가 神의 형상에 근거해 창조되었다는 뜻이다. 기독교가 예수에게만 한정시킨 神적 본질의 유일성을 인류 모두에게로 적용하고 개방시킨 인간 본성에 대한 혁신적 창조관이다.[29] 그리해

---

27) 「칼 바르트의 하나님 형상론에 관한 연구」, 앞의 논문, p.29.

28) 『신의 위대한 질문』, 앞의 책, p.467.

29) 하나님이 이 땅에 강림하시어 개방시킨 인류의 보편적인 구원 목적은 지금까지 가두어 둔 일체

야 만인을 보편적으로 구원할 수 있는 만인 성인화와 성불화, 그리고 신성화의 길을 틀 수 있다. 다시 말해, 기독교 신앙이 유대교로부터 계승한 예수의 유일한 神적 본질을 인류 모두에게로 제한 없이 활짝 개방시킴이다.[30] 선천 기독교가 굳게 지킨 神적 본질의 유일성 장벽을 터야 함에, 그리해야 우리는 진정한 본의적 관점에서 예수의 神적 본질을 객관적인 원리성에 근거해서 확실하게 입증할 수 있다. 왜 기독교 신앙은 하나님이 인간이 된 사실(예수)은 인준하면서 반대로 모든 인간이 거룩화(神化) 될 수 있는 길은 가로막은 것인가? 한 걸음 더 나아가 인간은 神과 닮은 것이 아니라 인간이 神적이라고 한다면 정말 충격적일까(에머슨)?[31] 그것은 인간 창조를 어떻게 보는가에 따라 희비가 엇갈린다. 기독교는 "예수라는 한 인물에게만 특별한 계시가 온 것이라고 믿고 있지만, 사실은 하나님이 태초의 천지 창조 때 이미 모든 인류에게 하나님의 형상대로 인간을 지은 것이란 특별 계시를 알렸다. 이런 사실에 근거한다면, 충격적으로 받아들인 인간의 神적 본성관도 능히 수용할 수 있다. 그리고 이 같은 가능 원리를 뒷받침하는 창조 메커니즘이 바로 하나님의 몸 된 본체에 바탕을 둔 천지 창조 역사이다. 그런데도 기독교 신앙은 하나님의 형상대로 지음 받은 창조 역사에 대해 본체는 떼어내고 모양만 본뜬 창조 역사로 해석함으로써 빈 껍데기인 피조체 개념에 머물고 말았다. 본의 관점에 따라 바로잡을진대, 하나님의 본체로부터 이행된 창조의 화현 원리가 정확한 정답이다. 즉, 창조 본체가 창조 역사 과정을 거친 탓에 존재 본체로 化 했지만, 바탕이 된

_____

의 굳어진 신관, 세계관, 진리관, 가치관의 문을 완전히 열어젖히는 것임.

30) 유교와 불교는 이미 그렇게 개방했는데, 기독교라고 해서 그렇게 개방하지 못할 이유가 없음.

31) 위의 책, p.466.

본질은 그대로 이행되어 뭇 존재와 제 현상의 바탕을 이루었다. 그래서 아버지 하나님과 아들 예수 간에는 동일한 정체성이 유지되고, 예수가 성육화되었지만 化된 하나님이 되는 것이 가능하며, 하나님은 곧 예수라, 예수 안에 하나님이 내재하여 일체 될 수 있다. 얽히고설킨 실타래를 푸는 것처럼 본체 창조관에 근거하면 제기된 성육신 논리를 합리적으로 설명하고, 이해하며, 원리적으로 입증할 수 있다.

그런데 중요한 것은 지적한 대로 본체 창조관은 예수에게만 국한된 원리가 아니고, 창조 원리는 만물과 만 현상에 동일하게 적용되는 객관적, 보편적, 일률적이란 사실이다. 그래서 예수가 神의 형상으로 화육되고 성육화된 것은 그대로 모든 인류가 神의 형상으로, 그리고 神의 현현으로 창조된 것이란 뜻이고, 그런 만큼 창조 원리는 그야말로 식물, 동물, 인간, 예수를 막론하고 동일하게 적용된 것이다. 단지 예수는 하나님의 독생자로서 하나님의 형상을 대표해서 神적 본질을 완성한 승화체라는 것이 우리를 창조한 역사와 구분된 특별함이 있다. 그런 만큼, 神의 형상은 예수의 神적 본질 안에만 존재하는 것이 결코 아니다. 너와 나의 본성 가운데서도 함께 존재한다. 이런 사실에 예수가 하나님의 아들인, 인간이면서도 神적 본질을 가진 진의가 숨어 있다. 즉, 하나님의 말씀이 성육신으로 화육했다는 것은 일찍이 이 연구가 밝힌 본체로부터의 창조관을 증거할 뿐이다. 절대적인 하나님이 태초의 천지 창조 역사 이래, 다시 성육화 역사로 예수그리스도에게 神적 본질을 이행시킨 것은 하나님의 창조 본체로부터 인류를 지은 태초의 천지 창조 원리를 다시 재현(적용)한 것이다.[32] 그래서 **인류**

---

32) 예수가 성육화했기 때문에 인류 본성도 神적 본질로 승화될 수 있었다기보다는 인간 본성이 하나님의 몸 된 본체에 바탕이 되어 창조된 탓에 예수도 그 같은 창조 원리를 따라 성육화된 것이

는 하나님의 원형 바탕인 동시에 하나님의 모형이다. "오직 그리스도는 만유 안에 계시니라(골, 3: 10)." 예수도 천지를 창조한 하나님의 창조 본체에 근거하여 이 땅에 오셨고, 동일한 과정을 거친 창조 원리의 화신체로서 神적 본질로 승화된 것이다. 여기에 예수가 하나님의 아들로서 이 땅에 강림하여 사명을 자각하고 인류 구원 역사를 완수한 참 의미가 있다. 하나님의 형상을 입은 태초의 인류 창조 역사가 바로 예수그리스도의 신성화 역사를 통해 확증되었다. 하나님은 절대적인 神이고, 유일한 창조주이시다. **창조된 세계 안에서 하나님으로부터 바탕이 된 것 이외에 다른 두 본질은 없다.** 그런데도 문제가 야기되는 것은 다름 아닌 창조로 인한 화현에 원인이 있다. 하나님이 직접 절대적인 본체를 드러내신 것이 아니고, 창조된 세계에 육신을 입은 그리스도로 오셨고, 화현 된 진리의 성령으로 임하셨다. 이 모든 변화 요인은 오직 모든 것이 창조되었다는 사실에 있다. 창조된 역사 과정을 거치면서 하나님의 몸 된 본체가 진리로, 혹은 말씀으로, 혹은 예수로 화현되었다.[33] 성만찬에서 기독교인은 나누어 먹는 떡과 마시는 포도주가 예수의 살과 피라고 믿듯, 오늘날의 인류는 삼라만상 일체가 하나님의 몸 된 본체로부터 화현되었다는 사실을 깨달아야 한다. 그것은 결코 잘못된 믿음이 아니다. 하나님이 이룬 "본체로부터의 창조"에 근거했다.

지난날에는 어려웠지만, 이 연구가 밝힌 본의 관점에 근거하면, 비로소 예수가 인간이면서도 하나님과 동일한 본질체로서 사실상의 하나님인 神적 본질의 승화 상태를 확인해서 입증할 수 있다. 하나님이 진리의 성령으

다. 결론적으로 예수의 성육화는 그대로 이 연구가 밝힌 "본체로부터의 창조"관을 입증함.

33) 절대적인 하나님의 몸 된 본체는 창조 역사로 化된(현상화) 조건 안에서는 존재함이 불가능함.

로서 계시한바 창조된 본의를 완전하게 밝히기까지는 예수의 神적 본질을 증거하는 데도 제한이 있었던 것이 사실이다. 즉, "로마 황제 콘스탄티누스 1세는 325년 니케아에서 제1차 공의회를 소집했다. 의제 중 중요한 과제는 그리스도론에 관해 당시 힘을 얻고 있는 아리우스 논란을 해결하는 것이었다. 아리우스는 성부만이 하나님이고, 성자 그리스도는 죄가 없이 창조된 최초의 피조물인 인간이라고 주장했다. 태어나서 성장, 변화하는 피조물은 유일하고 불변한 신성을 가질 수 없고, 단지 제2의 神, 반신의 위상만 가질 뿐이란 주장이었다. 아리우스는 하나님과 그리스도는 유사 본질일 뿐이란 생각이 그것이다. 반면, 아타나시우스는 양자 사이의 동일 본질을 주장했다. 구원자가 인간이라면 어떻게 같은 인간을 구원할 수 있겠느냐는 논지 위에서, 아타나시우스는 그리스도가 인성과 신성이 결합한 존재라고 하였다. 결국, 아리우스의 주장을 이단으로 규정하고, 니케아 신경으로 구체화한 동일 본질론의 논리를 통해 그리스도에게는 인성과 신성을 둘이면서 하나이고, 하나이면서 둘이라고 한 결론에 도달했다."[34] 판결은 났고 교리화되기는 했지만, 오늘날 밝힌 본의 관점에서 본다면, 아리우스의 주장도 문제이지만 아타나시우스의 주장에도 문제는 있다. 아리우스가 예수의 신성을 끝까지 거부한 것은 바로 하나님과 예수 간에 연관된 본체 뿌리를 보지 못한 탓이다. 아타나시우스도 그리스도의 인성과 신성이 둘이면서 하나이고 하나이면서 둘이라고 함에, 그렇게 주장한 논리적 명제는 신성의 직접적인 입증과는 거리가 있다. 하지만 동양 본체론은 지혜를 다해 개진했다. 둘이 하나이고 하나가 둘인 동일 본질성은 창조 원리로 뒷받침해야 했고, 그리해야 선천에 가로 놓인 한계 장벽을 무너뜨리고,

---

34) 『보편철학으로서의 유학』, 앞의 책, p.179.

전혀 새로운 인식의 지평을 열 수 있다. 후대의 토마스 아퀴나스는 "그리스도를 완전한 신성을 가진 동시에 완전한 인성을 가지고 있다"라고 했는데, 그렇다면 그리스도 안에서 신성과 인성은 어떤 방식으로 존재하는가? 그렇게 말한 아퀴나스 자신은 제기된 문제를 해결하였는가? 본의를 모르면 누구도 이해하거나 설명하기 어렵다. 태초에 인간이 어떻게 창조된 것인지를 알아야 했나니, 그 정답은 밝힌 바대로 예수를 포함한 인간 모두가 하나님의 몸 된 본체에 근거해 화현되고 이행되어서이다. 곧, 유교에서 말한 통체일태극인 동시에 각구일태극설이 그것이다. 이것은 성육신 원리를 증거하는 본체론적인 인식 원리이기도 하다. 전혀 다른 문화권인데도 논리적인 뒷받침이 가능한 것은 천지 만물이 동일한 원리로 창조된 탓이고, 그런 원리가 세계 안에 편만한 탓이다. 절대적 神과 내재적 神, 초월적 본체와 분열적 현상, 아버지 하나님과 아들 예수의 본질성이 동시에 상존할 수 있는 근거이다. 이것은 우리가 보고 느끼고 경험하는 변화와 나뉨과 분별과 생멸 현상을 있게 한 원인이기도 하나니, 그것이 곧 "氣가 바로 理이고 理가 바로 氣"란 주자학적 인식이다. 논리적으로는 성립될 수 없는 인식으로서, 하나의 실체 안에 있는 두 성격은 서로 떨어지지도 않지만, 그렇다고 한데 섞이지도 않는다(불상리, 불상잡). 곧 一而二 二而一이라, 하나인 것 같지만 둘이고, 둘인 것 같지만 하나이다."[35] 왜 그러한가? 한 몸, 한 바탕, 한 본체로부터 천지 만물이 창조되어서이다. 서로 떨어질 수 없다는 것은 창조된 세계 안에서의 존재는 理와 氣가 결합, 결정된 탓이고, 그러면서도 한편으로는 초월적 본체 대 창조된 피조체인 탓에 차원이 다른 불상잡이다. 하지만 양자는 또한 이행된 탓에 모습만 변화했을 뿐, 본질은 같다. 그래서 결국 理

---

35) 위의 책, p.178.

와 氣는 하나인 동시에 둘이고(본체→현상), 둘인 동시에 하나이다(현상→본체). 율곡은 『천도책』에서 말하길, "나누어서 말하면 천지 만상이 각각 하나의 氣(各一氣)가 되고, 합해서 말하면 천지 만상이 같은 하나의 氣(同一氣)이다"[36]라고 하였다. 이것은 왜 만인의 본성이 같고, 하나가 신성하면 모두가 신성할 수밖에 없는가에 대한 창조 원리 인식이다. **창조 바탕에 있어 하나 외에 둘(다른 것)은 있을 수 없다.** 이 창조 원리를 기독교에서는 예수 한 분에게 국한했고, 동양의 본체론적 인식은 만인, 만물, 만생에 적용했다. 다시 말해, "인간의 몸으로 육화된 神이 있음에, 신성한 化神이 기독교인들에게 있어서는 한 분뿐이었고, 한 분일 수밖에 없었지만, 인도인에게는 다수일 수 있고",[37] 불교도에게는 부처님으로, 유교도에게는 공자님으로, 이슬람교도에게는 알라로서 신앙화되었다.

그러므로 보혜사 하나님이 진리의 성령으로 오시면 증거하겠다고 한 바대로, 이 연구는 열린 가르침으로 예수의 神적 본질을 본의적 관점에서 밝히고 증거하였나니, 예수가 하나님의 아들인가, 아닌가? 하는 문제는 이제 부차적이다. 논란을 매듭짓고, 인간으로 온 예수의 神적 본질 승화 의미와 절대적인 하나님이 성육화된 진의를 깨닫는 것이 중요하니, 이 뜻을 받드는 데 미래 인류를 보편적으로 구원할 수 있는 기독교 진리의 추진 방향이 있다. 예수는 그 무엇보다도 "근본 하나님의 본체(빌, 2: 6)"이나니, 예수의 神적 본질 입증과 본의적 각성 위에서 기독교 진리는 하나님의 창조 목적을 실현하는 새로운 종교로 거듭날 수 있다. 그 새 기독교 정립 역사가

---

36) 『코메니우스와 율곡의 교육론에 관한 비교 연구』, 윤기종 저, 강남대학교, 신학, 박사, 2007, p.42.

37) 『영원의 철학』, 올더스 헉슬리 저, 조옥경 역, 오강남 해제, 김영사, 2014, p.55.

제7편 종교 섭리론 205

어떤 형태로 펼쳐지든, 하나님이 만세 전부터 섭리한 기독교 역사의 맥을 잇고, 신앙 전통을 계승하게 되리라.

4. 미래 기독교 방향

선천 종교는 절대 의식적인 신앙 행위와 달리 다양하고 상대적인 것이 일반적인 현상이다. "고고학에서 제임스 프레이저는 그가 저술한 『황금가지』에서 주술적, 종교적 의식은 세계 곳곳에 퍼져 있으며, 여러 문화권에서 상당한 유사성을 보인다는 사실을 입증하였다. 세계 종교의 이 같은 현상은 기독교인이 믿고 있는 기독교 신앙만이 진리의 유일한 소유자란 입장을 약화하는 것이다. 인류의 과반수가 오류에 빠져 있다고 보기는 어렵다. 그런데도 프레이저는 신학적 모더니즘 논쟁에 참여한 젊은 성직자들 대부분이 교회를 떠나려고 마음먹기보다는 교회가 좀 더 높은 단계로 진화하기를 희망한다는 사실을 밝혔다."[38] 알 속에 있을 때는 그 안이 전부이다. 그러나 알을 깨고 나오면 드넓은 세계가 펼쳐져 있는 것처럼, 선천의 종교, 신앙, 교리, 진리, 신념 등이 모두 그러하다. 진리 자체는 영원한 것이지만, 神을 바라보는 인간적 판단, 관점, 생각, 신앙은 절대적일 수 없다. 해가 뜨면 세상이 밝아지고 해가 지면 세상이 어두워지는 것처럼, 세계의 본질이 분열을 완료하지 못하고 하나님의 창조 섭리가 완수되지 못한 상태에서는 본질도 진리도 神의 모습도 완전하게 드러날 수 없다. 그래서 각자가 바라본 관점상에 차이가 있고, 분란이 생기며, 대립을 피할 수

---

38) 『생각의 역사』, 앞의 책, p.117.

없었다. 각자가 일구고 세우고 깨달은 진리와 신념이 절대적이란 생각 탓이다. 상대성의 늪을 빠져나오지 못했다. 이런 와중인데도 기독교는 자신들이 믿은 진리의 절대성만 내세웠고, 신앙의 유일성을 지켰으니, 이것이 중국에 몰고 온 결과는 세계의 보편적인 현상과 크게 어긋났다. 하나님이 이루고자 한 섭리 뜻과도 맞을 것 같은가? 기독교 진리를 믿은 자들이 세계 인구의 절반도 되지 못했다. 믿었다고 해서 모두 구원되는 것이 아니라고 본다면, 그 수가 절반의 절반도 안 되리라. 그런데도 기독교인은 자체 신앙과 진리성을 끝까지 고집할 것인가? 기독교 진리를 믿고 신앙을 지키는 사람만 구원될 수 있다고 한다면, 그렇지 못한 진리와의 대립 상황을 영원히 벗어날 수 없다. 하나님은 지극히 공의로우신 분인데도 말이다.

문제를 어떻게 할 것인가? 앞으로 추진시킬 길에 있어서 전면적인 궤도 수정이 불가피하다. 이것은 비단 기독교 신앙 안에서만 불거진 문제인 것만은 아니다. 세계적인 상황에서도 여건은 마찬가지이다. 기독교의 노력에도 불구하고 세상에 무신론적인 의식이 팽배한 것은 어떻게 설명해야 할까? 기독교 신앙이 변화하지 않을 수 없다는 무언의 현상이다. 이 같은 세계적 상황이 과연 그대로 지속될 수 있을 것인가? 없다면 그 이유가 무엇인가를 알아서 어떻게 하면 지속할 수 있을 것인가에 대한 대비책을 마련해야 한다. 인간이 하나님에 대한 믿음 없이도 진리를 알고 세상을 알고 삶을 살아가는 데 있어 아무런 불편함도 지장도 제약도 느끼지 않는 사회? 그러나 과연 그렇게 사는 것이 전부인가? 그런 삶이 모두인가? 하나님에 대한 믿음과 존재와 신앙과 계시 역사 없이 인류의 미래가 보장되고 유지될 수 있을 것 같은가? 역사의 섭리 뜻과 추진 방향을 똑바로 통찰해야 함에, 그러기 위해서는 기독교가 걸어온 자체 역사부터 다시 돌아보아야 한다. 무신론적인 사상을 대책 없이 방치할 것이 아니고, 그 이상의 삶과 진리 세계가 있다는 것을 밝혀 미래 인류가 하나님과 함께할 수 있는 세계관적 대책을 마련해야 한다. "과연 인류의 앞날에 장기적인 안정성과 영속성이 보장될 수 있는가 하는 의문에 대해 기독교는 놀라운 새 창조 사회를 건설할 분명한 그림을 그려 줄 어떤 지적 토대 확보",[39] 곧 기독교 신앙에 대한 인식의 획기적 전환이 시급하다. 그 새로움에 대한 요구 현안은 기독교 신앙의 기본적인 교리 체제는 물론이고, 세계관적인 틀을 깨는 것까지 포함한다. 기존 체제를 끝까지 유지하는 것이 신앙의 정통성을 지키는 것이라고 여길지 모르지만, 그것은 요구된 기독교 신앙의 세계적 전환 인식과 부합하지 않는다.

"1910년 미국 장로교 총회는 자신들이 기독교의 기초라고 믿는 5대 기본 교리를 제정했는데, 그 내용은 그리스도의 기적, 처녀잉태, 부활, 인류의 죄에 대해 대신 속죄한 십자가 못 박힘, 그리고 하나님의 영감을 직접받아쓴 성서를 믿는다는 것이다."[40] 하지만 이 연구가 말하는 전환 인식은 그런 믿음의 사실성 여부를 따지는 것이 아니다. 그렇게 믿음을 재차 확인하는 것이 정말 인류의 미래 역사를 지침하는 기독교의 새로운 전환 인식인가 하는 점이다. 왜 오늘날에 이르러 여태껏 지켜온 믿음을 다시 확인해야만 하는가? 바로 기독교 신앙이 전방위적으로 허물어지고 있는 위기의식 탓이 아닌가? 더군다나 냉정하게 판단한다면, 그렇게 추출한 '5대 기본교리'는 어느 항목도 원리적이거나 객관적이지 못하다. 그러니까 현대 사회에서는 사실성 여부와 상관없이 기독교란 종교가 발휘하는 신앙적 구속

---

39) 『우리는 미래에 무엇을 공부할 것인가』, 김광웅 엮음, 생각의 나무, 2009, p.70.

40) 『생각의 역사』, 앞의 책, p.325.

력이 약화하였고, 어느 의미에서는 이미 수명이 다 되었다고나 할까? 이런 이유 탓에 불가피하게 신앙의 체질과 패러다임을 바꾸지 않을 수 없다. 숱하게 명멸을 거듭한 세속의 문명 역사처럼 흥망성쇠는 필연적이라고 해도, 기독교만큼은 하나님이 뜻한 천지 창조 역사 목적을 실현할 사명을 지닌 종교라고 보기 때문에, 섭리 된 맥은 어떤 형태로든 이어질 것인데, 그렇게 지속하기 위한 역사 형태의 일환에 현재의 기독교 신앙을 일신할 전환 인식이 있다. 물론 기독교 안에서도 위기의식을 느껴 신학적으로 새로운 돌파구를 찾아야 한다는 자각은 있으리라. 하지만 그 같은 요구가 이미 그들이 쌓아온 전통적인 신학, 곧 서구식 신학관을 탈피해야 하는 것이라고 한다면 양상이 달라진다. 이미 깊이 뿌리내린 신앙 체제를 근본부터 허물어뜨려야 함에, 자체로서는 대책을 찾기 어려운 문제이다. 그래서 지금은 신학적 사고의 코페르니쿠스적 전회가 필요한 때이다.[41] 기독교 진리를 재발견하는 것만으로는 불가능하다. 세계관의 우물에 빠져버린 자는 더 이상 갇힌 우물로부터 빠져나오기 어렵다. 제3의 문명적 토대와 전혀 새로운 신앙 체제를 구축해야 우물 안 개구리 격인 선천의 기독교 신앙을 건져낼 수 있다.

이에, 기독교 신앙이 먼저 해결하고 극복해야 할 과제는 기독교 신관을 업그레이드시키는 작업이다. 통일되어도 모자랄 판인데, 세계 분쟁의 한 중심에 기독교 신관이 원인 제공자로 지목되고 있다는 사실은 무엇을 의미하는가? 전통 신관을 지키는 것만으로서는 세계의 대립 문제를 영원히 해결할 수 없다. 그렇다면? 그야말로 모든 것을 포괄할 수 있는 전혀 새로운 신관 정립이 필요하다. 근본적인 문제는 기독교 신관이 처음의 유대교

---

41) 『부처님이 계신다면』, 앞의 책, p.336.

와 나중의 이슬람교와 구분된 정체성을 가짐으로써 그들과 결별한 근거를 근본적으로 안고 있었다는 사실이다. 마치 아랫돌을 빼서 윗돌로 쓰면 그 자리가 비어버리는 것처럼, 기독교 신관은 세계에 가로 놓인 요구 조건을 모두 충족시킨 것이 아니다. 그것이 세계관적 한계라면 한계이다. 이것을 충족시킴과 동시에 저것도 함께 충족시켜야 하므로, 그 같은 조건을 모두 갖추고자 하는 것이 오늘날 이 연구가 내세운 **"지상 강림 본체 신관"**이다. 어떻게 그들이 해결하지 못한 문제를 풀 수 있는지는 차치하고 지적되는 문제점부터 살펴보면, "초기에는 기독교인들도 유대인의 성전에서 예배하고, 시편을 읽고, 모세의 율법을 지키려고 노력했다. 하지만 둘 사이의 공통점은 거기까지였다. 기독교인과 유대인의 결정적인 분기점은 예수를 기독교, 즉 메시아로 인정하는가였다. 결국, 유대인들은 예수를 메시아로 인정하지 않았고, 그래서 로마인들 역시 기독교를 새로운 종교로 간주하였다."[42] 이것은 비단 당시의 그들에게 주어진 문제인 것만은 아니다. 유대교는 기독교가 제기한 새로운 믿음과 새로운 신관에 대해 하나님의 뜻 안에서 포용할 수 있어야 했는데, 대책 없이 배척하는 데만 주력하였다. 그러니까 "정통 유대인들로부터 무시당하던 예수 공동체 사람들은 그들과 거리를 두기 시작했다. 그리고 유대인들의 경전과 다른 神의 새로운 약속이자 증언인 신약 성서를 기록하였다. 1세기에 들어와 유대인들의 경전인 토라는 예수가 메시아라는 神의 약속의 성취인 구약이 되었으며, 구약 성서는 예수 탄생, 가르침, 십자가 희생, 그리고 부활을 예언하는 증거 자료로 전락했다. 그들의 관점에서 구약 성서의 예언은 신약 성서에서 완

---

42) 『거침없이 빠져드는 기독교 역사』, 유재덕 저, 브니엘, 2010, p.20.

성된 것이다."[43] 이것은 순전히 예수의 입장이므로, 그것은 분열의 길이지 통합의 길이라고 할 수 없다. 맨 나중에 창립된 이슬람교까지 더해져 결국 3교가 대립한 것은 신관이 분열한 탓이다. 유대교, 기독교에 이어 "이슬람교의 핵심 교리는 유대교, 기독교와 마찬가지로 유일신 사상이지만, 기독교와 근본적으로 다른 것은 삼위일체 교리의 부정이다. 그들은 하루 다섯 번 성지인 메카를 향해 기도하는데, 반드시 알라 이외의 神은 없다. 무함마드는 神의 사도라는 구절로 기도를 시작하고 끝낸다. 이것은 神은 하나님 한 분뿐이다. 그래서 예수는 神이 아니란 뜻이기도 하다. 神이 아니라면? 무함마드가 神이 아니고 인간이듯, 예수도 神이 아니고 인간이다.[44] 이슬람교의 핵심은 이 같은 예수의 신격 부정에 있다.[45] 같은 조건으로 기독교 역시 종교의 생명인 삼위일체 교리를 부정한 이슬람교를 절대 용납할 수 없었다. 결국, 기독교와 이슬람교는 불구대천의 원수가 되어 1400년 동안 끊임없이 싸우고 또 싸우고 있다."[46] 이것은 정말 무엇이 문제인가? 양 종교가 처한 현실적 신관 관점 조건으로서는 대립할 수밖에 없는 상대성을 피할 수 없다. 하지만 현실적 조건과 달리 하나님은 그 같은 조건을 초월해 더욱더 차원적이다. 다시 말해, 양교는 서로에 대해 상대적일 수밖

---

43) 『신의 위대한 질문』, 앞의 책, p.161.

44) 잘못된 인식이 잘못된 결과 명제를 낳음.

45) 이슬람교의 대표 명제이자 절대 신앙인 이 논리만 포괄하면 이슬람의 절대 신앙을 하나님의 본의 안에서 수용할 수 있다.

46) 『업그레이드 먼 나라 이웃 나라(네덜란드)』, 앞의 책, p.83. "유대교, 기독교, 이슬람교는 모두 유일신을 섬기며, 아브라함으로부터 유래한 한 뿌리의 종교이다. 하지만 이들의 가장 큰 차이는 바로 예수에 대한 관점의 차이다. 유대교와 이슬람교는 예수를 神의 아들로 보지 않고, 선지자 중의 한 사람으로 본다."-『세 종교 이야기』, 앞의 책, p.362.

에 없는 불완전한 신관이다.[47] 삼위일체 교리는 성령의 본체가 미처 드러나지 못한 탓에 과도기적인 관점이란 사실을 지적한 바 있고, 하나님(알라) 이외의 神은 없다는 단정은 하나만 알고 둘을 모른 절대 무지 탓이다. 하나를 안 것은 무엇이고, 둘을 모른 것은 또 무엇인가? 하나님은 절대적인 神인 탓에 그런 神이 다수이거나 상대적이라는 현실은 용납될 수 없다. 그래서 이슬람교가 내세운 신관은 가히 절대적인 믿음이다. 그런데도 그런 神이 창조주로서 절대 본체를 이행시켜 세상 가운데 현현시킨 천지 창조 역사를 주관했다는 사실은 간과했다. 이런 이유로 3교는 모두 오늘날, 이 땅에 강림하신 보혜사 하나님의 열린 가르침에 귀 기울여 엉킨 실타래를 풀 교화 권능을 받들어야 한다. 그것이 곧 기독교 신앙의 새로운 정립과 전환 인식이다. 위기에 직면해서도 끊임없는 변화를 기도한 탓에 오늘의 기독교가 존재한 것처럼, 지금의 당면한 문제와 앞으로의 역사에 있어서도 그러해야 한다. 변화를 통해 전환해야 하는 것은 기독교 신앙을 버리는 것이 아니다. 새롭게 하는 것이고, 하나님의 항구적인 섭리 뜻을 실현하는 역사 일환이다.

"바빌론에서의 선지자 예레미야와 에스겔은 '성전에 재물을 바치는 것보다 믿음을 갖고 율법을 지키는 일이 여호와를 더 즐겁게 하는 길이다'라고 역설했다. 神에 대한 제물과 제례 의식이 종교 그 자체로 여긴 당시로서는 실로 파격이었다. 그들이 성전에 고착되어 있던 종교를 어디에서도 만날 수 있는 움직이는 종교로 바꾸었다."[48] 그런데 이것이 기독교 신앙

---

47) 포용할 수 있는 조건을 갖추지 못한 탓에 대립한 관점을 취한 것이고, 완성된 신관이 아닌 탓에 서로에 대해 대립함.

48) 위의 책, p.118.

의 태동 때를 맞이하여 다시 전환되는 계기를 이루었다. 그렇게 달라진 조건과 입장을 우리는 비판해야 하는가, 수용해야 하는가? "초대 교회가 모세의 율법과 복음을 분리하지 않았다면 기독교는 어디까지나 유대교의 한 분파로 남았을 수 있다. 그리고 소수 종파 대부분이 그러했듯, 몇 세대 안에 사라지고 말았을지도 모른다. 부활한 그리스도의 복음이 민족적 차이를 아무것도 아닌 것으로 만들었다는 사실을 깨달았기에 기독교는 지속되었고, 심지어 가장 중요한 차이인 아브라함의 자녀들과 모세의 율법 바깥에 있는 이들 사이에 가로 놓인 장벽마저 헐어버려 교회가 세계를 변혁하는 힘을 지녔다."[49] 알다시피 이 모든 신앙의 전환 역사를 주도한 이는 바로 사도 바울이다. 그는 "유대 율법을 대신한다는 주장에 근거하여 할례에 관한 결정을 내렸다. 이로써 바울은 비유대 세계도 이 새로운 종교에 더욱 더 쉽게 접근할 수 있도록 만들었다."[50]

바울은 유대인인바 "그는 자기의 동족인 이스라엘 민족의 운명에 대하여 참담한 심정을 토로한다. 바울의 하나님은 그의 신학 구조상으로 볼 때 이미 구약의 하나님이 아니다. 구약의 하나님은 율법의 하나님이요, 종족의 하나님이요, 진노와 질투의 하나님이지만, 신약의 하나님은 사랑의 하나님이요, 이스라엘 민족의 편협한 울타리를 벗어난 전 인류의 하나님이요, 정의로운 하나님이다. 바울은 유대 민족주의자인데도 결정적인 측면에서 신앙을 새롭게 할 전환 인식을 가진 것은 자기 동족이 예수를 하나님의 아들, 구세주로서 인식하지 못함으로써 구원의 길로부터 소외되었다는 사실에 있다. 그는 상기했다. '나의 동족 이스라엘 사람들은 하나님의 자

---

49) 『그리스도교 역사를 만나다』, 앞의 책, p.65.

50) 『세상의 모든 철학』, 앞의 책, p.222.

녀가 되는 특권이 있고…… 예수그리스도도 인성으로 말하자면 그들의 핏줄에서 나왔다.' 그런데도 자기 동족인 유대인들이 예수를 하나님이 보낸 메시아로 받아들이지 않는 것을 보고 매우 슬퍼한다. 그래서 그는 결단을 내리고 선언했다. 참된 이스라엘 사람이란 아브라함의 핏줄을 받은 육체적 후손이 아니라, 아브라함의 믿음을 계승한 약속의 자녀들이 될 수밖에 없다고……"[51] 이 같은 바울의 전환 인식과 함께 오늘날의 기독교가 있게 된 결정적인 계기는 예수그리스도가 하나님의 아들로서 이 땅에 강림했기 때문이듯, 이 시점에서 다시 그와 같은 신앙 역사를 주도할 전환 인식의 결정적 계기가 이 모든 섭리 역사를 주관한 창조주 하나님이 보혜사 진리의 성령으로서 이 땅에 강림하신 탓이다. 그래서 바울의 판단처럼, 이 연구도 신학 구조상으로 이전 기독교와는 전혀 다른 **"미래 기독교 역사 방향"**을 지침하지 않을 수 없다. 대립을 일으킨 중심축으로서의 기독교가 아닌, 만민을 하나님의 품 안에 모을 보편적인 구원 역사를 주도하기 위해서이다.

이런 필요성과 전환 인식 관점에서 본다면, 초림 예수의 神적 본질과 복음을 살펴보더라도 인류의 보편적 구원 목적에 있어 한계를 실감하지 않을 수 없다. 예수는 어떤 삶의 행각과 사색을 통해 인류를 구원한 그리스도로 각인되었는가? 예수는 말씀과 행함으로 神적 권위를 드러내었고, 이웃의 고통을 보고 기적을 행하였다. 그리고 유대교의 전통적인 종교적 폐습 가치관을 전도시켰다. 이런 혁신 탓에 대척된 기득권 세력으로부터 죽음과 다시 산 부활이 있었고, 사명을 다한 사역의 완수로 인류의 죄악과 고통을 구원한 그리스도(메시아=구세주)로 세워졌다. 하지만 그렇게 사역

---

51) 『도올의 로마서 강해』, 김용옥 저, 통나무, 2017, p.450.

을 완수한 상태인데도 하나님이 창조주로서 지닌 본체를 밝히고 증거하는 역사적 과제와는 거리가 멀다. 이것은 오직 하나님이 진리의 성령으로 강림하시어 밝혀야 한 고유한 권한 역사요, 기대된 말씀의 계시 역사이다. 그것이 곧 오늘날 이 연구가 증거한 지상 강림 역사라, 이때가 되어서야 기독교 신앙이 만 인류를 빠짐없이 구원할 수 있는 새로운 신앙 동력을 얻을 수 있다. 이처럼 기독교의 전환 인식은 인류 역사의 시대적인 전환 요구와도 맞물려 있다. 삼위의 중심이 성부, 성자를 거친 성령의 시대로 옮겨짐으로써 성자 단독의 인류 구원 역할은 역사적 소임을 완수하였다. 다시 말해, 그리스도에 대한 신앙과 기독교 진리가 성자의 시대에는 절대적으로 작용하였지만, 성령의 시대가 개막된 오늘날은 그 같은 신앙 체계와 패러다임만으로서는 하나님이 뜻한 세계 구원 역할에 있어 한계가 있다. 그래서 이 연구는 길을 통해 성자의 시대를 마감하고 성령의 시대 개막을 선언하였다. 하나님이 새로운 모습으로 강림하신 탓에 기독교 신앙도 전면적인 변화가 불가피하다. 신앙적, 교리적, 진리적, 문화적, 제도적으로 지배적인 성자 중심의 신권 질서 체제를 온전히 벗어나야 만민이 구원되고, 만유로부터 하나님에게 이르는 길을 틀 수 있다. 오히려 그런 전환 인식을 통해 기대되는 미래 역사에서의 새로운 기독교 신앙 형태가 바로 예수의 다시 오시는 **"재림 역사"**이다. 이것은 누구도 예기치 못한 역설적 변화이다. 하지만 만유에 적용되는 원칙만큼은 준엄한 것이나니, 오늘의 해가 저물어야 내일에 새로운 태양을 맞이할 수 있는 것처럼, 예수그리스도의 神적 본질에 정점을 둔 기독교적 세계관이 역사의 뒤안으로 사라져야 미래 역사를 주도할 신생 기독교 역사가 다시 시작될 수 있다.

재림 역사는 기독교도들이 자나 깨나 고대한 미래에 펼쳐질 기독교의 막바지 역사 형태라, 그 도래 때가 언제인가 하는 것은 견해가 불분명하다. 이에, 기독교 신학의 초석을 다진 "사도 바울은 '긴박한 재림'을 믿었다. 나아가 이런 판단은 바울의 선교 전략에 있어서 최고로 히트된 논리적 구성 요소이다. 하지만 바울의 이 같은 재림의 시나리오 구성 탓에 기독교는 인류에게 희망과 절망을 동시에 안긴 종교가 되었다."[52] 곧, 때가 이른 섣부른 종말론적 인식이 그러하다. 기독교라는 초대 교회를 지배했던 바울의 담론 의식은 이 연구가 취한 종말론적 관점과도 비슷하다. 하지만 때를 판단한 타이밍 측면에서는 질적인 차이가 있다. 예수는 하나님의 독생자로서 초림 때나 재림 때나 인류를 구원하기 위해 오셨고, 또다시 오실 메시아임에는 변함이 없다. 그리고 그 메시아적 구원은 개인적인 구원뿐만 아니라 우리가 소속한 사회 집단 전체를 구원했을 때 의미가 있다. 세상 전체를 구원한다는 집단적 의미가 있어야 메시아, 즉 구세주로서 설득력이 있다. 그만큼 부여받은 예수의 메시아적 사명은 항상 전체라고 하는 보편적 구원 역사를 지향한다. 그런데 현실의 역사로서 성자 예수는 그 같은 구원 목적을 달성했는가? 당대를 통해서도 다 이루지 못한 탓에 미래의 언젠가에 다시 와 완수할 것을 약속하였다. 그것이 곧 예수의 부활 사건이다. 부활은 단순히 예수가 죽었다가 다시 살아났다는 한 시점의 사건을 의미하는 것이 아니다. 수난(십자가에 못 박혀 돌아가심)→현시(아는 사람에게 나타남)→승천이라는 일련의 과정을 의미한다. 여기서 현시는 반드시 승천을 전제로 한 나타남이듯, 승천 또한 반드시 다시 옴을 위한 궁극적 사건을 전제한다. 다시 옴을 한자식으로 재림이라 하고, 그리스어로 파루시아(parousia)라고 한다. 이런 재림이야말로 부활의 궁극적 의미

---

52) 위의 책, p.343.

가 된다.[53] 기독교 역사 전체, 이스라엘 전체, 더 나아가서는 인류 전체의 대사건, 그리고 우주의 대변혁인 최후 심판을 의미한다. 인류 영혼 전체를 빠짐없이 구원하는 역사라, 이 같은 보편적 구속사의 문제는 예수 당대도 선천 기독교도 아닌, 미래의 기독교 역사가 이룰 재림 사건으로 연기되었다는 뜻이다.[54] 그런데 때 이른 바울의 재림 역사에 대한 긴박한 인식은 엄밀한 세계적 요구 조건에 부합하지 않는다. 재림 역사를 통해서는 초림예수와 기독교가 못다 이룬 인류 모두의 구원 역사 사명을 수행해야 하는데, 바울 당시는 미처 그런 세계적 조건이 순숙되어 있지 못했다. 지금도 기독교는 예수만 다시 오면 모든 문제를 한꺼번에 해결하고, 그때를 기대하면서 맞이하기만 하면 되는 줄 알고 있지만, 그것은 실로 대책 없는 맹목성 믿음이다. 현실적으로 재림 역사가 구체적으로 실현될 수 있는 역사적 기반을 조성해야 하므로, 이를 위해 하나님이 오늘날, 이 땅에 강림하셨다고 해도 과언이 아니다. 여기에 기독교 신앙의 획기적인 전환 인식 요구가 있다.

그렇게 예측되는 역사는 예수가 부활하되 다시는 유대교적 전통 위에서가 아니었듯, 예수가 재림하되 다시는 기독교 신앙의 전통 위에서가 아니다. 다시 말해, **기독교 신앙이 세워지기 위해서는 유대교의 신앙 틀을 깨야 했듯, 미래 인류를 구원할 새로운 기독교는 서양 문명의 전통 틀까지 깨야 한다.** 아무리 기도하고 믿음을 쌓았어도 이것은 하나님이 이천 년 기독교 역사를 통해 밝힌 분명한 결과 뜻이다. 냉철하게 직시한다면, 이것은

---

53) 부활 사건은 예수가 죽음 가운데서도 살아 있어 다시 세상 가운데 오리란 약속을 실현할 기대를 안긴 것임.

54) 위의 책, p.52.

만세 전부터 하나님이 새로운 신앙 역사를 도모할 때마다 취한 정형화된 역사 방식이다. "옛 아담의 죽음이 새 아담의 생명의 조건이다."[55] 새 기독교 역사 창조는 옛 기독교 역사의 죽음 위에서 완성된다. 지상 강림 본체가 드러난 탓에 초림 예수의 메시아적 사명 본질은 역사적으로 마감된 것이라고 할 수 있다. 하나님의 지상 강림 역사는 기존 신앙과 신관, 교리관, 진리관적 전통을 마감하고, 새로운 세계를 여는 역사 창조의 문명적 기반이다. 그것은 기존 신앙 전통을 전면적으로 부정하는 역사가 아니고 마감, 마무리, 결실을 위한 역사이다. 엑기스화함을 통해 새 질서 창출의 터를 닦음이다. 칼 바르트는 "하나님의 참지식은 그리스도를 통하지 않고 성령의 도움 없이 절대 가능하지 않다"[56]라고 단정하였지만, 그것은 명백히 하나님의 지상 강림 본체가 드러나지 않았을 때의 판단이다. 그래서 드러난 지금은 이런 사실을 배제한 판단인 탓에 수정이 불가피하다. 이런 전환 요구 조건이 선천 기독교의 한계와 새로운 기독교의 추구 방향을 결정한다. **미래 기독교 역사는 기존 기독교 역사가 이루지 못한 하나님의 창조 세계를 포괄해야 한다.** 각 종교는 미래 역사에서 그들이 신앙하는 교주들이 다시 강림할 것을 기대하고 있거니와, 그런 재림 역사 기대가 비단 못다 한 약속과 사명을 실현하기 위해서만은 아니다. 인간 본성이 황폐해지고 한계성에 직면한 세계의 종말 상황에서는 어떤 형태로든 성인들의 재차 강림이 절실하게 요청되는 때인 것만은 분명하다. 그리고 미래 사회에서는 일찍이 인류의 성현들이 일군 믿음, 사상, 가치, 진리성이 새롭게 빛을 발할 때가 도래할 것인데, 그 같은 바람과 기대와 세계적 조건을 기독교가

---

55) 「칼 바르트의 신인식론에 관한 연구」, 앞의 논문, p.18.

56) 위의 논문, p.19.

굳게 믿은 재림 역사가 충족시켜야 한다. 재림 역사는 기독교 신앙을 변화시키고 전환하는 데 있어 새로운 동력을 제공한다. 그것이 초림 예수가 이천 년 전에 희생함을 통해서도 이루지 못한 제3의 인류 문명 창조이고, 창조 본의에 입각한 인류 통합 사명이며, 미래 기독교의 보편적인 인류 구원 사명이다. 예수가 밝힌 가르침이 그러했듯, 재림의 시기 결정과 세계적 기반은 예수 자신도 기독교인도 아닌, 아버지 하나님이 직접 터 닦아 아들 예수의 재림 길을 예비하시리라.

제8편

문명 통합론

기도: 태초의 천지 창조 역사 이래 인류 문명을 통합하는 것은 하나님이 만세 전부터 주재한 창조 목적 실현 뜻이고, 미래 역사에서 이루고자 하는 역사 추진 방향일진대, 그 본의 뜻과 의지를 확실하게 천명해 주소서! 그리하면 이 연구가 하나님이 이루고자 하는 문명 통합 과제와 방법과 형태, 그리고 계획을 구체화해서 인류가 나아가야 할 미래 역사의 방향을 정확하게 지침하겠나이다.

문명 통합 의도, 그것이 과연 하나님이 만세 전부터 이루고자 한 섭리 뜻에 합당한 것인지? 합당하다면 어떻게 무엇에 근거해야 그 뜻을 실현할 수 있는 것인지 하나님께서 제게 말씀하여 주소서!

말씀: 예수께서 가버나움에 들어가시니…… "내가 진실로 너희에게 이르노니, 이스라엘 중 아무에게서도 이만한 믿음을 만나보지 못하였노라." …… "가라, 네 믿음대로 될지어다" 하시니……(마, 8: 5~13)

증거: 내가 어떤 하나님을 만나는가? 어떤 믿음을 가지는가? 내가 믿고 생각하는 하나님은 보다 크시다. 이만한 믿음을 가진 자를 보지 못했다. 산상보훈(마, 5장~7장). 그 말씀에 권세가 있다.

단지 한 말씀만 해주십시오. 내가 달라지고 환경이 바뀌고 시대가 달라진다. 말씀만 하시면 모든 것이 끝난다.

제34장 개관(인류 역사 방향)

1. 길을 엶

하나님이 태초 이전의 천지 창조에 대한 뜻을 발현하셨을 때 천지 만물을 왜, 어떻게, 무엇을 근거로 창조할 것인가에 대한 계획을 철저히 세웠고, 그것을 오늘날 강림하시어 진리의 성령으로서 밝힌 것이 계시가 된 창조 본의이듯, 그에 버금가는 제2의 창조 역사가 태초 이래로부터 지금까지 주재된, 인류 역사를 창조 본의 안에서 하나 되게 할 문명 통합 역사이다. 그것이 **만세 전부터 주재한 창조 목적 실현 뜻이고, 미래 역사에서 이루고자 하는 역사 추진 방향일진대, 그 본의 뜻과 의지를 확실하게 천명해 주소서! 그리하면 이 연구가 하나님이 이루고자 하는 문명 통합 과제와 방법과 형태, 그리고 계획을 구체화해서 인류가 나아가야 할 미래 역사의 방향을 정확하게 지침하겠나이다.** 하나님의 뜻을 확인하기 이전에 이 연구가 일구고 준비한 진리 인식 과정은 세계에 대한 저의 주관적인 판단에 불과합니다. 통찰한 일체 과정에 하나님이 진리의 성령으로서 함께한 사실에 대한 동의가 있어야 이전에도 그러하였듯, 이 순간과 앞으로의 과정에서도 부여받은 열린 가르침의 권능으로 하나님의 뜻을 대언하는 사명을 수행할 수 있겠나이다. 하나님, 저의 길뿐만 아니라 인류의 미래 역사를 밝혀 보여 주소서! 그것은 하나님이 이루실 인류 사회와 문명을 통합할 의지 천명 하나로 충분합니다. 그리하면 방황하는 인류가 나아가야 할 구원 역사의 방향과 극복해야 할 역사적 과제를 지침할 수 있겠나이다. 아멘 (2022. 4. 20. 07:40).

인류 역사와 사회와 문명……을 하나님의 지상 강림 본체 안에서 하나되게 하는 것은 하나님이 천지를 창조하고 인류 역사를 주재한 섭리 역사의 대 결실이자 완성이며, 목적을 실현하는 필수 절차이다. 그곳에 만 인류의 보편적 구원과 지상 천국 구현이 있다. 이것이 하나님이 강림하시어 이루고자 하는 미래 역사의 추진 목적일진대, 이 같은 문명 통합 의지가 확고하다면, 이 연구는 그 뜻을 받들어 인류를 하나님의 품 안에서 하나되게 할 문명 통합의 구체적인 프로젝트를 제시해야 한다.

미래 기독교 역사를 펼치면서 지금까지 잠재하고 있던 재림 역사에 대한 인식이 비로소 구체화되고 있다. 기존 기독교 신앙을 전환하고 새로운 기독교를 세우는 데 있어 재림 역사가 역사의 한 중심에 서서 구원 역사를 주도하리란 판단이다. 초림 예수가 선천의 기독교 역사를 추진시킨 중심을 이루었듯, 재림 예수는 미래의 기독교 역사에 있어서 새로운 기독교 역사를 추진시킬 기독교 창립의 주체가 될 것이다.

문명 통합 역사는 하나님이 미래 역사에서 이룰 강력한 역사 추진 의지이고 뜻이다. 또한, 그것은 하나님이 천지를 창조한 목적 실현의 일환이자, 주재한 섭리 뜻의 완성 의지이기도 하다.

문명 통합은 지난 역사의 결실인 동시에 미래 역사를 추진시키는 기반이다.

하나님, 분열될 대로 분열된 인류 사회를 하나님의 지상 강림 본체 안에서 하나 되게 할 문명 통합 역사는 하나님의 창조 뜻을 결집하는 미래 역사의 확고한 추진 방향인 것을 믿습니다. 그런데도 부족한 이 자식은 인간적인 입장에서 인류가 바라보고 나아가야 할 미래 역사의 방향이 무엇인지 궁금합니다. **문명 통합 의도, 그것이 과연 하나님이 만세 전부터 이루고자 한 섭리 뜻에 합당한 것인지? 합당하다면 어떻게 무엇에 근거해야 그 뜻을 실현할 수 있는 것인지 하나님께서 제게 말씀하여 주소서!** 하나님이 이 땅에 강림하신 만큼, 직접 미래 역사의 추진 방향과 목적과 본의를 계시해 준다면 이 자식은 하나님이 왜 무엇 때문에 그 같은 역사를 이루고자 하는 것인지 분명한 근거와 이유를 밝힐 수 있겠나이다. 인류 역사의 처음 시작된 출처와 도달할 귀의처를 알아야 하나님이 뜻한 섭리 역사의 전체적인 추진 방향을 가닥 잡을 수 있나니, 그 뜻을 본 편을 통해 구체화할 수 있게 하여 주소서! 하나님이 이루고자 하는 인류가 나아가야 할 미래 역사의 추구 의지를 밝혀 주소서!

동서양을 막론하고 선현들의 사상과 진리성을 수용하지 않고서 그것을 진리라고 믿는 뭇 인류를 하나님에게로 인도하기는 어렵다.

인류가 일군 문명 역사를 통합하는 것은 강림하신 하나님이 이 땅에서 실현할 실질적인 권능 역사이다. 선천의 어떤 성인도 영웅도 사상가도 이루지 못한 역사를 이 땅에 오신 하나님의 지상 강림 본체는 능히 수행하리라.

2. 간구

천지 역사는 창조 이래 분열에 분열을 거듭하였지만, 그런 만큼 통합에 대한 요구 역시 인류 역사를 관장한 절실한 추진 방향이었다는 사실을 부인할 수 없습니다. 단지 때가 이르지 못한 상태에서 섣부르게 추진된 것이 실패와 좌절을 낳았던 것뿐입니다. 그래서 부족한 이 자식이 어제오늘만의 요구가 아닌, 유구한 인류 역사의 추구 의지를 집약해서 하나님의 창조 뜻을 받들 **"문명 통합론"**이란 대 역사적 기치를 세우고자 합니다.

그것은 밝힌 바 이 땅에 강림하신 하나님의 실질적인 주재 권능을 증거하는 일환으로서 선천 문명과 역사와 진리를 통합하는 제2의 창조 역사 권능이다. 문명과 역사를 통합하는 것은 그것이 곧 하나님이 태초에 천지 만물을 창조하고, 만 역사를 주관한 창조주란 사실을 그대로 증거하는 것이다. 하나님의 창조 뜻을 모른 상태에서의 인류는 대부분 전쟁을 치르고 난 이후에야 자신이 바란 다양한 요구를 포기하거나 쟁취하였나니, 전쟁에서의 승리, 혹은 패배는 마치 神의 뜻인 것처럼 역사와 인간의 생각을 종결짓고 심판했다. 하지만 하나님이 강림하신 이후로는 그렇지 않나니 문명 통합, 그것이 버릴 것을 버리고 남길 것을 남기는 강력한 역사 심판 작용을 하리라. 역사는 인간이 기대한다고 해서, 혹은 요구한다고 해서 그대로 실현되는 것이 결코 아니다. 이면에서 작용한 하나님의 뜻과 주재 의지를 인류가 실감해야 한다. 역사는 직접 맞닥뜨린 이 순간에 이루어지고 있고, 우리가 전혀 예상치 못난 역사를 실감하게 된다. 그래서 역사이다. 역사는 살아 숨 쉬고 있고, 아직 도래하지 않은 미래가 오늘의 역사를 창조한다. 이 순간, 인류 역사에 대한 문명 통합 인식이 그러하다. 그것이 과연 무엇인가? 장차 하나님이 미래 역사를 통해 이루고자 하는 문명 통합은 인류를 구원하는 보편적인 역사 형태이며, 실현 의지이다.

그런데도 부족한 이 자식은 그 같은 하나님의 주재 뜻을 직접 확신할 수 있어야 인류 영혼을 그와 같은 방향으로 인도할 말씀의 가르침을 확실하게 지침할 수 있겠나이다. 하나님, 이 같은 간구에 대해 준엄한 뜻이 함께하여 주소서! 말씀으로 역사하여 주소서! 성령으로 임하여 주소서! 인류 역사의 절대적인 주재 권능을 장차 이룰 문명 통합 의지로 천명해 주소서! 하나님의 말씀을 받들기 위해 이 자식이 거룩한 새벽의 성전에 무릎 꿇어 절실한 마음으로 기도하나이다. 인류 사회를 하나님의 뜻 안에서 일체화시킬 문명 통합 역사는 하나님이 태초로부터 주재한 섭리 역사의 본질을 드러내는 것이고, 주재할 섭리 역사의 권능 의지를 천명하는 사실이란 것을 믿습니다. 그만큼 문명 통합 역사는 선천 하늘의 구조적인 모순을 해결하고, 대립한 상대성을 극복해서 만 인류를 보편적으로 구원할 제3의 차원적인 문명 형태가 될 것을 예상합니다. 그 같은 문명의 문을 열어젖힐 수 있도록 미래 역사의 방향을 말씀으로 지침하여 주소서! 하나님이 이루실 인류 역사의 주재 의지를 밝혀 주소서! 그것이 곧 종말에 처한 인류를 확실하게 구원하고, 미래를 보장하는 구원의 약속이자 의지 천명인 것을 믿습니다. 하나님, 말씀으로 저술의 방향과 관점을 지침해 주시옵고, 권능으로 권고해 주소서! 하나님의 말씀 역사로 인류가 새로운 문명 질서를 맞이할 수 있게 하여 주소서!

3. 성경 말씀

예수께서 가버나움에 들어가시니······ "내가 진실로 너희에게 이르노니, 이스라엘 중 아무에게서도 이만한 믿음을 만나보지 못하였노라."······ "가라, 네 믿음대로 될지어다" 하시니······(마, 8: 5~13)

4. 말씀 증거

2022. 4. 27. CTS 기독교 TV, 05시 30분, 생명의 말씀.

제목: "말씀만 하옵소서"

인도: "너희를 부르시는 이는 미쁘시니, 그가 또한 이루시리라(데살전, 5: 24)."

말씀: 알렉산더 대왕, 부하 장군들에게 퇴역 후 어떻게 할 것인가? 한 나라를 주소서! 불경죄 우려. 그러나 대왕의 대답은 "그는 내게 큰 영광을 안겼도다. 한 나라를 가져라(이 말은 원한대로, 요구한 대로 해주신다는 것임)."

내가 어떤 하나님을 만나는가? 어떤 믿음을 가지는가? 내가 믿고 생각하는 하나님은 보다 크시다. 신약에서 믿음이란 단어 60번 이상 나옴. 어린 시절 가장 큰 집이 교회당이고 초등학교, 그리고 동네. 큰 집이고 큰 동네인 줄 알았다. 그곳에서 믿음과 꿈을 키웠다. 예수를 감동하게 한 큰 믿음의 사람. 이만한 믿음을 가진 자를 보지 못했다. 산상보훈(마, 5장~7장). 그 말씀에 권세가 있다. 그리고 8장 1절 펼침. 9장, 10장······ '이르시되'가

6번 나옴. 권세 어린 말씀과 기적이 연결됨. 권세를 행한 그 사건, 예수가 산에서 내려오심-가버나움. 중풍으로 고생함. 내가 가서 고쳐 주리라. 고쳐줄 수 있다고 믿느냐? 백부장의 대답-말씀만 하옵소서! 예수가 놀라며, 이만한 믿음을 보지 못했다. 믿음이 하나님을 감동하게 하고 예수를 놀라게 할 수 있다면……"네 믿음이 크도다." 뛰어넘는 믿음, 감동, 깜짝 놀라게 함(문명 통합 역시 그 같은 믿음대로 되리라. 그렇게 이루리라). 사람을 감동하게 해도 100배의 배상, 하물며 하나님을 감동하게 하면 보지 못한 이적과 기사가 일어남. 백부장 점령군 사령관-자기 하인의 병을 고쳐 달라. 재산 목록 중 하나. 파이스-자식처럼 소중한 자(종이 아님). 그래서 주님이 놀랐다. 품성이 뒷받침된 믿음. 그뿐만 아니라 경의를 표하며 귀인을 귀인으로 대함. 직접 나와 고쳐 달라고 함. 겸손한 믿음. 그 신앙에 대한 경외감이 주님을 놀라게 하고 감동하게 함. "내가 가서 고쳐 주리라." "다만 말씀으로만 해주시면 병이 낫겠나이다." 이분은 하나님이시다. 이분은 하나님의 아들이시다. 이방인인 우리 집에 오신 것을 감당치 못하겠나이다. 단지 한 말씀만 해주십시오. 내가 달라지고, 환경이 바뀌고, 시대가 달라진다. 말씀만 하시면 모든 것이 끝난다(모든 인간적 간구, 기대, 소망이 이루어짐). 오직 한 마디, 한 말씀만으로 끝장납니다. 모든 문제, 모든 고뇌, 모든 질병이…… 중풍은 난치병, 불치병-의학으로 고칠 수 없는 병을 무슨 믿음이 있어……"가라, 믿음대로 되리라." 하나님은 말씀 한마디로 천지를 창조. 그리고 우주가 생겨남. 한 말씀으로 모든 문제가 해결됨. 신학대학 시절, 교수와 학생 간의 논쟁. 갈대 바다를 지나갔다는 것에 대해 논쟁함. 신학은 신학, 예수는 예수, 성경에 기록된 대로 산다. 목회한다. 이것이 1학년 때의 결단. 말씀에 목숨을 걸었다. 여기에 능력이 있다. 이스라엘 백성이 홍해를 건넜다. 모세가 지팡이를 치자 홍해가 갈라지며 길이 생겼다. 무엇을 못 믿는가? 무엇이 잘못된 것인가? 할 수 있거든이 무슨 말이냐…… 시대와 역사가 달라집니다. 오직 한 말씀만 하옵소서! 아멘.

5. 길을 받듦

하나님이 길이 일구고 준비해서 간구한 문명 통합 역사 인식에 대해 그만큼 큰 믿음을 보지 못했다고 응답하시고, 믿음대로 될 것이다. 그렇게 이룰 것이라고 인류의 미래 역사에 대한 주재 의지를 인준해서 천명하시다. 하나님은 능치 못할 역사가 없으시니, 문명 통합 역시 그러하다. 그 믿음, 그 역사가 크면 클수록 하나님께 더 큰 영광을 드러내는 것이다. 말씀만 하옵소서! 그 말씀 한마디란 바로 "네 믿음대로 되리라"이다. 이것은 길이 간구한 문명 통합 역사 인식에 대해 하나님이 완전하게 동의한 성령의 계시 역사이다. 문명 통합 인식이 하나님의 뜻과 일치된 길의 대언 사명에 대한 뒷받침이다. 길의 입장에서는 감당하기 어려운 하나님의 은혜이지만, 하나님으로서는 길의 문명 통합 의지 실행에 대해 이미 관여하였고, 임재해서 뜻을 표명하였다는 뜻이다. 그리하여 이 연구의 문명 통합 역사 준비가 하나님의 뜻에 합당하므로 간구를 그대로 가감 없이 인준한 것이다, 그러므로 이 연구는 그만한 믿음과 책임감을 가지고 **"문명 통합론"**을 저술할 수 있다.

깨닫고 보니 **하나님의 창조 본의(뜻)=문명 통합 의지=인류 심판 기준이다.** 미래 역사에서 하나님이 이루고자 하는 문명 통합 역사는 인류 구원의 보편적 역사 형태이고, 실현 의지라는 사실을 확신할 수 있어야 이 연구가 인류 영혼을 그와 같은 방향으로 인도하고, 가르침으로 일깨워 실행 계획을 구체화할 수 있다. 즉, 문명 통합은 만 인류가 나아가야 할 미래 역사의 추진 방향으로서, 그것이 선천의 분열과 대립으로 인한 종말 요인을 극복하고, 인류 영혼을 빠짐없이 구원하는 길이다. 바로 그 같은 역사 실현의 구체적인 방안에 오늘날 하나님이 이 땅에 본체를 드러낸 지상 강림 역사가 있다. 그 지상 강림 본체를 구심점으로 했을 때, 만 인류를 하나 되게 할 문명 통합 역사가 현실화하리란 것이 이 연구의 믿음이다.

이 연구는 하나님의 전에 나아가 간구할 분명한 주제를 내세웠고, 하나님은 그 간구 기도에 응하여 "네 믿음대로 되리라"라고 하셨다. 하지만 제삼자로서는 그 믿음이란 것이 도대체 무엇인지 여전히 궁금할 수 있다. 그 믿음이 성경에 기록된바 예수가 당면한 정황상으로는 아무리 불치의 병이라도 반드시 치유할 수 있다는 백부장의 신뢰를 나타낸 것이지만, 길의 간구 주제에 비추면 인류의 미래 역사에 대한 하나님의 결정 의지 천명이 된다. 그렇다면 길의 간구에 무슨 하나님에 대한 믿음이 함재 되었기에 간구한 뜻이 그대로 하나님의 뜻으로 인준되어 장차 이룰 인류 역사의 주재 의지를 총체적으로 뒷받침하는 것으로 약속된 것인지, 자초지종을 따져 하나님이 수락한 "네 믿음"을 간구한 길의 입장에서 직접 밝히면, 먼저 주목할 것은 지금 이 연구가 애써 설명을 덧붙여야 할 만큼, 하나님은 단 한 말씀만으로 간단명료하게 응답하셨다는 데 있다. 이것은 무엇보다도 기도한 길의 간구 조건을 고려한 하나님의 맞춤형 응답 결과이다. 지금 길의 간구 성격은 어떤 이유로도 세상적으로는 근거를 대거나 합리적일 수 없는 황당무계한 생각이고, 주관적인 판단이란 사실을 스스로 인정한 상태에서 전제한 것이 하나님의 전에 나아가 고한 "길의 간구 주제"이다. 그런데도 이 같은 뜻이 하나님의 뜻으로 전환되고 일시에 승화될 수 있는 길이 있는데, 그것이 바로 지금, 이 순간 하나님의 전에 나아가 말씀의 응답과 계시가 된 가르침으로 하나님으로부터 직접 '동의'를 구하는 절차이다.[1] 그 모든 가능성을 확신한 이것이 '길의 믿음'이다. 이런 간구의 전제 주제에 응해 하나님이 "네 믿음대로 될지어다"라고 한 인준 말씀으로 응답하신 것이다. "가라, 네 믿음대로 될지어다"란 다시 말해, 길의 간구를 그대로 승인, 공인, 하나님이 그 뜻과 함께하겠다 하심이다. 하나님은 모든 것을 헤아리시니, 더 나아가서는 이만한 믿음을 가진 자를 보지 못했다고 하셨다.

그러니까 더욱 궁금해지는 것이 "이만한 믿음"이 무엇인가에 관한 자세한 설명 문제이다. 곧, 본 논의 주제 타이틀이 **문명 통합론**인 바, 문명 통합은 분열만을 거듭한 인류 역사가 정열적으로 꿈꾸고 시도는 했지만, 실현하거나 도달하지 못한 인류 앞에 가로 놓인 미래 역사의 과제로서, 이것은 인류 전체의 과제인 동시에 창조 이래 뜻한 하나님의 역사 실현 과제이며, 나아가서는 그 뜻을 받든 이 연구의 추진 과제이기도 하다. 실로 하나님만이 행할 수 있는 절대적인 권능 역사 중 하나로서 **태초의 천지 창조가 이미 완료한 역사이고, 인류의 주재 역사가 삼세 간에 걸쳐 진행 중인 역사라면, 문명 통합은 미래 역사에서 반드시 이룰 권능 역사이다.** 밝힌 바 천지 창조 역사 권능은 그대로 문명 통합 역사 권능이라, 그것은 만세 전부터 하나님이 주재한 천지 창조 목적 실현의 뜻이고, 미래 역사에서 이루고자 하는 역사 추진 방향이다. 이 같은 길의 인식에 대해 하나님에 의한

---

1) 하나님의 뜻에 대해 동의를 구함에 따른 하나님의 응답 방법과 말씀의 수락 형태가 "가라, 네 믿음대로 될지어다"란 계시 말씀임.

문명 통합 의지와 뜻을 확인하고 밝힘은, 그것이 그대로 인류의 미래 역사에 대한 하나님의 주재 의지가 되고, 하나님의 지침이 된다. 그래서 이 시점에서 하나님이 뜻한 문명 통합 의지를 반드시 확인하고 넘어가야 하는 이유는, 그리해야 그와 같은 방향으로 인류의 미래 역사를 지침하고 추진할 프로젝트를 준비하고 세울 수 있다. 이런 필수 절차를 거쳐야 하나님이 이루고자 한 태초의 천지 창조 목적과 인류의 보편적인 구원 목적과 예언된 재림 역사를 실현하고, 이 땅에서 제3의 차원 문명을 건설할 수 있다.

이처럼 길의 추구를 통해 일군 믿음과 이 같은 인식을 기반으로 한 길의 간구, 곧 인류 사회의 문명 통합 기대에 대해 하나님은 어떤 말씀을 주시고, 뜻을 밝히셨는가? 알렉산더 부하 장군의 요구와 알렉산더 대왕의 태도와 대답. "그는 내게 큰 영광을 안겼도다." 한 나라를 가질 만한 충분한 업적과 자격 갖춤을 인정함. 즉, 우리가 믿고 생각하는 것보다 하나님은 보다 크심. 하나님은 우리가 가진 믿음대로 이루어 주심. 아니 더 크게 이루어 주심. 그 믿음이 무엇인가? 우리가 처한 실존 상황은 모두 마찬가지, 믿음대로 이루어 주시리란 약속은 이전이나 지금이나 늘 하셨고, 또 들은 말씀이다. 그런데 우리는 또한 늘 긴가민가한 상태. 그래서 정말 믿은 대로 이루어 주시는 줄 사전에 알았더라면 더 크고 간절한 믿음을 요구했으리라. 믿지 않아 이루지 못하고, 작게 가져 후회하는 것은 믿음이 적은 우리자신이지 하나님이 아니다. "가라, 네 믿음대로 될지어다." 이처럼 하나님은 이천 년 전에 이미 예수의 말씀 권능을 통해 공언하셨다.

그 믿음이 정말 무엇인가? 어떤 믿음이기에 "단지 한 말씀만 해 주십시오. 우리가 달라지고, 환경이 바뀌고, 시대와 역사가 달라진다. 말씀만 하시면 모든 것이 끝난다. 한 말씀만으로 끝장납니다." 물론, 이미 하나님은 그 한 말씀만의 절대적인 권능으로 천지 만물을 창조하셨고, 우주를 생겨나게 했다. 그런데 그 한 말씀의 권능이 너무 커 우리 자신이 실감하기 어렵다. 의학으로 고칠 수 없는 난치병을 치유하는 것도 경험하기 어렵고, 모세가 지팡이로 홍해를 가른 기적도 현재로서는 보기 어렵다. 하지만 이 순간, 길의 간구 믿음에 대한 하나님의 응답 말씀은, 그 말씀 한마디에 인류 역사의 미래와 운명이 결정될 만큼 우리가 바뀌고, 문명이 바뀌고, 시대와 역사가 달라짐을 직접 실감할 수 있다. 그 길의 간구 주제가 정말 무엇인가? 이 연구가 새벽에 말씀의 성전에 나아가 간절하게 구한 하나님의 뜻과 판단은 다름 아닌 길을 통해 일군 문명 통합 의지, 즉 집필하고자 한 **"문명 통합론"**이 하나님의 뜻인지, 아닌지? 그 뜻의 확인과 결정 여부에 따라 인류의 미래 역사에 있을 문명 통합, 보편적인 구원 역사, 그리고 제3의 문명 건설 길이 열리고 닫힌다. 왜냐하면, 인류 역사는 하나님이 주관한 역사인 탓에 하나님의 주재 의지와 뜻이 없다면, 어긋난다면, 함께하지 않는다면, 어떤 길도 열 수 없다. 그래서 오늘, 이 순간에 하나님의 뜻을 확인하는 것이 중요하다. 단 한마디 말씀의 뜻…… 그 말씀의 권능이 천지 만물을 창조했듯, 미래의 인류 역사 주재에도 작동하리라. 하나님의 문명 통합 뜻이 인류의 미래 역사 추진 방향과 문명 역사 형태를 결정하리라.

제35장 통합 과제

1. 문명 전환 때

 아직 천지 창조 역사가 인류 역사의 첫 출발점으로서 공인된 상태는 아니지만, 그렇게 해서 이루어진 역사 과정을 통해 인류가 문명을 이룬 흔적을 남긴 것은 확실하다. "바빌로니아, 이집트, 중국, 인도, 콜럼버스 이전의 멕시코 문명, 고전 문명 또는 그리스-로마 문명, 마기(조로아스터교) 문명 등등(슈펭글러)."[1] 각 문명은 나름대로 성장, 성숙, 몰락한 과정을 거쳐 현대 문명으로까지 이어졌다. 이들은 선천 문명인 만큼, 세계적으로 확대되기까지는 한계가 있어 오늘날 당면한 문명 통합 과제까지 수행하거나 해결했다고 보기는 어렵다. 그래도 한 가지 분명한 사실은 인류 문명의 터전을 마련했고, 그를 통해 미래 역사를 추진할 수 있는 씨앗을 남긴 것은 확실하다. 그것이 무엇인가? "날이 갈수록 오묘해지고 기품을 더한 '문화'이고, 삶을 살아가는 방식에 있어서 문화생활에 필요한 물질적, 제도적 조직 등을 정비하고 발전시킨 것인데, 이것을 곧 '문명'이라고 한다."[2] 이런 문명 역사 단위가 창조 이래 분열을 본질로 했던 지난날은 개별적으로 흥망성쇠를 거듭하였고, 독단적인 특성이 있는 탓에 지배 세력 간의 영역이 겹

---

1) 『생각의 역사』, 앞의 책, p.270.

2) 『업그레이드 먼 나라 이웃 나라(네덜란드)』, 앞의 책, p.38.

쳤을 때는 충돌 또한 불가피했다. 그런 대립 구도가 현대 문명으로까지 이어져 물리적 공간으로서는 세계가 지구촌을 이루었지만, 내면적인 양상은 명맥을 이은 어떤 문명 체제도 인류 문명을 하나 되게 할 수 있는 통합 역량을 갖추지 못하고 있다. 그만큼 세상과 세계는 변화했고, 또 발전했다고 하지만, 창조 이래의 인류 역사가 끝내 세계의 분열적인 본질은 벗어나지 못했다. 특정 문명에 의해 장기적인 지배력을 가진 역사는 있었지만, 그렇다고 문명 역사를 통합할 수 있는 조건까지는 갖추지 못했다. 예나 지금이나 상대적, 대립적, 독자적인 문명 체제를 벗어나지 못한 상태이다. 이런 한계 문명 체제가 과연 언제까지 얼마나 지속될 수 있으리라고 보는가? 그 답은 일찍이 슈펭글러라는 철학자가 직시해서 예고하였다. 선천에서 생성하고 명멸한 인류 문명은 성숙을 거쳐 몰락해 다시는 돌아올 수 없는 길을 간다. 지금 성세 중인 서구 문명이라고 해서 특권적인 지위와 본질을 갖춘 것은 없다. 그저 개별 문화로서 성장과 몰락이란 유기적 순환 과정을 되풀이할 뿐이다.[3] 서구 문명마저 그러할진대, 그렇다고 이 같은 문명 역사 형태가 영원히 반복될 것인가 하면, 그런 것도 아니다. 분열을 본질로 한 선천 문명은 언젠가는 분열이 극한 한계점에 도달하고, 종말의 때를 맞이하나니, 이것이 곧 우주적 본질이 대전환점을 맞이하는 문명 통합 때라, 인류 역사가 분열의 역사를 마감하고 통합의 역사로 전환되지 않을 수 없는 이유이다. 종말의 절망적 도래 상황인 동시에 문명 통합의 필연적 근거이자 이유이다. 이런 종말과 전환 때의 동시 도래와, 문명이 처한 상황 탓에 어떤 이는 이 같은 문명 전환 역사의 도래를 일컬어 종말이나 멸망적인 관점을 취하기도 하고, 새로운 세계의 도래를 기대하기도 했다. 몰트만(신

---

3) 『생각의 역사』, 앞의 책, p.270.

학자)의 경우, "종말론에 대한 새로운 이해를 신학의 출발점으로 삼았다. 종말론을 기독교 희망론으로 전환해 예수그리스도의 계시를 하나님의 미래, 곧 하나님의 새로운 세계에 대한 약속"[4]으로 해석했다. 하지만 그처럼 희망론을 펼친 것에는 하나님의 미래 세계에 대한 기독교 신앙의 새로운 약속을 현재의 기독교 신앙 틀 안에서 해석한 안이함도 포함하고 있다. 현재의 기독교 신앙과 새로운 기독교 신앙으로의 전환 사이에는 인류가 반드시 통과해야 하는 '심판의 문'과 거쳐야 하는 '구원 통로'가 있다. 이런 절차 과정에서 문과 길을 통과하지 못한 자는 전환할 길이 막히는 종말의 때가 되고, 통과한 자는 새 하늘과 새 질서란 희망의 세계를 맞이한다. 그렇게 맞이한 하늘 아래서 바라본 과거 기독교는 전혀 격이 다른 기독교가 되어 있을 것이다. 그런 의미에서 본다면 종말론은 마지막이 아니라 새로운 시작인 것이 맞다. **하나님이 살아계시는 한 하나님이 창조한 세계 안에서 총체적인 종말은 없다.** 우주적 본질의 전환, 곧 분열 문명에서 통합 문명으로서의 전환은 영속할 하나님의 창조 역사를 지속시킬 원동력이다.

그래서 서양의 예언들은 종말론에 치중한 경향이 짙지만, "동양의 정역(正易) 원리에서는 문명 전환의 때가 오히려 온갖 인류의 부조리가 사라지고 낙원이 이룩되는 신세계, 그래서 지구의 종말이 아니라 지구의 성숙을 강조하였다."[5] 이 같은 긍정적인 인식 관점이 문명 통합의 때이고, 분열을 극복하고 해결해야 할 미래 인류의 역사적 과제이다. 분열을 극한 현대 인류가 구축한 문명 형태와 시스템 조건으로서는 멸망할 것이 기정사실이다. 그만큼 진상을 정확히 판단해야 하고, 그다음은 해결할 문명 통

---

4) 「20세기 신학 사상 연구」, 백승범 저, 목원대학교, 신학, 석사, 2014, p.55.

5) 『부처님이 계신다면』, 앞의 책, p.198.

합의 고를 터야 한다. "독일의 철학자 카를 야스퍼스는 인류 역사에서 축의 시대(Axial Age)로서 생산적인 영감을 일으킨 시기가 있었다고 했는데, 정말 이 시기에 인류가 정신적 발전에서 중심축을 이루었다(대략 기원전 900년부터 기원전 200년 사이). 그런데 문제는 인류 역사가 그렇게 겪은 '축의 시대'의 통찰을 아직 더 이상 넘어선 적이 없다는 데 있다. 정신적이고 사회적인 위기의 시기에 인류는 늘 축의 시대를 돌아보며 길을 찾았을 뿐이다."[6] 그 이유는 선천 역사가 창조 이래 분열 문명의 꼬리를 이었기 때문이고, 그렇게 분열된 선천 역사를 일관시킬 문명 통합의 때를 맞이하지 못한 탓이다. 하지만 창조주 하나님이 이 땅에 강림하신 오늘날은 밑도 끝도 없이 분열만 거듭한 선천 문명이 짊어졌던 창조 본의와 뜻을 밝히고, 구심 역할을 담당할 강림 본체가 드러난 만큼, 인류 문명을 통합할 수 있는 일체 조건을 갖추었다. 바야흐로 축의 시대 틀을 깰 수 있는 디딤돌을 마련한 것이다. 그 대단원에 걸친 문명 전환과 새로운 질서 세계로의 진입 역사는 인류가 인위적으로 성사시킬 수 있는 것이 아니다. 그래서 이런 인식 전환의 근거에 대해 동양 문화에서는 天命에 의탁했다. 즉, "하늘은 백성을 억압하는 통치자에게 天命을 빼앗아 그것을 더 자격을 갖춘 왕조에 준다."[7] 그렇다면 문명의 전환과 새로운 통합 질서는? 천지를 창조하고 인류 역사를 주재한 하나님의 주재 뜻에 달렸고, 그래서 인류로서는 어쩔 수 없이 맞이하게 된 것이 종말 국면이다. 맞닥뜨릴 수밖에 없는 것이 인류 심판 역사이다. 그런 전환의 때를 판가름하는 절대 기준이 바로 이 연구가 밝힌 지상 강림 본체의 드러남이다.

---

6) 『축의 시대』, 카렌 암스트롱 저, 정영목 역, 교양인, 2020, p.앞 표지글.

7) 위의 책, p.70.

하나님이 본체를 드러낸 지상 강림 역사가 선천 문명의 분열성을 마감시킨다고 할 수 있다. 아울러 새롭게 추진할 문명 통합 역사는 天命의 전환 때를 알림으로써 인류 모두가 함께 일구어야 할 대 역사적 과제이다. 오늘날의 인류가 신성을 재발명한다는 생각은 창조주 하나님이나 여타의 神을 믿는 사람들에게는 신성모독으로 보일지 모른다. 그러나 그런 그들이 진정 하나님을 제대로 알고 뜻을 이해해서 인류 역사를 추진한 것인가를 묻는다면 재고할 여지가 있다. 오늘날에도 살아계신 하나님이 이루고자 하는 문명 통합 뜻과 의지를 알지 못하면 인류 역사를 완성할 수 없고, 결국은 멸망할 수밖에 없다. 다시 말해, 하나님이 천지를 지은 창조 뜻과 목적을 이루기 위해 주재한 하나님의 섭리 의지를 알고, 알지 못한 인류 역사의 추진 결과는 분명하다. 반드시 알아야 지금까지 일군 선천의 다양한 문명들을 공유할 수 있는 하나의 지구적, 영적 공간,[8] 곧 통합적인 본체 문명 공간을 확보할 수 있다. 그것이 인류가 일군 문명과 오늘날 강림하신 하나님이 함께할 수 있는 통합 문명 역사 공간이다. 지구촌 인류가 함께 믿음을 바쳐 추진해야 할 대 역사적 과제이리라.

2. 세계의 분열과 대립

이 연구는 한때 삼삼오오로 분열한 세상의 수많은 종교와 종파들에 대해 의문을 품은 적이 있고, 그 원인과 이유가 무엇인지, 해결할 길이 없는지 모색한 적이 있다. 비단 종교 영역뿐만이겠는가? 각자가 굳센 믿음과

---

8) 『다시 만들어진 신』, 앞의 책, p.455.

절대적인 진리성을 내세우고 주장하면 할수록 다른 전통과의 결별, 또는 대립 상황을 피할 수 없다. 이것은 현재 승승장구하고 있는 과학이란 진리 영역도 예외가 될 수 없다. 현시대의 종말성은 정말 모든 측면에 걸쳐 있는데도 돌파구를 찾지 못하는 세계관적 암울함에 직면하고 있다. 중세 신권 질서를 청산하고 세운 근대의 인류 사회는 과학 진리에 집중해서 다른 믿음, 다른 진리, 다른 전통, 다른 세계관을 무릎 꿇렸지만, 그 같은 과학 진리마저 한계성에 부딪혀 인류의 미래를 어둡게 하고 있다. "자연과학이 발전하면 할수록 자연환경은 파괴되고, 인간의 생명을 위협하는 지경에 이르렀다. 급기야 인간 세계가 생태학적 위기의 차원을 넘어 총체적인 재난과 멸망의 위기에 처했다고 내로라한 학자들이 이구동성으로 말한다."[9] 그런데도 이 연구가 이전에 종교 영역에 있어서 세계의 분열과 분파 이유를 찾지 못했던 것처럼, 현재의 세계적 상황에서도 원인을 정확히 진단하지 못한 것은 여전하다. 이것이 문제이고, 불가피한 종말 국면 맞이이다. 왜 삼라만상과 인류 사회는 유사 이래 분열을 거듭해 분파되고 대립한 상황이 격화되었는가? 그 이유와 원인을 알아내는 것이 문명 통합의 우선 과제이다. 해결할 길을 찾아야 문명 통합의 이유, 그 당위성의 근거를 확보한다. 그러기 위해서는 세계 분열의 더 원천적인 이유부터 알아야 하며, 그리해야 선천 문명의 한계적 모습과 양상과 실재를 파악할 수 있다. 왜 천지 만상과 인류 역사가 분열과 분파, 대립 상황의 연속이었는지를……

그 이유는 바로 선천 문명 전체가 하나인 창조 본체로부터 분열된 생성을 본질로 한 탓이다. 세계 본질 자체가 분열을 본질로 하였고, 그렇게 분열한 생성 과정을 거친 탓에 분열이란 세계적 틀 안에 고착되었다. 이것을

---

9) 『죽음과 부활의 신학』, 김균진 저, 새물결 플러스, 2015, p.18.

창조적 관점에서 다시 설명하면, 창조 세계의 생성적 추이가 통합적인 본체로부터 창조된 특성을 드러내기 위해 분열을 거듭한 과정에 있었다는 뜻이다. 그러니까 창조 본체가 분열 중인 질서 안에서는 독자적, 상대적, 대립을 일으킨 원인 실마리를 찾을 수 없다. 그래서 선천 문명이 분열되고 분파된 진리로 역사를 추진시켜 한 진리, 한 종교, 하나인 세계만으로서는 인류 문명을 통합할 조건을 갖출 수 없었다. 분열된 진리는 통합 본체 역할을 할 수 없다. 그렇다면? 세계의 창조 본질이 분열을 극한 오늘날이 되어서야 지상 강림 본체가 드러난 전환점을 계기로 문명 통합의 물꼬를 틀 수 있게 되었다. 세계 분열의 궁극적 원인이 바로 하나님이 천지 만물을 창조한 데 있는 만큼, 분열된 세계를 하나로 규합할 문명 통합의 절대적 권능도 하나님이 본유한 것이라고 할 수 있다. 그만큼 **문명 통합은 하나님이 이룰 미래 역사의 대 추진 과제이다.** 하나님의 통합 본체, 창조 본체, 지상 강림 본체가 드러나지 못한 조건 속에서는 만물과 진리와 역사가 독자적이라 세계가 모순, 대립, 투쟁하는 것이 불가피했지만, 그렇게 한 원인을 일으킨 본체적 관점을 확보하면 일체가 그 안에서 조화, 융화, 통합될 수 있는 길이 열린다. 한 마디로 지난날은 세계의 창조 본질이 분열을 완료하지 못한 탓에 전체적인 관점을 확보하지 못했고, 부분적인 한계성을 벗어나지 못했다는 뜻이다. 그래서 세계가 분열하고 대립한 이유와 원인을 추적하면 문명 통합의 길이 열린다.

그 본질적 이유는 역설적으로 천지가 창조된 탓에 세계를 드러내고 완성하기 위해서는 분열과 생성을 완료해야 하는 과정이 필수적이었다는 데 있고, 그처럼 선천 역사가 분열을 본질로 하다 보니 때가 될 때까지는 바탕이 된 창조 본체가 완전하게 드러날 수 없었다. 하지만 이 모든 문제 해결의 조건 구성에 하나님이 이 땅에 오신 지상 강림 본체의 드러남이 있는 만큼, 미래 역사에서 하나님은 본격적으로 문명 통합 의지를 표명할 것이고, 그런 과정에서 지난날 벗어나지 못한 일체의 분파, 모순된 대립 상황을 극복해서 미래 인류를 이상적인 문명 조건 속에서 함께할 수 있는 세계로 인도하시리라.

3. 창조 목적과 뜻

신앙 대상이 하늘이든 하나님이든 그 무엇이든 그곳을 향해 인간은 대개 자신이 원하는 소원을 빌게 된다. "기도(祈禱)를 한자로 풀이하면 자신의 목숨[壽]을 자신의 도끼[刀]로 찍으려고 시늉하며 간절히 원하는 모습이다. 인간이 하는 기도 대부분이 이와 같다. 고생하면서 금식 기도를 한 사람이 있는데도 그의 삶에 변화가 나타나지 않는 이유는 神이 원하는 삶이 무엇인지를 깊이 묻기 전에 자신이 원하는 욕망으로 온통 무장한 요구인 탓이다. 神이 원하는 삶이 무엇인지 깊이 묵상하는 행위, 그것이 곧 참된 기도이다."[10] 그런데도 이 같은 삶이 쉽지 않은 탓에 개개인은 물론이고 인류 역사도 神의 뜻과 인간의 뜻이 혼재하였으며, 어떤 경우에는 神의 뜻과 인간의 뜻이 어긋나기조차 했다. 하나님의 순수한 뜻을 찾기 어려울 정도로 하나님이 이룬 역사라고 믿는 데도 그곳에는 인간적인 뜻이 뒤섞여 있다. 심지어 神의 명령마저 아전인수로 해석하여 神의 권능으로 포장하기 일쑤이다. 부처님이 이르시길, 인간은 無明 탓에 생로병사의 고통에

---

10) 『인간의 위대한 질문』, 앞의 책, p.186.

서 벗어나지 못한다. 그래서 무엇을 깨달아야 해탈할 수 있는 것인지에 대해 설법하였듯(연기법), 같은 논리로 인류는 지금까지 무엇을 몰랐고, 무엇에 대해 무지한 탓에 인류 문명이 총체적으로 종말을 맞이하였는가? 한마디로 인류 역사를 주재한 하나님의 **"창조 목적과 뜻"**에 대해 무지했다. 무지한 탓에 인류 문명이 종말을 맞이한 것이라면, 그 창조 목적과 뜻에 대한 무지 상태를 벗어나야 종말 상황을 극복할 수 있다. 안다고 자신하지만 너무나 모르고 있고, 그런 무지 상태를 깨닫지 못하고 있다.

인간은 과연 무엇을 얼마나 알고 있는가? 세계 안에서 인간이 알 수 있는 것은 어디까지인가? 인생과 세계와 우주의 시작과 끝을 알지 못했다. 神의 뜻은? 알 수 없는 한계성이 있는 탓에 인류 역사가 완성되지 못했고, 종말 상황을 대책 없이 맞이하였다. 인간은 정말 神, 혹은 天의 뜻을 어떻게 알 수 있는가? 동서양에 걸쳐 선현들이 나름대로는 길을 제시했지만, 하나님의 지상 강림 본체가 드러나지 못한 상태에서는 누구도 하나님의 뜻을 온전하게 알 길이 없었다. 정말 인류 역사를 통틀어 누가, 그 무엇이 하나님의 뜻을 완전하게 알았는가? 알지 못한 탓에 선천 진리이고, 선천 학문이며, 선천 종교, 선천 역사, 선천 문명……이다. 선천 역사 전체가 하나님의 뜻을 곡해, 오판한 것 천지라, 전면적인 수정이 불가피하다. 특히 종교적인 신앙 영역을 보면, 하나님을 믿는 자들이 하나님의 뜻이라고 굳게 믿고 행한 역사적인 사건 중 과연 공의로운 뜻을 깨닫고 뜻을 따른 역사가 얼마나 되는가? 기대에 미치지 못한다고 한다면 그 이유는 도대체 무엇인가? 인간의 욕망 어린 의중이 더해진 탓이다. 어차피 하나님의 뜻이 모두 드러나지 못한 상태에서는 인간의 온갖 생각들이 불완전한 틈을 메우게 된다. 다시 강조해, 인류 역사가 오늘날 총체적인 종말 상황을 맞이한 근본적이고도 본질적인 원인은 하나님의 뜻을 곡해하고, 무시하고, 잘못 판단한 탓이다. 이처럼 잘못 추진한 인류 역사를 바로잡기 위해서는 왜 그렇게 방향이 틀린 것인지 이유를 알아야 한다. 하나님의 뜻에 무지한 탓에 추진한 삶과 역사가 하나님의 뜻과 어긋나버려 자체의 노력만으로서 헤어날 길 없는 구렁텅이에 빠졌다. 지난날은 하나님의 뜻을 판단하는 데 있어 인간적인 한계와 세계 본질적인 조건이 함께 지배적이었다는 사실을 알아야 하나니, 그리해야 하나님의 뜻을 곡해한 지난 역사를 빠짐없이 인정하고 실감할 수 있다.

기독교 신앙과 역사를 기준으로 한다면 동양 문명 안에서는 하나님의 뜻을 알 수 있는 길이 없는 것이 맞다. 하지만 하나님은 창조주로서 인류 역사를 보편적으로 주재한 만큼, 나름의 방식으로 뜻을 구하고자 한 행위가 있었다. 유교도들이 점괘를 보고 미래를 예측하거나 갈림길에서 판단을 구한 전통들이 그러하다. 그런 세계관적인 근거로 제공된 『주역』은 춘추전국 시대의 산물이다. 이때의 550년간은 기존의 가치가 무너지고, 모든 국가가 부국강병이라는 유일한 국정 목표를 위해 사활을 건 경쟁을 치른 신자유주의 시기였다. 미래에 대한 전망이 불확실할수록 불변의 진리에 대한 탐구가 더욱 절실한 것이고, 실제로 이 시기에 사회 이론에 대한 근본적 담론들이 왕성하게 개진되었다. 『주역』은 변화에 대한 법칙적 인식이 절실하게 요청된 시기의 시대적 산물이다."[11] 주역의 64괘는 그런 변화의 법칙을 길게, 그리고 깊게 살펴 상징적인 지혜를 담았는데, 그것은 단순한 인식이 아니다. 선현들이 우주와의 교감을 통해 직시한 우주 운행과 생성 질서와 본질에 관한 심오한 통찰이다. 하나님은 천지 만물을 창조

---

11) 『강의』, 앞의 책, p.92.

할 때 세계의 항구적인 법칙을 결정하였고, 그것을 바탕으로 인류 역사를 주관할 때는 그냥 마음이 내키는 대로 행하지 않으셨다. 그래서 상징화된 점괘는 어느 정도 우주의 규칙적인 운행 본질을 간직한 상태라고 할 수 있다. 단지 차이가 있다면 하나님의 주재 의지 대 우주의 운행 본질이란 구분 정도라고 할까? 그러니까 하나님께 길을 묻는 것이나 하늘을 향해 판단을 의탁하는 것이나 교감하는 방식에 있어서는 별다른 차이가 없다.[12] 문제는 그렇게 "점을 통해 주어진 대답이 질문자의 심리적 맹점과 기가 막히게 잘 맞아떨어진다"[13]라고 해도 그 같은 응답자의 출처가 오리무중이다. 하나님의 뜻과 의지와 본체적인 모습을 볼 수 없나니, 이것이 선천 역사의 벗어나지 못한 한계이다(神의 모습을 보지 못한 선천 인류의 한계성과 같음). 본의에 입각하지 못하다 보니까 얼마든지 각자가 처한 상황에 따라 해석하고, 인간적인 의지가 개입하는 틈이 생긴 것이다. 이에, "묵자는 일관된 유신론자임에도 그가 신뢰한 하늘(상제)은 다분히 자신이 판단한 신념을 투입한 그 무엇이었다. 도덕의 근거를 상제에서 찾아 길흉화복의 주재자인 상제의 존재를 적극적으로 옹호하였다. 즉, 하늘은 무엇을 바라고 무엇을 싫어하는가? 의로움을 바라고 불의를 싫어한다. 따라서 천하의 백성을 거느리고 의로움에 종사한다는 것은 곧 하늘이 바라는 일을 행하는 것이다. 하늘이 바라는 일을 하면 하늘도 바라는 일을 해 준다."[14] 묵자는 하늘의 뜻을 정말 어떻게 판단한 것인가? 바로 자신의 의지를 반영

---

12) "相은 관상(觀相), 수상(手相)과 같이 운명 지어진 자신의 일생을 미리 보려는 것이며, 命은 사주팔자(四柱八字)와 같이 자기가 타고난 천명, 운명을 읽으려는 것임에 반하여, 점(占)은 선택과 판단에 관한 것임."-위의 책, p.93.

13) 『철학 콘서트』, 앞의 책, p.100.

14) 위의 책, p.126.

시킨 것이니, 그것은 하나님의 창조 본의(뜻)가 완전하게 드러나지 못한 데도 이유가 있다.

그렇다면 직접 하나님을 신앙한 기독교 문화권에서는 하나님의 뜻을 온전히 알고 바르게 판단한 것인가? 굳센 믿음을 가지고 신앙을 지킨 전통은 쌓았지만, 하나님의 뜻을 판단하는 데 있어서만큼은 세계적인 조건과 인간적인 안목이 혼재해 있어 곡해되었던 것은 마찬가지이다. "고대에 있어서 민족 대부분은 神은 하나가 아니라 여럿이라는 다신교를 믿고 있었는데, 오직 유대인들은 예로부터 단 하나의 하나님으로 야훼, 즉 여호와를 믿은 유일신교였다. 그러나 기독교는 유대교가 유대인이 하나님의 선택을 받은 하나뿐인 민족이라는 배타적인 민족 종교인 점을 비판하고, 착한 일을 하고 이웃을 사랑하면 누구라도 줄 서서 천당에, 하나님 곁에 갈 수 있다는 예수의 가르침을 받들어 유대인만이 아니고 모두가 구원받을 수 있는 길을 연 것은"[15] 고무적인 신앙 역사이다. 하지만 그것이 하나님의 뜻을 완전하게 수용한 역사인가 하면 그것은 아니다. 유일신 사상은 유대교의 핵심이고, 그런 유대교의 배타성을 공격해 유대인의 미움을 받고 희생당한 것이 예수인데도, 기독교는 단지 형태만 달리했을 뿐, 유일신 사상을 근간으로 한 종교란 점은 변함이 없다. 예수와 교회가 아니면 구원의 길이 없다고 장벽을 친 것이다. 그런 만큼 유일신 사상은 하나님의 지상 강림 본체가 드러난 오늘날은 재해석되어야 하며, 판단 기준은 바로 하나님의 창조 목적과 뜻, 줄여서 **"창조 본의"**이다. 유일신 사상에 기반을 둔 선천의 기독교가 자신들은 옳다고 믿었지만, 잘못된 결과를 초래한 주된 원인은 하나님의 몸 된 본체가 창조 역사로 이행된 차원 벽에 가려져서이다.

---

15) 『업그레이드 먼 나라 이웃 나라(네덜란드)』, 앞의 책, p.52.

그래서 지극하게 곡해되었다. 이것을 창조 뜻에 근거해 재해석하면, 그들이 그렇게 믿은 유일 신앙이 완전히 해체된다. 하나님은 근원적으로 유일한 神이지만, 창조 역사를 실현한 바탕인 하나님의 창조 본체는 만유, 만상을 포용하고도 남는 다양, 다변성을 본유했다. 그런데도 그런 본체를 보지 못해 유일성에만 매몰된 것은 창조 본체의 차원성을 꿰뚫을 수 있는 안목을 가지지 못해서이다. 그것은 세계의 본질적인 조건과도 연관이 있다. 하나님이 강림하시어 본체를 드러내고 창조 뜻을 밝혀야 했다. 이런 관점에서 본다면, 기독교 역사는 하나님이 오늘날 진리의 성령으로 강림하시어 창조 본의를 계시하기 전까지는 하나님의 뜻을 곡해한 악순환의 연속이다. 거기에다 인간적인 뜻까지 가세하여 배가되었다. 이스라엘 민족을 바로의 압제로부터 구원하기 위해 하나님의 命을 긴박하게 수행한 모세도 하나님의 뜻을 잘못 받든 역사가 있었다. "인도 도중 이스라엘 백성들이 마실 물을 달라고 성화하자 하나님은 모세에게 명령했다. 그런데 모세는 '반역자들아, 들어라. 이 바위에서 물이 터져 나오게 해주랴?'라고 화를 내면서 바위를 지팡이로 두 번이나 쳤다. 그런데 이때 모세가 부린 성질이 문제였다. 하나님의 명령대로 하지 않고 화를 내어 지팡이를 친 것은 하나님의 영광을 자신이 취한 큰 죄였다. 그 결과 모세는 결국 살아생전에 가나안 땅에 들어가지 못했다."[16] 인간적인 감정을 가미시킴으로써 하나님의 뜻을 잘못 판단하고 잘못 수행했다.

　원죄설도 재고해야 할 기독교 신앙이다. "원죄라는 개념을 기독교에 처음 소개한 사람은 2세기 리옹의 주교인 이레니우스이다. 그는 아담의 후손들은 죄와 죽음의 포로로 태어난다고 말했다. 아우구스티누스가 이 죄

---

16) 『세 종교 이야기』, 앞의 책, pp. 76~77.

의 기원에 대한 교리를 더욱 발전시켰다. 그는 아담이 죄를 지었을 때 인류가 동참했으므로 인류 모두 죄를 지은 상태라고 생각했다. 그래서 인류는 이 같은 죄에서 탈출시키는 방법은 하나밖에 없다. 그것은 神의 은총이다. 이 원죄론이 기독교의 핵심 교리가 되어 오늘날까지도 영향을 미치고 있다."[17] 이것은 정말 처음을 보지 못한 채 사건의 결과만 본 판단이다. 인간이 하나님으로부터 어떻게 창조된 것인지 본의를 모른 오판이다. 창조 뜻이 차원적인 창조 막에 가려진 탓에 전혀 엉뚱한 방향으로 결론을 내리고 말았다. 원죄설은 처음부터 하나님의 뜻을 크게 왜곡해서 받아들인 대표적인 사례로서 기독교 신앙의 인간관과 구원관에 있어 어두운 그림자를 드리웠다. 하나님은 결코 그렇게 경색된 신앙관을 원하지 않으신다. "아우구스티누스와 그 후예들에 의한 원죄론처럼 대다수 기독교인도 성서 내용을 정면으로 대면하지 못한 채 지난 이천 년 동안 겹겹이 쌓은 해석과 그런 해석적 전통이 성서 자체가 되다시피 했다. 그것이 진정 해석일진대, 21세기를 사는 현대인에게 성서는 어떤 해석을 줄 수 있는가?"[18] 그렇다면 하나님이 천지 만물을 지은 본의와 목적은? 창조 뜻에 입각한 정확한 해석이 필요하다는 사실을 알 수 있다. 하나님이 인간에게 부여한 거룩한 창조성을 재발견해야 한다. 그렇다면 하나님의 참뜻을 수호하는 자를 자처한 기독교 교회는? 그들이 신앙의 순수성을 지킨 방법은 "교회가 정한 교리만을 참된 진리로 믿게 하고, 이것을 지키지 않는 사람이나 교회의 말을 안 듣는 사람은 온갖 잔인한 방법으로 죽였다. 이런 잘못을 비판하고 외친 종교개혁 운동 역시 펼쳐진 역사적 양상은 유럽 사회를 온통 벌집 쑤

---

17) 『신의 위대한 질문』, 앞의 책, pp. 24~25.

18) 위의 책, pp. 25~26.

신 듯 혼란에 빠뜨렸고, 교회 분열의 진통이 피비린내를 불러일으켰다."[19] 그 운동의 주역 역할을 한 마르틴 루터, 장 칼뱅, 츠빙글리 등은 가톨릭교회와 견해를 달리한 것일 뿐, 하나님의 섭리 뜻을 온전히 이해하거나 수행한 것이 결코 아니다. 그것이 하나님의 뜻이라고 믿고 그렇게 실행한 것이지, 하나님의 뜻을 밝힘에는 시기상조적인 문제가 있었다. 그러니까 역사 수행 과정에서는 신앙관과 사상이 달라 대립으로 인한 전쟁을 피하지 못했다.

"베버가 꿰뚫어 본 자본주의 탄생의 비밀도 그러하다. 베버는 19세기말에서 20세기 초에 걸쳐 활약한 저명한 사회학자이자 경제학자이다. 그는 『프로테스탄티즘의 윤리와 자본주의 정신』이라는 책을 통해 근대적 자본주의는 루터 뒤에 등장한 칼뱅 신학을 받아들인 나라들에서 발전했다고 하였다. 칼뱅이 역설한 예정설과 자본주의 속성이 서로 밀접한 관계를 맺고 있기 때문이란 이유를 들었다. 전능하신 하나님은 끊임없이 선행을 이루는 인간을 구제하지 않을 리 없다는 것, 그리고 세속 직업을 神이 각자에게 부여한 사명으로 생각한 것 등이 오히려 자본주의를 발전시키는 데 이바지했다는 것이다."[20] 아전인수적 해석의 전형이다. 자본주의의 발생 원인과 정착 과정은 복합적인 조건들이 관여되어 있다. 문제는 인류 사회의 제도에서도 하나님의 창조 뜻을 살피는 것이 필요한데, 그는 이에 대해 문외한이었다.

하나님의 뜻을 잘못 해석한 오판 사례 중에서도 인간이 저질러 놓고서도 인간으로서는 해결할 수 없게 된 역사적 사례로는 종교와 신앙의 대

---

19) 『업그레이드 먼 나라 이웃 나라(네덜란드)』, 앞의 책, p.101.

20) 『세계사를 움직이는 다섯 가지 힘』, 앞의 책, pp. 102~103.

역설이라고도 할 수 있는 유대교, 기독교, 이슬람교 간의 오랜 대립 상황이 있다. 알다시피 "기독교와 이슬람교는 유대교라는 일신교에 뿌리를 두고 있다. 세 종교가 말하는 神은 사실 같은 神이다. 그런데도 살펴보면 역사를 통해 하나님의 섭리 뜻을 대행했음에도 불구하고 심판 대상에서 제외될 수 없다. 인류 역사를 주도한 세 종교, 그들은 지난 역사를 통해 과연 하나님이 계시한 뜻에 대해 무엇을 잘못 받아들이고, 어떻게 잘못 실행한 것인가? 그것을 알기 위해서는 하나님의 원뜻이 무엇인지부터 알아야 하는데, 분명한 사실은 하나님이 그렇게 뜻을 세 갈래로 갈라 주재하였을 리는 만무하다. 그렇다면? 하나님의 뜻은 그렇지 않은데 세 종교, 그들이 뜻을 잘못 해석하고 잘못 실행한 것이다. 그들 신앙이 그러하듯, 유일한 하나님인데 뜻이 셋으로 다를 수는 없다. 하나님은 천지를 창조하고 인류 역사를 주재한 분명한 목적과 뜻을 밝혔고, 선지자를 세워 계시하였는데도 불구하고 그 뜻이 특정 개인과 집단과 민족에 의해 편파적으로 해석되었다. 하나님의 뜻이 그처럼 천 갈래, 만 갈래로 갈라질 수는 없다. 하지만 역사적인 실행 결과로 신앙 형태가 그처럼 갈라진 것은 각자에 의한 해석 과정에서 곡해된 것 외에 다른 이유가 없다. 이런 상태를 하나님은 언제까지 지켜만 보실 것인가? 일깨우고 권고하기 위해 이 땅에 강림하셨다. 일신교 삼 형제가 인류의 거의 모든 전쟁사의 주범이 될 수밖에 없었던 기막힌 역사도 모자라, 사랑의 종교를 표방한 기독교가 제국의 야망과 하나 되어 하나님의 보편적인 구원 뜻을 저버렸고, 관용성을 표방한 이슬람교가 전 세계적인 분쟁의 불씨가 되어 고통을 안긴 것은"[21] 더는 돌이킬 수 없게 된 역사적 죄악이다.

---

21) 위의 책, p.244.

세속의 욕망과 야합해서 수행된 하나님의 뜻은 반드시 재고하고 수정해야 한다. 하나님이 계시한 원뜻은 유일하고 불변한 것이 맞지만, 그 뜻을 받들어 세 종교가 펼친 역사적인 결과까지 그런 것은 아니다. 그들이 이룬 지난 역사에는 음영을 드리운 공과가 있다. 어느 종교도 하나님의 뜻을 절대적으로 대변한 경우는 없다. 이것을 그들은 알아야 한다. 특히 근세 서구 유럽의 열강들이 국가 경영의 방향을 제국주의에 기반을 두고 약소국가들을 식민지화하는 데 혈안이 되어 있을 때, 그들은 정말 하나님의 참뜻이 무엇인지 숙고한 적이 있었는가? 그렇지 못한 탓에 인류 역사는 하나님의 원뜻인 창조 목적으로부터 크게 이탈하였다. 그 이유는 그들의 신앙 전통이 살아계신 하나님과 교감할 수 있는 통로가 차단된 데 있고, 이미 계시가 된 성서의 기록마저 교회와 교역자들이 오랜 세월 동안 독점한 것이 상황을 더욱 악화시켰다. 하지만 이런 조건은 "15세기 유럽에서 시작된 르네상스와 인쇄술이 보급된 탓에 상황이 달라져 기독교 신자들은 점차 자신들이 도무지 이해할 수 없는 라틴어와 그것을 해석하는 사제의 말을 들을 필요가 없게 되었다."[22] 성서의 해석문이 개방되고 나니까 성서는 하나님이 성령으로서 역사한 절대적인 기록이란 믿음에도 의문이 생겼다. "성서 구절에 번호를 매겨 원하는 구절을 쉽게 찾을 수 있게 되자, 사람들은 눈에 띄는 모순점을 금세 발견했다. 신명기는 이혼을 용납하지 않지만, 마태복음에서는 용납되고, 열왕기는 세금을 납부하지 말라고 가르치지만, 마태복음에서는 내야 한다 등등. 지금까지 신성시된 많은 관습과 전통, 평신도들이 성서에 있다고 생각한 많은 것들이 실은 성서에 없었다. 교회의 권위도, 사제의 독신도, 유아 세례도, 성인의 시성도, 가톨릭교회가 아니면

---

22) 『신의 위대한 질문』, 앞의 책, p.422.

구원될 수 없다는 교리도 모두 성서에는 없었다."[23] 이 일을 어떻게 해야 하는가? 그래서 하나님의 지상 강림 본체가 드러난 오늘날은 그 역사적 의미에 근거해 하나님의 뜻을 새롭게 묻고 알고 해석해야 한다. 성서는 구약 성경이 창세기로부터 말라기까지 39권으로 끝나지 않고 신약 성경의 27권이 더해졌듯, 하나님의 창조 뜻에 근거한 미래의 새로운 기독교 역사역시 그다음을 이은 제3의 성서를 탄생시키리라. 구약과 신약은 하나님의 본의가 완전하게 드러나지 못한 선천 성서로 자리매김하고, 하나님이 진리의 성령으로서 밝힌 가르침의 메시지가 새로운 기독교 신앙을 뒷받침할 새로운 성서로서 기록되리라.

4. 역사 추진 방향

"오늘날의 인류 역사가 막바지 종말 국면을 맞이한 결정적 원인이 하나님의 창조 뜻을 곡해한 데 있다고 한 이 연구의 문제의식을 뒷받침하기 위해서는 그렇게 결론을 내릴 수밖에 없는 타당한 이유를 밝혀야 한다. 세계가 맞이한 종말 국면 상황과 인류의 **"역사 추진 방향"**과 하나님의 창조 뜻은 무슨 상관이 있는가? 이것을 알고 알지 못함, 밝히고 밝히지 못함의 여부가 미래 인류의 멸망과 지속성 여부를 결정한다. 위기가 위기인 만큼, 그 사실을 일깨우고자 하나님이 이 땅에 강림하신 것이라고 할 수 있다. 한마디로 하나님은 천지를 지은 창조주인 만큼, 그렇게 창조한 뜻과 바탕이 된 본체와 주재 의지가 만상, 만물, 만 역사를 이루는 데 관여한 것은

---

23) 『생각의 역사(1)』, 앞의 책, p.740.

물론이고, 생성 목적과 방향과 본질을 직접 결정하였다. 그런데도 지난날의 실상을 살펴보면, 종교는 자체 영역에만 국한해 섭리 운운하였고, 자연과 역사와 문명 영역은 오히려 그런 영향력을 애써 차단하려고 한 추세를 보였다. 하나님의 창조 뜻은 세계를 이룬 바탕 의지이자 역사를 생성시킨 생명력과도 같은데, 이런 사실을 간과했다는 것은 그 결과를 이미 예고한 것과 같다. 끊임없이 공급되어야 할 생명 에너지를 차단한 탓에 인류가 일군 문명적 자산만으로서는 한계성에 봉착할 것이 필연적이었고, 그 무엇도 그 역사 과정을 매듭짓고 완성할 수 없다. 그런 분열과 모순과 대립 상황이 극에 이르면 결국 인류 사회가 멸망의 문에 도달한다. 그래서 이 연구가 지침한 통합 역사는 하나님의 창조 뜻에 근거하여 인류 역사의 방향을 전환하고, 종말성을 극복할 수 있는 새로운 모티브를 마련하기 위해서이다. 아울러 선천 역사는 자연스럽게 하나님의 창조 뜻과 어긋난 역사로 규정되어 반드시 마감되어야 할 심판 대상이 된다.

이처럼 때가 이른 오늘날은 하나님의 창조 뜻을 깨닫고 판가름하는 것이 인류 역사의 구원 여부를 결정하는 중대사이다. 그만큼 이탈한 인류 역사를 바로잡기 위해서는 왜 추진 과정이 잘못된 것인지 이유를 알아야 하는데, 주된 원인으로 하나님의 뜻을 잘못 해석한 사실을 지적하였다. 그리고 하나님의 본체가 드러나지 못한 선천 역사에서는 어쩔 수 없는 한계 본질이라는 사실도 밝혔다. 그런 세계적 조건을 고려해서 하나님이 강림하신 지금은 강림 본체의 역사적 의미를 정확하게 파악해서 진리의 성령으로서 계시한 뜻을 받들어야 한다. 지난날과 달리, 알고자 하면 창조 뜻을 간파할 수 있는 조건이 갖추어졌다는 뜻이다. 그래서 제기되는 문명 통합의 선행 과제는 다름 아닌 하나님이 태초에 천지를 지은 창조 목적과 뜻,

곧 '본의'를 아는 데 있다. 학문을 탐구하고, 배움을 통해 세계를 알며, 진리를 일구는 것도 중요하다. 하지만 한편으로는 **오늘날 강림하신 하나님이 진리의 성령으로서 계시한 창조 본의를 어떻게 알고 판단할 수 있는지가 모든 학자, 지성, 교역자, 구도자를 막론하고 예외가 될 수 없는 지상 최대의 진리 탐구 화두이고, 해결해야 할 지적 과제이다.** 하나님 자체가 존재하는지를 반문하는 자들은 코웃음으로 넘겨버릴 수 있는 일인지 모르지만, 하나님이 이 땅에 오신 지상 강림 역사 시대의 한복판에서는 인류 모두가 힘을 합해야 하는 인생과 세계와 역사의 근본적인 과제이고, 풀어야하는 급선무적 명제이다. 하나님이 강림하시고 역사의 전면에 등단한 탓에 하나님이 뜻한 창조 목적과 주관 의지는 인류가 당면한 제일의 진리 추구 목표로 주목되고, 역사 추진 방향으로 설정된다. 당연히 이 시대를 호흡하고 있는 인류는 그 같은 본의와 의지를 헤아려서 개인, 사회, 민족, 나라의 제민들이 빠짐없이 수행하고 실천해야 한다. 그런데도 실상을 살펴보면, 자연 현상과 생명과 우주의 비밀을 밝히기 위해서는 정열을 바치고, 그를 통해 지성사적 업적을 쌓았어도, 정작 오늘날에도 살아계신 하나님의 뜻을 살펴서 받들고자 하는 이는 없다. 역사가는 나름의 관점에서 지난 역사를 가닥 잡아 의미를 밝혔지만, 일반적으로 발견하고 확인한 사실을 서술하는 것 이외에 하나님의 뜻을 더한 것은 없다. 그처럼 창조 뜻을 제외한 인류 역사 이해에는 한계가 있다. 왜 그렇게 역사한 것인지에 대한 이유를 알 수 없고, 역사 된 시작점과 종말의 때도 알 수 없다. **인간이 아무리 세계를 탐구하여 일군 지혜가 탁월하다 해도 창조된 뜻을 모르는 앎은 결국 무익하다.** 그 한계성을 지성들은 알아야 한다. 산더미처럼 쏟아낸 지식의 탑, 앎의 기반이 잘못 닦인 것이라면? 그만큼 하나님의 뜻을 아는 것은 아예 격이 다른 진리 탐구 문제이다. 진지하게 방법을 모색해서 접근해야 한다. 새롭게 과제를 제시하고 방법을 지침해야 함에, 여기에 강림하신 하나님이 열린 가르침으로 밝혀야 할 역할이 있다. 권능으로 지침하고 깨닫게 해야 하나니, 인류가 자연의 현상과 우주의 질서와 인간의 본성에 대해 지대한 관심을 가지고 탐구한 것 이상으로 앞으로는 그렇게 창조하고 섭리한 하나님의 창조 뜻과 주재 의지에 관해서도 관심을 가지고 탐구할 필요성을 느껴야 한다. 제 현상과 역사와 세계로부터 그곳에 담긴 하나님의 역사 의지를 발견하기 위해 노력해야 한다. 그런 의미에서 하나님의 창조 뜻과 주재 의지는 미래 역사 추진의 뼈대이자 원동력이다.

구약 시대를 연 아브라함은 아들 이삭을 하나님 앞에 산 번제물로 바쳤다. 그것이 하나님이 원한 뜻이라, 그것을 안 아브라함은 그렇게 결행하는 것이 참 신앙이라고 여겼다. 그렇다면 오늘날, 이 땅에 강림하신 하나님이 원하는 뜻은? 역사의 전면에 직접 등단한 만큼, 이전과는 다른 번제물을 바칠 산 제사를 원하시니, 다름 아닌 하나님이 밝힌 바대로 인류의 보편적 구원 역사 과제와 창조 목적을 실현하는 문명 통합 역사 과제이다. 하나님의 뜻을 안다는 것은 신앙인들에게 있어서는 생소한 과제일 수 없지만, 하나님이 강림하신 시점에서는 인류 모두가 합심해서 풀어야 할 전혀 새로운 진리 탐구 과제이다. **지상 강림 역사 시대에는 강림하신 하나님의 역사 뜻을 아는 것이 모든 방면에 걸친 궁극적 해결 과제이다.** 하나님의 뜻을 헤아리는 것이 얽히고설킨 선천 역사의 실타래를 푸는 첩경이다. 그리고 그 역사의 최종 도달 지점에 바로 하나님이 설정한 최후 심판 문이 있다. 숱한 경고에도 불구하고 인류 심판 역사가 지연된 것은 하나님의 **"창조 뜻과 목적"**이 명확하게 밝혀지지 못한 데 있는데, 그것이 지상 강림 역사로 명확해진 오늘날은 **하나님의 창조 목적과 뜻, 그것이 선천 인류와 역사와 문명을 판가름하는 명확한 심판 기준이다.** 그렇다면 심판 이후로 인류 역사가 나아갈 방향은? 종말과 심판은 인류 역사가 한꺼번에 맞이할 동시 역사이다.[24] 밝힌 바 **인류를 빠짐없이 구원하고자 한 보편적 구원 목적은 인류 역사의 이면에서 주재한 하나님의 보다 높은 뜻으로서, 창조 역사로부터 시종일관한 하나님의 통합적, 초월적, 절대적인 인류 사랑의 증표이다.** 인류 역사가 아무리 장대한 문명을 쌓았더라도, 그렇게 이룬 역사가 아무리 찬란하더라도, 하나님의 이 같은 구원 목적을 간파하여 받들지 못하는 역사는 결국 헛되다. 그만큼 이 연구는 **"교육의 위대한 말씀"**을 통해 하나님의 창조 뜻과 구원 목적을 자각해서 권고하기 위해 진력하였다. 그렇게 역사와 진리와 삶의 추진 방향을 지침하였다. 만물과 제 현상과 인류 역사를 하나님의 창조 뜻과 연관 짓고, 그로부터 거룩한 하나님의 창조 목적을 확인할 수 있도록 열린 가르침의 권능을 발휘하리라.

---

24) 심판받지 않으면 구원되고, 구원되지 못하면 심판됨.

제36장 통합 원리

1. 하나 원리

현대 문명은 정신적, 물질적인 것과 유형적, 무형적인 것을 막론하고 유구한 세월에 걸쳐 인류가 정열을 바쳐 만개시킨 역사의 꽃이다. 또한, 유구한 세월을 통해 하나님이 만세 전부터 뜻한 이 땅에서의 창조 목적을 구현하기 위해 주재한 섭리의 꽃이다. 그래서 인간적인 입장에서 바라보면 세상 어디서도 문명 통합의 길을 찾을 수 없었지만, 하나님 측면에서 보면 분명한 길을 찾을 수 있는데, 그것이 곧 **"문명 통합 원리=천지 창조 원리"**로 성립되는 등식이다. 곧, 문명 통합 원리는 천지 창조 원리로 설명할 수 있고, 만개한 인류 문명을 통합하는 것은 태초에 실현한 천지 창조 원리를 적용하므로 가능해진다. 그 말은 천지가 어떻게 창조되었고, 어떻게 이루어졌고, 어디서부터 多化되었는가를 알면 유구한 역사를 통해 흥망성쇠를 거듭한 인류 문명이 통합될 수 있는 길을 열 수 있다. 문제는 문명 통합의 열쇠를 쥔 천지 창조 원리가 무엇인가 하는 것인데, 그것이 정말 천지를 창조한 원리인 것이 확실하다면, 그 같은 원리대로 천지 창조 역사가 실현된 것은 물론이고, 그렇게 해서 펼쳐진 세계의 진리와 역사와 문명이 종국에는 융화, 포용, 통합될 수 있다. 그런 천지 창조 원리를 일관하는 것이 곧 **"하나 원리"**이고, 하나로 통합될 수밖에 없는 절대 유일성 원리이다.

그러므로 인류는 이전과 다르게 다양, 가변적인 존재와 현상을 하나인 본체, 하나인 원리, 하나인 관점으로 꿰뚫어 볼 수 있는 안목을 가져야 하나니, 그리해야 인류 역사가 어디서부터 시작되었고, 어디로 귀착되는지 역사 통합의 가능성까지 확인할 수 있다. 선천 문명의 한계성 인식인 다신(多神), 다원론도 알파인 본체 뿌리를 보지 못한 세계관의 장애 결과란 사실을 알진대, 천지 창조 원리 중 제일 원리인 **"하나 원리"**는 이런 문제를 일시에 해결한다.

만물이 만화되어 있음에도 불구하고 하나님은 한 분이고, 인식적으로 추적한 궁극적 실재도 하나이며, 눈 앞에 펼쳐진 무궁한 변화 현상에도 불구하고 근본은 오직 하나뿐이란 생각은 동서와 고금을 통해 깨어 있는 覺者들이 일갈한 세계 원리적인 신념이었다. 유대교는 역사상 유일신 사상을 펼친 뿌리 종교이지만, 동양의 "도학가들 역시 사람과 다른 만물이 모두 하나의 근원에서 나왔다"[1]라고 주장했으니, 이것을 하나인 창조 원리에 비추면 결국 동일한 원리성 인식이다.[2] 동일한 인식인 탓에 그들은 "천지 만물을 자기와 일체로 여겼고, 만물이 모두 자기가 아님이 없다"[3]란 만물 일체 또는 동체 사상을 견지했다. 이것의 도식적 표현이 "道는 하나일 뿐이다"란 명제이다. 하나인 이 道가 천지 가운데 만재한 탓에 道=하나(一)란 등식을 성립시켰다. 모종의 원리성을 시사한 것이다. 이에 근거해 유·불·도 삼교 시대를 산 동양의 覺者들은 삼교의 근본 바탕을 꿰뚫어 보고, 삼교가 다른 모습을 하고 있어도 "천하에 본래 두 가지 道가 없다

---

1) 『유교는 종교인가(1)』, 앞의 책, p.48.

2) 하나님은 한 분이라고 한 것과 道를 하나라고 한 것은 동일한 세계 원리적 인식임.

3) 위의 책, p.48.

(天下固無二道)"4)란 사실을 일갈하였다. 즉, "이 시공이 일어나기 전을 유교에서는 통체일태극이라 하고, 도교에서는 천하모(天下母)라 하고, 불교에서는 최초일구자(最初一句子) 또는 최청정법계(最淸淨法界)라고 했다. 이 같은 인식은 결국 기독교에서 말한 창조주 하나님의 성부 개념과 다를 바 없다. 모두 통틀어 결론적으로 보면 기본은 一일 뿐이다. 一은 시공을 만들어낸 현존 일념(現存 一念)이다. 이 자리에서 보면 천겁(千劫)을 지나도 옛이 아니요, 만세에 궁(亘)하되 길이 지금이다(탄허)."5) 왜 삼세 간이 구분되고, 현재와 과거 시공이 나뉘었는가? 一의 변화, 그곳에 모종의 실마리가 있고, 그것이 창조 원리인 사실을 밝히기까지는 하나님이 진리의 성령으로서 강림하실 때를 기다려야 했다. 그것이 곧 하나님이 진리의 성령으로서 밝힌 **"창조 본체"**라, 이 본체가 바탕체로서 지닌 통합적 특성과 이로부터 천지 만물이 만화 된 관계를 알면 천지 창조 원리가 하나인 동질, 동일 원리로서 문명 통합 역사를 뒷받침한다는 사실을 알 수 있다.

그것을 좀 더 구체적인 원리로서 설명하면 만생, 만물, 만 현상, 그리고 이로써 펼쳐진 인류 문명이 일체 되고 통합될 수 있는 것은 오직 하나인 하나님의 몸 된 본체로부터 천지가 창조되었고, 그와 같은 한 주재 의지로 인류 역사가 펼쳐져서이다. 근본을 모르면 정체성을 확립할 수 없는 것처럼, 선현들이 비록 하나가 될 수 있는 문명 통합의 가능성은 인지했지만, 실현 원리를 찾지 못한 것은 핵심 된 실마리를 쥔 지상 강림 본체가 드러나지 못했기 때문인데, 지금은 조건을 갖추었다. 갖춘 창조 본체는 분열 질서를 초월한 통합 본체인 탓에 선천 세월을 거친 때를 기다려야 했다.

---

4) 『한국과 중국 선사들의 유교 중화 담론』, 앞의 책, p.249.

5) 위의 책, p.264.

세월을 거치는 중에서도 단지 드러나지 않았을 뿐, 창조 본체는 시공을 초월해 이미 선재했다. 그렇게 바탕을 이룬 세계의 핵심 본질을 한 마디로 규정한다면, **"한통속인 一이다."** 온갖 분열이 있기 이전의 근원처요, 온갖 분열이 있고 난 이후의 합일체이다. 원인과 결과가 분리되기 이전이고, 알파와 오메가가 함께한 통합체이다. 시작과 끝, 원인과 결과가 생성하기 이전인 無時, 無空, 無存 상태이다. 다시 말해, 천지 만물을 창조할 수 있는 실현 바탕과 원리를 하나님이 간직한 본체 상태이다. 이런 특성이 있는 통합 바탕에 근거해서 창조 본체를 이행시켜 만화시킨 것이 하나인 창조 원리이다. 그리고 이 같은 창조 원리의 도식화가 곧 一의 **"多化 원리"**이다. 하나인 바탕 본체로부터 만물과 만상이 말미암은 탓에, 이 같은 창조 원리를 일컬어 **"化됨 원리"**라고도 했다. 창조 본체로부터 만물화된 원리가 진리로서, 혹은 법칙으로서, 혹은 이치로서 결정되었다. 하지만 통합 본체가 창조 역사로 인해 化된 탓에, 이름은 달라도 바탕이 된 본질은 같다. 그래서 道는 하나요, 이행으로 化된 진리, 만물, 역사, 문명, 神도 하나로서 같은 원리를 간직했다. 아는 듯 모르는 듯 『중용』은 이런 사실에 대해 "中이라는 것은 천하의 큰 근본이요, 和라고 하는 것은 천하의 통달한 道이다"[6]라고 하였다. 큰 근본인 中은 곧 一이라, 一이 化해 천하에 미치고, 두루 통해 있어 道로서 파악한 것이다. 그 中은 아직 희로애락이 일어나지 않은 본체 상태이고, 和는 그것이 만화되어 질서와 법칙을 갖춘 세상의 모습이다. 한 바탕, 한 본질로부터 천지가 만화 된 탓에 우리는 다변화된 만상과 세상 법칙을 하나인 창조 원리로 꿰뚫을 수 있다. 이것을 선현들이 직시해서 도식화함에, 사실은 하나인 본체로부터의 多化 원리를 말한 것이다. 유

---

6)　위의 책, p.249.

교가 밝힌 "心이 곧 理이다(心卽理)"란 명제가 그것이다. "천하에 어찌 心 밖의 일[事]이 있고, 心 밖의 理가 있겠는가(왕양명)?"[7] 이것은 곧바로 하나님의 말씀이 법칙화되어 천지 만물을 창조하였다는 말과 같다. 하나님의 뜻과 의지가 化함으로써 그것이 세상을 이룬 理, 곧 사물과 현상과 존재의 법칙을 결정했다. 심즉리는 하나님의 창조 뜻과 의지와 계획의 법칙화, 진리화, 원리화 구현 과정을 등식화시킨 명제라고 할까? 하나님의 창조 뜻이 곧 세계 운행의 핵심이자 법칙 작용의 근간이란 말이다. 이처럼 일련의 이행화, 변화, 다화를 실현한 창조 원리는 결국 동일, 동질, 일체 원리로 귀결되고, 그런 원리 작용이 그대로 인류 문명을 통합할 수 있는 원리로 적용된다.

거두절미, 노자가 말한 우주 전체로서의 道, 그것의 변용인 德(자아 본성)의 연결과 통합과 동질성 인식, 그리고 인도 베다가 "브라만을 우주와 세계 자체인 동시에 개별적인 인간의 참된 자아와 동일시(범아일여)"[8]한 인식들이 모두 그러하다. 이것은 유일성을 지킨 기독교 신앙과는 대비되는 것인데, 神은 神이고 인간은 인간일 뿐이란 신관으로서 무엇이 옳고 그른 것인가 했을 때, 유일신관이 오히려 창조 원리 적용 과정을 무시한 한계적 신관이다. 범아일여 또한 결국은 그 같은 창조식으로 귀결시킨 것이지만, 창조 메커니즘을 뒷받침하지 못한 한계성은 극복하지 못했다. 그것이 선천이 지닌 어쩔 수 없는 세계관적 인식이다. 범신론도 이와 같은 신관 부류를 벗어날 수 없다. 이유를 조건을 갖춘 창조 원리로서 설명하면, 현재의 진리는 창조 원리로 창조 역사를 일으키고 뒷받침한 탓에 다양한

---

7) 「중용 사상 연구」, 조명휘 저, 동국대학교, 박사, 1991, p.113.

8) 『지적 대화를 위한 넓고 얕은 지식』, 앞의 책, p.190.

형태로 인식되는 것이지만, 결국은 하나인 창조 본체로 귀일한다. 천지와 만물을 창조하기 위해서는 다양한 진리 양산이 필요했나니, 이런 필요성에 근거해서 만화 된 만상을 볼 수 있는 안목을 확보해야 분열된 인류 사회도 하나님의 본체 안에서 규합할 수 있는 문명 통합 원리를 추출할 수 있다. 그 창조 원리가 만백성과 뭇 인생과 만 역사를 일관하고 통합하리라. 마음과 제법은 흐트러질 수 있지만, 그렇게 분산된 것은 일심의 뿌리를 찾지 못했기 때문이니, 찾으면 마음은 하나요 제법도 하나이다. 한 사람이 아무리 많은 생각을 가져도 그것은 한 사람으로부터 비롯된 생각인 탓에 한 마음으로 일관될 수 있는 것처럼,[9] 우주도 생성된 시간과 모습이 아무리 무궁무진해도 하나인 바탕 본체로부터 생성된 것인 한 하나로 꿰뚫어진다.

> "한없이 먼 시간이 한 생각이요, 한 생각이 한없는 시간이네(법성
> 게-의상)."

천지 창조 원리는 하나를 쪼갠 나눔 방식이 아니다. 하나를 이행시킨 화됨 방식이다. 그 하나인 동질성이 그대로 전화된다. 곧, 통체일태극인 동시에 각구일태극이다. 한 본체로부터 창조된 탓에 다시 한 본체로 모일 수 있으니, 이것이 만물과 만 민족, 만 역사를 창조하고 주재한 하나님의 몸 된 본체 안에서 하나 되게 할 문명 통합 원리이다. 만 역사를 하나 되게 할 추진 원리이고, 만 인류를 하나님의 품 안에 모을 통합 원리이다. 만세 전부터 추진한 창조 역사를 결실 지을 창조 목적의 실현 원리이리라.

---

9) 이 연구의 많은 생각도 결국은 본인 한 마음으로부터 나온 것임.

2. 본체 원리

지난 지성사에서는 "본체"라는 존재 자체가 논란의 대상이었다. 동양에서는 존재성을 어느 정도 인정한 상태라 본체를 근본으로 한 통합 논리를 생성시킬 수 있었지만, 서양은 그들이 지닌 사고적인 특성상 현상적인 질서 인식에 치중한 탓에 본체란 존재를 부정하였고, 실체적 근거를 추적하기 어려우며, 인식함이 불가능하다는 이유로 본체가 지닌 세계 작용적인 역할을 제거하는 방향으로 나아갔다. 이런 문제를 어떻게 할 것인가? 하나님의 지상 강림 본체가 드러난 오늘날 비로소 인류 숙원의 문제를 풀 수 있었고, 아울러 形而上學화된 특성과 작용 역할까지 진리계에 부각했다. 즉, 본체가 지닌 가장 근본적인 존재 특성은 만물과 만상을 낳고, 있게 하고, 오고 가게 하고, 연결, 일체 되게 한 창조, 주재, 통합 작용과 바탕, 근본, 구심 역할을 지녔다는 것이 그것이다. 천지 만물은 통합된 본체로부터 창조된 관계로 그것이 분열을 완료하기까지는 본체가 지닌 전모 모습과 역할과 제반 특성을 완전하게 파악하기 어렵다. 그러니까 분열을 본질로 한 선천의 세계 본질적인 조건 속에서는 본체의 존재성이 불확실하였고, 통합적 역할은 더더욱 기대하기 어려웠다. 하나님도 세계 안에서 모습을 완성할 수 없어 부분만 본 다양한 신관을 양산했다. 이 같은 일체 문제를 오늘날, 이 땅에 오신 하나님의 지상 강림 본체가 한꺼번에 해결하나니, 하나님이 본체자로 드러나고 보니 시공은 끊임없이 분열하지만, 밑바탕은 단절되어 있지 않은 통합적인 본질체로 구성되어 있다는 사실을 확인할 수 있었다. 그것이 본바탕이고 본래 모습이라, 이것이 시사하는 것은 세계 전체가 본래 한 몸으로부터 나온 하나님의 몸 된 본체란 결론적 통찰이다. 생성한 과정을 거친 탓에 무수하게 나뉘었고, 다양한 모습으로 변화했지만, 그렇게 해서 드러나고 존재한 것 일체가 하나도 놓침 없이 하나님의 몸 된 본체자체란 사실이다. 무수한 覺이 법신을 이루었다고 하는 것처럼 무수한 진리, 무수한 원리, 무수한 이치가 하나님의 창조 본체를 뒷받침하고 있고, 그것이 합쳐서 하나님의 본체 모습을 구성한다. 실로 세상 가운데는 수많은 神이 존재하고, 삼세 간에는 수많은 부처가 존재하며, 세계 자체가 神이라고도 함에, 이전에는 이 같은 사실을 확인할 수도 증명할 수도 없었지만, 지금은 가능하게 되었는데, 그것이 곧 강림하신 하나님이 진리의 성령으로서 밝힌 창조 본체의 **"통합 원리"**이다. 이전에는 불가능하였지만, 오늘날은 가능하게 된 만사 해결책은 바로 하나님의 몸 된 본체가 세계라, 그로부터 천지 만물이 창조되었다는 본의 인식에 있다. 이런 사실 확인과 증거를 근거로 선천 인류가 맞닥뜨린 본체 존재에 관한 세계관적 실마리를 하나하나 풀 수 있다. 분열로서 야기된 일체의 세계관적 한계성을 극복할 수 있다.

본체의 창조적인 특성과 구심 역할을 인지하지 못한 지난날은 본체가 지닌 통합적인 특성 원리 역시 인출할 수 없었던 탓에 세계의 제반 현상을 바라본 관점 면에서의 한계성이 역력했다. 뉴턴의 기계론적 세계관, 화이트헤드의 설익은 유기체관 등등. 어차피 인류가 장차 하나님의 지상 강림 본체 안에서 하나가 되는 통합 문명을 이루기 위해서는 미완의 세계관 문제를 해결하고 한계성을 극복해야 함에, 그것이 차원적인 구원 문명을 여는 기반이다. 흔히, "기계적 자연관은 양자 역학의 출현 이후에야 세계관으로서의 문제점을 확인할 수 있게 되었다고 하지만, 더 근본적인 문제는 천지 창조 역사를 실현한 바탕인 본체 존재의 역할을 무시하고, 그렇게 해서 창조된 결과 모습인 결정된 법칙 질서만으로 세계적인 현상을 판단한 데 있다. 기계적인 분열 질서의 뿌리인 본체의 결정(창조) 역할을 제거한 상태에서는 규칙적인 우주 운행의 생성 질서 비밀을 영원히 밝힐 수 없다. 유기체적인 세계관이 지닌 관점상의 문제도 그러하다. 왜 자연이 자연계 안은 물론이고 인간과의 관계에서도 독자적이지 않고 상호 긴밀한 관계를 유지하면서 육체적으로 연결되어 있는지는 드러나 있는 현상적 질서 조건만으로서는 설명할 수 없다. 정확한 이유는 하나님의 창조 본체가 드러나야 했나니, 세계가 하나님의 몸 된 본체 안이기 때문에 가능한 네트워크 구축 현상이다. 창조된 본의 관점을 확보해야 동양의 주자학이 펼친 形而上學(이념)적 측면의 理와 현상(현실)적 측면의 氣와의 관계도 명확히 논거를 둘 수 있다. 즉, 理氣의 不雜과 不離란 이중성은 현상적 질서 안에서는 모순, 대립한 것이지만, 창조 역사를 실현한 본체 안에서는 동시 성립이 가능함에, 이 같은 초월적 특성이 분열된 인류 사회와 인류 문명을 하나님의 지상 강림 본체 안에서 하나가 되게 할 수 있는 본체 **"통합 원리"**이다. 현상적인 질서 안에서는 모순과 대립이 불가피하지만, 본체 안에서는 정반대로 생성된 모순과 대립 조건 일체를 소멸시킨다. 모순이 발생하고 대립이 생긴 것은 인간의 인식 범위와 판단한 관점이 분열 중인 질서 안에서는 제한적일 수밖에 없었기 때문인데, 본체 안에서는 그런 제약 조건을 초월하여 동시 존재 성립을 가능하게 한다. 理氣 不雜은 처한 관점에 의해 생긴 조건인데, 理와 氣가 결코 섞일 수 없고 일체 될 수 없는 조건 상황은 창조된 세계이기 때문에 그렇게 결정된 것이고, 理氣 不離로서 결코 떨어질 수 없는 조건 상황은, 그렇게 결정되었음에도 본질적으로는 처음부터 이미 하나이고 일체란 것이다. 즉, 理氣 不離란 바탕이 된 본체가 창조 역사로 인해 천변만화 되었지만, 근본은 동질, 동일, 하나인 본체로써 분리될 수 없다는 것이라, 이 같은 **"본체 원리"**의 단호한 인식적 뒷받침이 결국은 인류가 양산하고 축적한 문명 역사까지 통합할 수 있게 한다. 주자가 펼친 태극의 초월성 대 내재성, 이기이원론 대 이기일원론 문제 등도 그러하다. 이것은 한결같이 본체의 초월적 특성과 생성적 특성을 간과한 상태에서의 분리와 대립 관점일 뿐이라, 본체가 지닌 창조 원리에 입각하면 일시에 일체 의식으로 관통된다. 창조 본체=태극 본체가 지닌 초월과 내재 특성을 동시에 성립시켜 理氣의 이원성 경계를 해소한다. 선천 세계관의 한계성을 극복하고, 얽히고설킨 진리의 실마리를 풀었나니, 모세가 지팡이로 홍해를 갈랐듯, 첩첩이 가로막힌 장애물을 걷어내는 것은 그것이 그대로 만 인류를 정신적 고뇌로부터 구원하는 길이다. 강림 본체가 지난날 미비한 일체의 세계적인 조건을 충족시켜 세계관을 완성하리라.

이처럼 **"본체 원리"**의 통합 작용 특성에 근거하면 문명을 통합하는 것이 왜 인류 역사의 추진 방향이고 섭리의 귀결인지 가늠할 수 있다. 선천 역사는 본체의 창조 원리와 통합 원리에 무지한 탓에 인류 중 누구도 오고감의 출생처와 귀의처를 알지 못했고, 어디로부터도 인류 역사의 추진 방향과 완성 목적을 지침 받지 못했다. 이것이 창조 본체와 단절된 선천 역사의 세계관적 한계성이다. 그 결과 인류 문명이 총체적인 종말을 맞이하였다. 직선적, 종말적 역사관은 본체의 창조 작용과 통합 원리를 알지 못한 한계성 인식이다.[10] 바로잡을진대, **본체로부터 나온 것 일체는 본체로**

---

10) 창조 본체는 통합 본체로서 단선적, 직선적인 종말성을 극복하고, 그 이후 우주 질서를 새롭게 생성시킴(종말성은 그 이상의 생성 여력이 없으므로 그야말로 종말성임). 그래서 본체 통합 원리로 뒷받침된 문명 통합 역사는 종말에 처한 인류 사회를 구원할 제3의 차원 문명 질서를 생성시킴.

부터 나온 탓에 다시 본체로 돌아간다. 그래서 동양의 노자는 일찍부터 이 같은 道의 순환성을 간파하였나니, 알고 보니 道의 존재성, 곧 몸 된 본체 안에서의 본질적인 특성을 직시한 것이다.

> "큰 것은 흘러가는 것이고, 흘러가는 것은 널리 미치는 것이며, 널리 미치는 것은 되돌아오는 것이다(『노자 도덕경』, 제25장)."

왜 큰 것은 …… 되돌아오는 것인지 이유를 설명하기 위해서는 큰 본체가 지닌 창조 작용 특성을 간파해야 한 바, 그렇게 해서 감지한 방향성이 곧 한없는 미침도 결국은 본래 자리로 되돌아간다고 인식한 것이다. 그 본래 자리가 과연 무엇인가? 천지 만물을 있게 한 창조 본체자리이고, 통합 본체자리, 모든 極과 因을 갖춘 태극 본체자리가 아닌가? 그러니까 인류 문명의 본말도 결국은 분열이 극에 이르면 그것으로 우주 운행이 마감되는 것이 아니고, 극이 전환되어 이전 문명과는 전혀 다른 차원 문명, 곧 분열 문명을 극복한 통합 문명 역사를 이루게 되리라.

3. 조화 원리

인류가 지난 역사에서 통합을 이루고자 한 추구의 끈을 놓지 않았는데도 불구하고 인위적인 노력만으로서 실패를 거듭한 근본적인 이유는 인간과 인류 전체가 통합 역량을 발휘할 수 있는 통합 본체를 간직하지 못해서이다. 라이프니츠는 단자론에서 "단자는 우주를 반영하는 고립된 성격을 지닌다"[11]라고 하였다. 하지만 정말 그처럼 각자가 독자적으로 존재하는 단자들뿐인데 어떻게 세계 안에서 조화를 이루는가? 그 이유를 아는 데 이것도 저것도, 혹은 너도나도 아닌 제3의 초월적 의지체인 천지 만물을 창조하고 인류 역사를 주재한 하나님의 본체 존재가 요청된다. 왜 각자독립된 단자가 경이롭게 조화를 이루는 것인지, 지혜로운 자 그 작용을 통해 하나님의 주재 손길을 엿볼 수 있어야 한다. 개체와 인간적인 조건으로서는 불가능한 일이지만, 하나님의 권능 조건으로서는 가능한 일임에, 제3의 존재인 하나님의 지상 강림 본체에 천지 만물을 조화시키는 통합 권능이 도사렸다. 하나님은 세계의 독자성, 불통성, 상대성을 극복하고 **"조화원리"**로 분열된 인류 사회를 하나 되게 할 수 있다. 문명 통합은 유형무형의 존재 역사를 일관하는 역사이기도 함에 진리, 이치, 세계관을 통합하기도 하지만, 각자가 지닌 가치관과 신념, 국가와 국가 간, 문명과 문명 간의 차이와 대립 상태까지도 넘어서야 하는 만큼, 문명 통합 역사의 접근 방법과 원리성 적용은 통일함을 통해 일체화시키는 방식이 아니다. 그것은 무엇보다 창조된 본의와 어긋난다. 창조 역사 자체가 만물화를 통해 다양성을 실현하고자 하는 것이 목적이었던 만큼, 그런 다양성을 기반으로 해서 문명 통합 역사를 실현하기 위해서는 각자가 지닌 본성을 구분하고, 그들이 지닌 다양한 특성을 발현시킨 바탕 위에서 만화 된 특성을 조화시키는 것이 문명 통합의 기저가 되게 해야 한다. 흡수와 지배로써 접근하는 방식을 배제하고, 차이와 다양성을 통해 다른 가치를 존중하고 인정함으로써 걸림 없이 포용할 수 있는 조화 원칙이 공존과 평화를 항구적으로 하는 문

---

11) 『사람이 알아야 할 모든 것 철학』, 앞의 책, p.282.

명 통합의 필수 원리이다.[12] 조화 원리 작용으로 인류의 문명 통합 역사를 주도할 제3의 초월적인 권능을 지닌 본체 조건을 갖춘 실체란? 바로 하나님이 천지 만물을 창조하고자 한 뜻을 발동시킨 "사랑"이다. 조화는 복잡하게 작용하는 통합 원리가 아니다. 하나님은 인류를 지은 창조주인 탓에 자녀를 있게 한 아버지로서 인류를 품 안에 안을 수 있는데, 그 근원적인 작용에 바로 하나님이 모든 인류를 빠짐없이 사랑하는 마음이 있다. 그만큼 사랑은 하나님이 품은 지극한 창조 뜻의 발현이기 이전에 애써 강조할 필요조차 없는, 마음에 품고 행하면 두루 통하는 만유 공통의 각성 언어이다. 분열된 일체의 대립 조건을 녹여내는 의지적 본체가 하나님의 사랑이시다. 하나님의 인류 구원 의지와 인류를 자녀로서 사랑하는 마음 앞에서는 그 무엇도 대척하거나 거부할 수 없는 절대적인 통합 작용이나니, 하나님이 인류를 얼마나 사랑하는지 그 진정성을 확인하는 순간, 인류 사회는 모든 구분 경계를 넘어 하나 되고, 일체 되고, 함께할 수 있게 되리라.

---

12) 『강의』, 앞의 책, p.165.

제37장 통합 역사

1. 통치 이념, 제도 통합

오늘날, 이 땅에 강림하신 하나님이 이 연구가 간구하고 믿은 바대로 되리라, 꼭 이루시리라고 한 인류의 **"문명 통합 역사"**는 선천의 한계성을 극복할 새로운 문명 역사 창조이고, 제3의 통합 문명 건설 역사이다. 종말의 때를 맞아 모든 인류가 빠짐없이 심판의 문을 통과해야 하는 결실 문명이고, 보편적인 구원 문명 창조이다. 이전과는 격이 다른 초월 문명으로 진입하는 과정에서 재편되고 재창조되어야 하는 우선적인 대상 영역이 곧 **"통치 이념, 제도 통합"** 역사이다. 지난날은 통치 이념과 제도가 분열적인 세계관에 근거하다 보니 통치 수단과 방법과 제도 형성 역시 세계적인 분열을 가속해 통일을 목표로 한다는 것이 오히려 대립을 극대화하는 방향으로 나아갔다. 이런 문제점을 풀고 해결해야 인류는 그야말로 강림하신 하나님과 함께하는 문명 역사, 곧 지상 천국 문명을 건설할 수 있다. 통치 이념과 제도를 바탕으로 뒷받침된 세계관의 절대적인 영향 아래 있어 완비되지 못한 세계관은 결국 제민을 다스리는 통치 질서와 제도를 확립하는 데도 한계성을 드러낸다. 이런 사실을 확인할 수 있어야 분열 문명의 강을 건너 통합 문명의 언덕에 발을 내디딘다. 알다시피 "상제 개념이 天 개념으로 전환된 고대 중국 사회에서 지배자들은 天을 희로애락을 표현하는 존재로 여겨 天을 통치의 정당성을 보장하는 근거로서 적극적으로 선전하였다. 이런 전례를 통해 알 수 있는 것은 天 개념의 지배적인 이데올로기 논리는 제(帝)보다 더 정교하고 치밀하게 이루어져 지배자뿐만 아니라 피지배자도 자연을 의인화한 형태로 인식하게 되었다."[1] 통치 이념과 그렇게 믿는 사상과의 관계라고나 할까? 天을 그렇게 생각하고 믿는 만큼 帝보다 업그레이드된 권위로 통치 질서를 확립하고자 한 것인데, 당시 天 개념은 하나님의 창조 본체와는 무관한 것인 만큼, 그런 天이 지닌 통치 이념의 역할과 함께 통치 질서 면에서도 지속적이지 못한 성쇠가 있었다.

이에, "중국 사회가 전국 시대가 되면서부터는 이른바 백가쟁명(百家爭鳴)으로 표현된 제자백가의 사상들이 출현하였다. 까닭은 중국 천하가 열국으로 나뉘어 패권을 경주하던 때라, 전쟁에서의 전략 전술, 그리고 전체적인 통치술, 즉 경세에 대한 필요성이 절대적으로 요청된 탓이다. 그런 제자백가 중에서도 진(秦)은 법가를 통치 이념으로 채택하여 천하를 통일하였다. 하지만 법가에 의한 통치는 진시황이 죽자 함께 몰락하고, 그 후 서한(西漢)이 다시 중국을 통일하면서부터는 통치 이념으로 황로학(黃老學)을 채택했다. 황로학은 도가와 법가를 결합해서 출현한 통치학으로 법가의 한계를 도가로부터 보충한 것이다. 황로학은 큰 성과를 거두어, 이른바 '문경의 치(文景之治)'라고 칭해질 만큼 장기적인 안정과 발전을 이루었다. 그러나 무제(武帝)에 이르러 백가를 배척하고 유가만 숭상한다는 정책을 채택하면서부터 서한의 통치 이념은 유가로 옮기게 되었고, 이러한 독존유술(獨尊儒術) 정책은 서한을 세계 최대의 제국으로 번영시켰다.

---

1) 「동양 종교와 기독교의 하나 신관에 대한 목회 신학적 연구」, 조춘호 저, 삼육대학교, 목회, 석사, 2010, p.94.

하지만 선천 하늘의 유학 역시 커다란 문제를 지닌바, 서한을 계승한 동한의 권력층은 다시 새로운 통치 사상을 찾고자 다양하게 모색하였다. 이런 상황에서 중국 사회에 점차 진파되기 시작한 불교에 깊은 관심을 두게 되었는데 불교 교리, 예컨대 전륜성왕 등과 같은 개념이 제국의 통치에 적합한 사상적 내용인 것을 간파하게 되었다."[2] "이후 동한이 위·촉·오 삼국으로 분열하자 또다시 통치 이념을 궁구하였다. 그중 양한(兩漢)의 중심지에 있는 위(魏)나라 조조의 아들인 조비가 칭제건원 하자, 조위(曹魏, 220~265)에 대한 당위성과 함께 통치 이념을 제시할 필요가 있었다. 이때 동원된 인물이 곧 조조의 양아들인 하안이었고, 또한 하안이 발탁한 왕필이었다. 이들은 반야학의 논리를 도가를 중심으로 해서 유학을 포용하고자 하였는데, 이를 현학(玄學)이라고 칭한다."[3]

　비록 나라를 세우는 과정에서는 무력을 동원했더라도 세운 나라를 안정적, 효율적으로 다스리는 과정에서는 합당한 통치 이념이 필요한바, 지난날은 그 같은 세계관적 이념들이 시험대에 오른 역사적 무대였다고 할 수 있다. 하지만 필요성에 따라 제공된 통치 이념과 세계관이 한때는 시대적 요구에 부응하여 개혁을 이루고 번영을 구가했지만, 제공된 통치 이념 자체가 지닌 세계관의 한계성 탓에 그 나라도 함께 영원할 수 없었다. 하지만 하나님이 이 땅에 강림하시어 세우고자 하는 지상 천국은 그렇게 명멸하는 나라가 아니다. 문명 통합으로 인류 사회를 하나로 일체화시키고자 함에, 그 우선적인 통합 역사에 지금까지 시행된 통치 이념과 제도의 세계관적 한계성을 극복해서 제민이 하나님과 함께 영생 복락할 수 있는 영원

---

2)　「왕필의 현학과 승조의 반야 사상 비교 연구」, 앞의 논문, pp. 2~3.

3)　위의 논문, p.4.

한 나라를 이루는 데 있다. 그러기 위해서는 국가와 제국이 갖춘 통치 이념과 제도 영역을 넘어 만민, 만국을 일체화시킬 수 있는 구심 본체와 세계관을 제공하는 것이 필요하다. 지난날은 때가 이른 탓에 숱한 시도와 노력으로서도 통합 조건을 갖춘 세계관을 구축할 수 없었지만, 오늘날 강림하신 지상 강림 본체는 시대적인 요구 조건에 부응해 만 인류를 하나님의 품 안에서 하나 되게 할 통치 이념과 제도 통합 역사를 단행하고자 한다.

대개 한 국가가 통치 영역을 넓혀 제국화하는 과정에서는 새로운 통치 이념을 모색할 수밖에 없다. 고대의 로마 제국이 핍박하던 기독교를 오히려 공인해서 국교화한 사례가 그러하다. 로마 제국이 수많은 민족과 문화를 정복해서 통치하게 됨에 따라, 이들을 포용하기 위해서는 보다 글로벌화된 세계관적 이념이 필요했다. 여기에 기독교란 종교가 이 같은 요구에 부응했다. 그리하여 기독교는 로마 제국과 중세 사회를 하나 된 신권 질서로 지배할 수 있었지만, 교리와 통치 이념으로 제공된 기독교 신관은 그것이 전부이고 한계였다. 세계가 지구촌을 이룬 오늘날에는 비슷한 과정을 거친 또 다른 세계관과 뒤섞이게 되어 사사건건 대립을 일으킨 온상이 되고 말았다. 이런 세계적인 문제를 해결할 수 있는 보다 글로벌한 통합적 세계관이 요청되므로, 이것을 이 연구가 하나님의 지상 강림 본체에 근거하여 인류 사회를 하나로 규합할 통치 질서, 가치, 제도, 이념, 세계관을 제공하고자 한다. 왜 새로운 통치 이념과 제도가 필요한가 하는 절체절명의 이유는 지금까지 인류 사회를 지배한 내로라한 통치 이념과 질서와 제도가 더 이상 지탱하기 어려운 세계관의 밑바닥을 드러낸 탓이다. 그만큼 과거 역사에서는 나름대로 주체성을 내세운 다양한 국가와 사회와 제국의 통치 형태가 존재했다. 그러나 그 누구도, 그 무엇도 인류 모두가 바란 이상적인 통치 질서를 구축하거나 제도를 갖추지는 못했다. 예를 들어, "다윈이 세운 자연 선택 메커니즘은 오늘날 생물학계에서 가장 확고한 진화 이론으로서 매력적인 시각을 제공해 주고, 새로운 통찰력과 영감의 원천이 되고 있다고 생명과학자들은 말한다."[4] 하지만 그 진화 이론이 지닌 사실성과 진리성과 학문적인 성과를 따지기 이전에 그 시대의 대영 제국이 필요로 했던 지배 이념으로서 도용되었던 사실성에도 주목해야 한다. 세계를 침략하고 지배하고자 한 제국의 입장에서는 진화 이론을 적극적으로 옹호하고 뒷받침해야 했다. 치열한 경쟁에 대한 강조가 자연의 이치에 맞는다는 생각을 가지고 자국의 식민지 침탈 행위를 진화 이론으로 정당화했다. 결과로 세계에서 해가 지지 않는 대영 제국은 건설했지만, 그런 영국도 지금은 역사의 한 페이지로서 넘겨지고 있듯, 진화 이론 역시 통치 질서 이념 면에서는 한계를 지닌 세계관이다.

그렇다면 역사상 시행착오를 거쳐 가장 이상적으로 정착되고 있다고 믿는 민주주의란 제도는 현재까지 얼마나 인류의 추구 이상을 만족시키고 있는가? 가늠할진대, 다수의 민의가 그렇다고 해서 그것이 절대적으로 옳은 뜻이고, 판단이며, 진리인 것은 아니다. 하나님은 한 영혼도 놓침 없이 구원하기 위해 이 땅에 강림하신 바인데, 인류는 인간적인 한계성을 지닌 탓에 이천 년 전 다수의 뜻으로 군중을 선동해 예수그리스도를 십자가에 못 박았다. 소크라테스를 죄인으로 몰아 독배를 마시게 했고, 기독교 역시 교권을 정립한 이후부터는 지배 권력을 이용해 수많은 영혼을 이단으로 몰아 처형했다. 다수결의 원칙은 최선을 다한 인간의 선택일 뿐이라, 민주주의는 어디까지나 하나님이 만인의 뜻을 모을 통치 이념을 제시하기까지

---

4) 『빅뱅에서 인간까지(우주, 생명, 문명)』, 마그나 히스토리아 연구회 저, 청아출판사, 2020, p.318.

임시로 운용된 과도기적 제도일 뿐이다. 다양한 가치 질서를 포용할 더 공의로운 지상 강림 본체에 근거한 통치 이념과 제도 확립이 그러하다. 그것은 지극히 개인적, 독점적인 지배 체제가 세계의 종말 상황을 초래했다는 뜻이다. 현재 성행하고 있는 "자본주의 경제는 개인적인 욕망과 국가적 이익을 창출하고 충족시키고자 한 체제이다. 인간이 가진 가장 본능적인 욕망을 자극해서 갈증을 키우는 시스템이 자본주의란 제도이다. 그래서 수많은 화(貨)를 생산하고, 貨에 대한 욕구를 극대화한다."[5] 하지만 문제는 인간의 그 같은 욕망 충족 목적이 끝이 없다는 데 있다. 그런 욕망 추구 시스템을 스스로는 더 이상 제어할 길이 없다. 전혀 새로운 체제로 전환되어야 함에, 그곳에 하나님의 공영적인 문명 통합 의지가 발동된다. 그만큼 하나님의 창조 뜻과 어긋난 지금의 독점적 질서 체제와 무한 경쟁 시스템은 반드시 물리치고 개선해야 할 미래 역사의 문명 통합 과제이다. "오늘날 세계의 가장 심각한 문제 한 가지는 사회적 부유층과 빈곤층의 경제적 차이, 제1 세계와 제3 세계와의 차이에 있다. 역사적으로 제1 세계는 아프리카 흑인들의 노예 판매, 아메리카 대륙의 자연 자원 착취를 통하여 산업 혁명과 경제 발전에 필요한 자본, 자원, 노동력을 마련했다. 17세기에 시작하여 19세기에 이르기까지 유럽의 나라들은 막대한 부를 거둬들였다."[6] 기독교를 신앙하는 국가들이 오히려 하나님의 공의적인 뜻을 거스른 채 앞장서 역사 위에서 인류적인 죄악을 자행했다는 사실이다. 이에, 그들은 단연코 미래 역사에서 하나님의 보편적인 구원 역사 일환인 문명 통합 역사를 주도할 자격을 잃었다. 지구상의 어떤 국가도 민족도 만민을 한 백성

---

5) 『강의』, 앞의 책, p.280.

6) 『죽음과 부활의 신학』, 앞의 책, p.61.

으로 여긴 통합적 질서를 확립하지 못한 상태이다. 그런 관점에서 이 시대의 패권 국가인 미국, 자민족 선민주의에 빠진 이스라엘, 그리고 선진국을 자부하는 유럽의 국가들은 모두 하나님의 공의와 공영적인 창조 뜻과 배치된 길을 걸었다. 그래서 하나님이 오늘날 강림하시어 천지를 창조하고 인류 역사를 주재한 본의를 밝힌 바이고, 그렇게 역사한 뜻은 새로운 문명 통합 질서와 이념과 질서를 세워 만 인류를 빠짐없이 구원하기 위해서이다.

　지금까지 제민을 다스리기 위해 적용한 통치 이념과 제도, 그리고 목적을 이루기 위해 동원한 역사적인 실현 방법은 한결같이 획일적이었고, 동원한 수단 역시 무지막지한 방법이었다. 이사가 진시황에게 제안했던 천하의 통일 방책이란 "진의 역사 기록을 제외한 모든 기록, 백가의 글, 박사관에 보관한 것이나 농업, 의학, 약학, 점술, 농사에 관한 일부 서적을 제외한 다른 모든 문헌을 몰수해 불살랐고, 학자를 460명이나 처형한 것이었다(분서갱유). 그가 이룬 통일은 반대자의 폭력적 파괴를 뜻했다. 천하에는 하나의 세계, 하나의 정부, 하나의 역사, 하나의 이데올로기밖에 없었다."[7] 참으로 인류 역사는 개인과 집단과 국가적인 이익을 쟁취하기 위한 전쟁의 역사라고 할 만큼, 서로 간의 목적이 대치하고 충돌했을 때 그것을 지키거나 쟁취하기 위해 상대를 말발굽으로 짓밟고, 물불을 가리지 않고 폭탄, 미사일을 퍼부으며, 핵폭탄을 투하해 수많은 인명을 살상하였다. 그리고 21세기를 살아가는 오늘날에도 핵무기 사용을 공언하고 위협하는 국가가 있다. 통합과는 거리가 먼 인류 역사의 세계관적 한계성이 극치에 달한 종말 현상이다. 벗어나고 넘어서야 할진대, 이 연구는 향후 어떤 방법으로 인류 영혼을 빠짐없이 구원하고 인류 사회를 하나로 규합할 문명

---

7)　『축의 시대』, 앞의 책, pp. 626~627.

통합 역사를 실현할 수 있을 것인가? 오직 힘에 의한 강 대 강 대치와 무력을 통한 세계 지배 방식은 하나님의 창조 본의가 드러나지 못한 선천에서의 한계적 수단일 뿐이다. 그렇다면? 하나님의 뜻에 부합한 공의, 공영적인 통치 이념과 제도를 세우는 데 하나님의 위대한 가르침 역사가 있다. 인류가 지난날 자행한 잘못과 무지를 깨우치게 할 교화 권능 발휘로 대 문명 통합이란 영광을 실현하리라. 탱크와 미사일과 핵폭탄을 무장 해제시킬 수 있는 인류의 성인, 覺者, 스승의 가르침을 앞세워 개인적, 집단적, 국가적 죄악을 진멸하리라. 그것이 공의, 공영적인 통치 이념과 제도로 인류 영혼을 보편적으로 구원하는 문명 통합 역사의 시발점이 되리라.

2. 진리 통합

진리란 무엇인가? 이 물음은 인류가 이 땅에 존재하고 사고한 이래 끊임없이 탐구하였고, 밝히고자 한 궁극적 과제 중 하나이다. 그래서 그동안 각자가 확보한 다양한 진리 세계를 통합하기 위해서는 진리의 본질적인 뿌리를 밝히는 것이 중요하고, 그에 못지않게 중요한 것은 각자가 진리란 이런 것이라고 보고 판단한 관점의 난무 문제를 풀어서 일관시키는 것이다. 모든 문제는 연관해서 발생한다. 진리 영역도 그러하다. 진리는 하나이고 영원하다는 신념은 같은데, 각자가 내세운 진리에 대한 정의는 왜 각양각색인가? 진리를 생성시킨 본질적인 뿌리를 보지 못했다는 뜻이다. 이것을 알아야 진리에 대한 절대적인 신념과 절대적인 추종이 얼마나 어리석은 것인가를 깨달을 수 있는데, 그런 판단 조건을 갖추기까지는 하나님이 진리의 성령으로서 강림하시어 창조된 본의를 밝힐 때까지 기다려야 했다. 그러니까 강림하시기 전까지는 인류가 진리를 바라보고 본질을 규정하는 데 한계가 있었다. 결과로써 선천 진리는 세계를 구성한 본질성을 지녔지만, 해석한 자의 정의 관점이 달라 인류 사회를 결속하는 통합 역할을 하지 못하였다. 오히려 진리성을 지닌 그것이 세계를 분란 짓고 분열시킨 원인이 되고 말았다. 이런 세계적 조건 탓에, 지난 역사에서는 그 누구도 진리에 대한 정의를 확실하게 내리지 못한 상태에서 진리라는 것이 정말 인류에게 온갖 정신적 갈등과 사회적인 문제를 일으킨 온상이 되었다. 예수는 진리가 너희를 자유롭게 하리라고 하였지만, 역설적으로 인류가 역사 앞에서 저지른 죄악을 진리라는 이름으로 정당화하기도 했다. 이처럼 진리에 대한 인류의 집단적 무지와 어리석은 생각과 행위를 어떻게 할 것인가? 누가, 무엇이 그런 잘못을 지적해서 깨닫게 할 것인가? 진리의 본체 뿌리를 드러내어 진리에 대한 개념을 정의하고 관점을 통합해야 가능하다. 그만큼 **진리 통합은 인류 문명을 통합하는 물꼬를 트는 핵심 키이다.**

이때를 위하여 이 연구는 길의 전반기 추구 과정을 통해 분열될 대로 분열된 진리 세계를 통합하고자 한 추구 의지를 발현시켰고, 소정의 과정을 완수한 결과로 진리의 전모자로 모습을 드러낸 보혜사 성령의 실체를 증거한 바 있다. 이로써 인류 사회를 하나로 규합할 세계 통합 기반을 터 닦았다. 즉, 진리 통합의 완수 위에 보혜사 하나님이 진리의 성령으로 오시면, 그 성령이 세계의 의와 진리에 대해 심판하리라고 하였다. 도둑은 어둠을 틈타 활동하는 것처럼 진리의 본질이 확실하게 드러나지 못한 지난날은 인간적인 권세와 욕망이 판을 쳤다. 이런 와중에 어리석은 죄악의 역사가 가중되었다. 기득권을 가진 정치 세력과 대중은 그들의 개인적 이익과 지배 권력을 지키기 위해 위선자, 교활한 권모술수자로 자신의 진실성과 인격성 여부와는 무관하게 행세하였고, 언급한 대로 소크라테스, 예수 같은 진리의 옹호자를 오히려 희생시켰다. 이런 역사적 죄악을 누가 엄중하게 가려서 심판할 것인가? 진실을 능수능란한 언변술로 감추고, 궤변으로 눈을 돌리면서 뻔뻔하게 대사를 도모한 자들이 승승장구하는 것은 정말 하늘의 법도와 무관해서인가? 누가 그들을 공의로운 진리로 심판할 것인가? 땅의 이치와 하늘의 이치는 전혀 동떨어진 진리 법칙인가? 참으로 "예수를 죽인 자가 로마인이 아니라 유대인이었다는 사실은 진리란 측면에서의 아이러니이고, 역사적으로 자행된 큰 충격이다. 그 결과만큼이나 예수는 유대인, 특히 그들을 이끄는 종교 지도자의 위선을 고발하고 투쟁한 시대의 반항아였다."[8] 예수는 분명히 말했다. "카이사르의 것은 카이사르에게, 하나님의 것은 하나님에게……"[9] 하나님이 가진 소유 영역이 불분명한 탓에 예수 당시에는 그렇게 세속의 것과 하나님의 것을 구분하는 것이 명쾌한 의문 해소 방법이었다. 진리 영역도 마찬가지이다. 하나님의 것, 곧 창조된 영역이 어디까지인지 알지 못한 상태에서는 땅의 이치와 하늘의 이치가 따로 놀 수밖에 없고, 진리도 세계의 대립과 분열을 잠재울 통합 본체 역할을 감당할 수 없었다. 창조로 연결된 진리의 뿌리가 드러나지 못한 상태라, 하나님을 창조주라고 부르는 기독교도 르네상스 이후 과학적인 진리가 본격적으로 태동하였을 때 자연 진리를 배척한 역사를 낳았다. 예수의 대답처럼 세상의 진리는 세상의 진리로서, 하나님의 진리는 하나님의 진리로서 철저하게 구분한 것이다.

---

8) 『철학 콘서트』, 앞의 책, p.134.

9) 마태복음, 22장 21절.

하지만 하나님이 진리의 성령으로 강림하시어 창조 본체를 드러낸 지금은 세계적인 여건이 완전히 달라졌다. 하나님이 강림하시어 열린 가르침으로 밝힌 진리의 본질 뿌리는 과연 무엇인가? 진리는 하나님의 천지 창조 역사와 깊이 연관될 수밖에 없는 것이, **창조 역사 없이는 진리가 존재할 수 없고, 바탕이 된 본체 뿌리가 없으면 진리가 생성될 수 없다.** 그런 본의 측면에서 볼 때의 진리란? 진리가 발생한 최초 근원은 바로 하나님이 품은 창조 뜻과 의지와 계획에 근거한 것이다. 그 뜻과 의지와 계획이 천지 창조 역사를 실행한 과정에서 천지 만상을 구성한 원리, 이치, 법칙으로 결정되었다. 진리는 만물과 만생을 창조한 근원 요소인 동시에 세상 만사를 구성한 바탕 요소로서 불변한다. 그래서 시대를 초월해 천지를 있게 한, 이 같은 결정 요소, 바탕 요소, 구조 요소를 직관으로 인출해서 개념화시킨 것이 동서의 선현들이 일군 진리이다. 그것은 세계를 구성한 본질적인 요소라, 이 요소를 의식적으로 표상화, 인식화, 개념화시킨 것이 진리라고 할까? 그래서 이전과 달리 진리의 본질 뿌리를 창조 본체와 연결한 관점에서 보면, 삼라만상을 구성하고 제 현상을 일으킨 일체의 진리 영역이 하나님의 창조 뜻과 의지와 본의 안에서 일관되고 일체되지 않을 수 없다. 반대로 때가 이른 지난날은 표상화된 개념만 부유되고, 진리를 진리로써 증거할 수 없어 진리에 대한 신념을 묵살하기 일쑤였다. 오직 진실만이 말없이 진리로서의 명맥을 유지했다.

알다시피, 소크라테스는 그처럼 진리적 신념을 지키려고 하다가 아테네 청년의 정신을 타락시켰다는 얼토당토않은 죄명으로 처형되었다. 당시의 "아테네는 그리스에서 가장 민주적인 도시국가였고, 소크라테스는 이미 최고 철학자의 한 사람으로 명성을 얻고 있었다. 그는 언제나 자신의 고결한 이상을 옹호하고, 또 그것을 예증하는 고독한 사상가의 이상을 예시하였다. 그는 德이야말로 모든 것 중에서도 가장 가치 있는 것이고, 진리는 우리의 일상적 경험의 '그림자들' 너머에 놓여 있으며, 철학의 고유한 임무는 우리가 아는 것이 얼마나 적은가를 보여 주는 일이라고 가르쳤다."[10] 그의 주장과 가르침은 옳았지만, 그 같은 진리적 신념을 증명하기 위해서는 독배를 마시는 길을 택할 수밖에 없었다. 그만큼 하나님의 창조 본체가 드러나지 못한 지난날에 진리의 본질과 진리 세계를 일관시킬 수 있는 조건을 갖추지 못했다고 할 수 있다. 소크라테스 당시뿐만 아니라 우주여행을 하는 현시대에 있어서조차도 여건이 달라진 것은 없다.

그런데도 "에드워드 윌슨 교수는 「통섭(지식의 대통합)」이란 저서를 통해 진리 통합의 가능성을 말했다. 그는 지식이 가지고 있는 본유의 통일성, 또는 과학의 통일성을 내세웠다. 즉, 세상에는 서로 다른 다수의 진리가 존재하는 것이 아니다. 객관적인 실재에는 궁극적으로 모든 지식과 환상이 그곳에서 나오는 단 하나의 기본적인 진리만이 존재하며, 모든 지식은 단 하나의 지식 체계로 통일할 수 있다고 하였다. 다양한 유형의 지식을 한 가지 유형의 지식으로 통일하려는 구상을 담았다."[11] 이 단계까지의 생각을 놓고 보면 틀린 것이 없다. 당연히 그런 가능성은 구상되고 개진될 수 있다. 왜냐하면, 모든 대상 지식과 진리는 한 분인 하나님의 몸 된 본체에 근거했고, 그로부터 생성되어서이다. 그러나 윌슨은 이런 사실을 알고 본체 뿌리를 보았을 리 만무하다. 방법적인 면에서 표상화된 지식적 체계

---

10) 『세상의 모든 철학』, 앞의 책, p.95.
11) "통섭은 학문의 경계를 허물고 자연과학적 방법을 통해 모든 학문을 하나로 통일하려는 시도."- 『통섭을 넘어서』, 이남인 저, 서울대학교 출판문화원, 2016, p.36.

에 의존하다 보니까 통섭을 통한 진리 통합 시도가 실패되고 말았다. 그는 "현상화된 지식의 규합 체계는 물리학, 화학, 생물학 등 자연과학의 제 분과를 통합할 수 있고, 더 나아가 자연과학이 사회 과학, 인문 과학과도 통합하여 하나의 통일적인 지식 체계를 현상할 수 있다"[12]라고 하였다. 하지만 사실은 그렇게 성립될 수도, 성사될 수도 없는 관념적인 상상일 뿐이다. 그야말로 진리가 어떻게 표상화된 것인가에 관한 본질에 대해(본체 대 생성) 무지한 한계 인식이다. 그는 일관되게 "존재하는 모든 것은 자연적 인과 관계의 망 속에서 존재하며, 따라서 존재하는 모든 것을 지배하는 법칙들은 물리법칙으로 환원될 수 있다"[13]라고 했는데, 이것이 왜 불가능한 것인가 하면, 말미암은(분열) 지식은 가지 지식이라, 가지가 말미암게 한 본체 역할을 할 수는 없다. 무슨 말인가 하면, 자연적 인과 관계의 망을 구성하는 것은 제3의 초월적인 본체에 의해서이고, 그로부터 파생된 물리법칙은 다른 영역의 법칙들과 함께 본체로부터 결정된 가지 법칙일 뿐이다. 다시 말해, 물리법칙은 모든 법칙을 결정했고, 또 지배하고 있는 창조 본체가 아니다. 그래서 만개한 진리 세계를 통합할 수 없다. 분열되고 나누어지고 현상화된 진리 세계는 바탕이 된 통합 본체에 근거하지 않고서는 통섭, 통일, 하나 될 수 없다. 그런데도 가능하다고 믿은 선천 지성의 억지 주장과 논리 펼침이 세계를 어둡게 했고, 종말 국면을 가속했다.

그러므로 이 시점에서 중요한 것은 하나님의 열린 가르침으로 모든 잘 못을 즉각 깨닫고 오류를 수정하는 교화 권능으로 참 진리 세계로 만 영혼을 인도하는 것이다. 천지는 창조된 탓에 "현실적 세계에 존재하는 모든

---

12)   위의 책, p.36.

13)   위의 책, p.37.

것은 유한한 것이라, 여러 가지 대립을 포함한 탓에 통일의 궁극적 근거를 구한다면, 그것은 현실의 세계를 초월하는 것 안에서 발견할 수밖에 없다. 그리해야 모든 존재가 거기에서 나타나는 존재의 근원을 생각하고, 그것을 어떤 대립도 포함하지 않는 자립적, 자기 동일적인 하나로서 수립할 수 있음에, 이것을 프뢰벨은 모든 존재를 산출하는 것으로서, 모든 존재를 주체적으로 포함하는 절대적인 생명이자 일체를 감싼 神이라고 하였다."[14] 하지만 이 같은 주장은 하나님의 창조 본체가 밝혀지지 못한 상태에서의 믿음 어린 인식일 뿐이다. 정확하게 말한다면, 神과 진리 사이에는 창조 역사, 창조 본체, 창조 본의가 매개되어 있다. 이렇게 연관된 관계 고리를 추적해야 도대체 어떤 진리적 과제를 해결하고, 어떤 진리적 영역을 통합해야 하는지 비로소 초점 잡을 수 있다. 진리 통합은 절대 불가능하지 않다. 이전에는 근원에 해당한 본체가 드러나지 못했기 때문이지만, 지금은 가능한 조건을 갖춘 상태이다. 그 우선적인 과제는 다름 아닌 바탕이 된 본체로부터 말미암은 현상과의 관계성, 유기체성, 일체성을 창조 고리를 추적해서 밝히는 것이다. 인류가 개척한 **"학문의 역사는 본체가 현상화된 분열 문명의 결과 모습을 탐구한 과정"**인 만큼, 그것을 초월한 본체 작용의 形而上學성을 꿰뚫어 세상 진리와 연결해야 했다. 그런데 지난날은 오히려 역행된 방향으로 나아갔다. 그러니까 본말이 전도된 상황에서 진리의 한계 바닥을 드러내어 세계가 총체적인 종말 국면을 맞이하였다. 그래서 **"진리 통합"**과제는 인류 역사가 당면한 종말적인 한계성을 극복하는 과제와도 깊이 연관되어 있다. 인류를 하나님의 품 안으로 인도하는 문명 통합의 길목에 진리 통합 과제가 자리 잡고 있다. 하나님이 뜻하신바 인류

---

14) 『인간의 교육』, 프뢰벨 저, 김병옥 역, 대양서적, 1983, p.36.

영혼을 빠짐없이 구원하기 위해서는 각자가 각 영역에서 개척한 자연과학적 진리, 形而上學적 진리, 인생적 진리, 종교적 진리 세계를 구분 없이 관통, 일치, 통합해야 한다. 그리해야 하나님의 천지 창조 목적이자 주재 목적인 인류 영혼의 보편적인 구원 목적을 달성할 수 있다. 그리고 그런 역할을 중추적으로 수행할 진리 통합의 구심점에 하나님이 오신 지상 강림 본체와 진리의 성령으로서 밝힌 창조 본의 계시가 있다. **세상 모든 진리가 하나님의 창조 본의로 일관되고, 지상 강림 본체를 구심점으로 통합될 수 있어야 하나니, 그것이 장차 펼칠 진리 통합 역사의 대 실상이다.** 열린 말씀의 가르침이 분열될 대로 분열된 진리 세계를 통합하고, 신념의 세계를 통합하고, 가치 세계를 통합하리라.

3. 역사 통합

인류는 수많은 세월 동안 역사를 추진시킨 노력을 통해 문명을 쌓았다. 그만큼 역사는 인류가 문명을 이루는 데 있어 중추적인 역할과 원동력으로 작용한 만큼 직접 겪었고, 경험하였고, 추구한 역사의 본질이 무엇이고, 역사를 어떻게 보아야 하며, 어디를 향해, 또 무엇을 위해 추진해야 하는가를 밝히는 것 역시 문명 통합 역사의 한 과제 영역이다. 역사를 바라보는 개개인의 생각이 다르고, 추구하는 방향과 이루고자 하는 목적이 다르다면, 그것은 통합하는 것이 아니고 분열시키는 것이고, 그 같은 상황을 계속 방치하면 분열이 극대화되어 인류 문명이 파멸되고 만다. 그러므로 인류는 하나님이 강림하신 이 시점에서 인류 역사의 추진 방향과 추구 본질과 실현 목적을 명확히 밝혀 일치시키는 것이 인류 역사를 더욱 지속시키는 것은 물론이고, 인류 문명을 통합하는 역사로 이어진다. 격동의 시대를 살면서 역사 위에 등장한 수많은 영웅과 사상가와 학자들, 그들은 무슨 생각을 가지고 당대 역사를 강력하게 추진했던가? 칭기즈칸, 루터, 산업혁명, 과학 혁명, 그리고 근대 제국주의 패권 쟁탈의 주역들…… 그들은 과연 역사에 대해 어떤 안목과 추진 동기와 시대적인 사명감을 가지고 역사를 대한 것인가? 그렇게 한 근원 된 본질과 목적을 알아야 역사를 통합하는 목적을 이룰 수 있는데, 그들은 역사 추진의 방향과 본질을 바르게 통찰한 것인가? 잘못 통찰한 것이라면 그 이유는 무엇이고, 그런 의미에서 역사의 본질은 어떻게 규정해야 하는가? 종말성을 극대화시킨 분열 문명을 극복하고, 더 영속할 구원 문명을 건설하기 위해서는 제기한 이 같은 문제를 해결해야 역사의 추구 방향을 바르게 설정하고, 인류 역사를 하나인 창조 목적 세계로 인도할 수 있으니, 이것이 곧 문명 통합 역사의 일환인 **"역사 통합"**의 정확한 추진 루트이다.

추진 로드맵을 설정하지 못한 지난날의 인류 역사는 관점 면에서든 추구 의지 면에서든 피상적인 이해와 한계성에 직면할 수밖에 없었다. "프랜시스 후쿠야마는 『역사의 종말』이란 책에서 종말을 자신이 판단한 이해 관점 안에서 규정했다. 어감과 달리 역사의 종말을 궁극적인 귀착점으로 규정해서 오히려 '최고 단계'란 개념을 부여했다. 그리고 설명하길, 인류가 도달한 자본주의가 최후의 체제에 해당하고, 그것은 오랜 세월에 걸친 역사의 방황이 끝나는 지점인 탓에, 그 같은 조건에 부합하는 것이 인류가 맞이한 현대 문명이라고 하였다. 그는 인간을 이기적인 존재로 규정하고, 자본주의 체제는 그 같은 인간 본성에 부합하는 가장 자연스러운 체제로 이해했다.[15] 전제한 것이 옳으면 그렇게 판단한 역사의 종말 의미도 옳다. 그런데 그것이 틀렸다면? 그렇게 규정한 결론이 도리어 인류 역사의 종말을 자초할 뿐이다. 인류 역사는 역사가 종말을 맞이해서 종말인 것이 아니다. 역사를 그렇게 본 한계적 관점이 인류 역사를 더는 지속할 수 없게 한다.

한편, 또 다른 측면에서 역사를 바라본 관점의 한계성을 지적한다면, "진화론 계열의 세계적 확산에 따른 역사 이해이다. 진화론에 근거해서 역사를 인간만의 영역을 넘어 은하계, 태양계, 지구, 대양, 대륙의 창조를 거쳐 동식물계란 생명의 영역으로까지 단일한 '네러티브(narrative)'[16]를 만들어내었고, 빅뱅에서부터 시작한 수십억 년 동안의 우주사를 통합할 수 있게 되었다"[17]라고 자부하지만, 그것은 결코 인류 역사를 통합하는 것이 아니다. 인류사를 넘어선 우주사는 빅뱅으로부터 시작된 것이 아니다. 이것이 사실일진대, 그 위에 쌓아 올린 일체의 진화론적 역사 인식은 통합 목적과 크게 어긋났다. 무엇이 잘못된 것인가? 저변에 잠재된 본질과 저변을 뒷받침한 역사 추구의 의지를 엿보아야 하는데, 그것을 보지 못하고 무시했다. 왜 선천의 지성들은 한결같이 잠재된 저변을 보지 못한 것인가 하는 것은 그 이유가 분명하다. 이런 무지를 깨우치고자 하는 것이 이 연구가 命 받은 열린 가르침의 주된 사명이다. 하나님이 천지를 창조함으로써 인류 역사가 시작되었고, 그렇게 한 창조 목적을 실현하기 위해 인류 역사가 주재된 것일진대, 인류 역사의 저변에는 이 같은 하나님의 역사 주재 의지와 창조 목적 실현 의지가 깔려 있어 도도하게 작용하고 있다. 이것을

---

15) 『강의』, 앞의 책, p.319.

16) 네르티브: (사실, 경험에 입각한) 이야기-다음 사전.

17) 『생각의 역사』, 앞의 책, p.1152.

보고 깨닫는 것이 인류의 문명 역사를 통합하는 길이다.

"유대인은 인류가 하나님이 계획한 운명을 지니고 있다고 믿고 자신들이 이 거룩한 계획에 동참해 앞장서게 되어 있다고 생각했다. 그래서 그것에 근거한 아브라함의 순종이 이스라엘 문명사의 출발점이면서 동시에 종교적으로 인류 구원사의 시작이라고 하였다."[18] 하지만 그것이 인류 공통의 역사이고 보편적인 역사이냐고 묻는다면 이견이 있게 된다. 굳이 지적하지 않더라도 인류 역사는 하나님의 천지 창조 역사로부터 시작되었는데, 문제는 그런 역사를 증거할 수 있으려면 세계의 저변에 흐르고 있는 하나님의 창조 뜻과 의지와 본의를 일관되게 꿰뚫어야 한다는 데 있다. 이 일을 과연 누가 할 수 있다고 생각하는가? 단지 하나님이 창조주이고 전능한 神이라서가 아니다. 하나님이 직접 이루고 주재한 탓에 낱낱의 역사를 꿰뚫을 수 있으니, 그것이 곧 하나님의 창조 뜻에 근거한 인류의 문명 통합 역사이다. 그런 관점에서 본다면 절대적 관념론에 근거한 헤겔의 역사 철학은 틀린 견해가 아니다. 그는 "세계와 역사가 절대정신의 변증법적인 자기 전개 과정인 것으로 본 바, 우리가 세계와 역사 속에서 확인할 수 있는 것은 모두 구체적으로 존재하는 것처럼 보이지만, 그 자체로 존재하는 것은 결코 아니며, 진정으로 존재하는 것은 단지 '절대정신'일 뿐이다"[19]라고 하였다. 선천에서는 하나님의 창조 의지와 본의가 드러나지 못한 탓에 하나님의 역사 추구 의지를 '절대정신' 개념으로 관념화시켰지만, 그가 포착한 역사에 대한 인식은 매우 근접했다. 그야말로 하나님이 역사를 통해 천지 창조 목적을 실현하기 위해 진리를 생성시키고 각성시킨 것

---

18) 『세 종교 이야기』, 앞의 책, p.60.
19) 『철학 삶을 만나다』, 강신주 저, 이학사, 2014, p.221.

은 기실 하나님 자체의 창조 본체를 드러내고 모습을 완성하고자 한 의도가 숨어 있고, 사실적으로도 그와 같은 역사를 근거로 이 연구가 하나님을 진리의 전모 모습으로 완성했다. 나아가 그것은 곧 지상 강림 본체인 동시에 창조 본체이기도 한 상태라, 헤겔이 세계가 스스로 모습을 드러내면서 神의 의지가 시간 속에서 펼쳐지므로 역사는 곧 神의 의지가 전개되는 과정이란 주장에 대한 의미를 비로소 확인하게 된다. 그것은 그야말로 천지가 창조된 본의를 알아야 인류가 추진한 역사의 본질을 규명하고, 그 같은 인식 기반 위에서 인류 역사의 추진 방향을 지침할 수 있다는 말이다.

천지 역사는 분명 하나님의 창조 뜻과 의지가 관여된 탓에 인류의 진리 일굼과 밝힘과 탐구 노력 역시 하나님의 천지 창조 역사와 연관되지 않을 수 없다. 결국, 하나님의 창조 본체를 밝히는 역사로 귀결된다. 그래서 인류 역사는 그대로 하나님의 본체 밝힘 역사라, 헤겔의 말처럼 인류 역사는 하나님의 창조 의지와 주재 목적이 관여된 탓에, 본질을 꿰뚫으면 하나님의 본체가 드러나고, 모습을 완성한다. 그리하면 인류는 창조 목적을 실현하고자 한 하나님의 주재 의지의 생성 과정이 바로 인류가 창조 이래 걸어온 역사의 본질적인 모습이란 사실을 알고, 향후 인류가 추진할 역사의 방향과 도달할 귀의처를 가닥 잡을 수 있다. 본의에 근거해서 확인한 역사의 본질 규정인 만큼, 미래 인류가 나아가고 도달해야 할 역사 추구의 방향과 목적은 분명한 것이고, 그렇게 해야 갈 길 몰라 방황하는 인류 영혼을 보편적으로 구원하는 **"역사 통합"**과 문명 통합 목적을 실현할 수 있다.[20] 선천에서는 결코 볼 수 없었고, 지침할 수 없었던 인류 역사의 추진 방향이

---

20) 갈 길 몰라 방황하는 인류 역사의 추진 방향을 정확하게 지침하는 것은 인류 영혼을 보편적으로 구원하는 길임.

다. 아우구스티누스는 神의 나라와 지상 나라를 구분 짓고, 그 영원함과 멸망성을 비교해서 예견하였지만, 지상 강림 본체가 드러난 오늘날은 神의 나라와 지상 나라의 역사 실현 방향과 생명성과 목적성을 함께 일치시켜야 한다. 근본 향을 모른 역사 추진을 통해서는 어떤 완성도 결실도 거둘 수 없다. 그런데 지난날은 근본 향과 창조 본의를 모른 어둠의 역사였던 만큼, 이것을 열린 가르침으로 권고하면, 궁극에는 모든 것이 하나님에게로 귀착되고, 하나님을 통해 완성되리라.

이처럼 이전과 달리 **"역사 통합"**이 가능한 것은 인류가 장래 역사를 통해 이룰 확실한 本과 그동안 인류가 쌓아 올린 역사적인 기반이 있기 때문이니, 분열될 대로 분열된 선천 역사를 하나님의 주재 의지로 꿰뚫고 하나로 통합하는 데 하나님의 절대적 권능이 있다. 사실 선천의 역사가 분열을 거듭한 것은 이후의 통합을 위해서라, 세계의 본질은 통합된 에너지를 통해 분열하고, 분열로 축적된 에너지를 통해 통합되나니, 그 전환 기점에 하나님의 창조 본의에 대한 깨달음이 있다. 본의에 무지하면 분열의 극점에서 구원의 길을 찾지 못하고, 깨달으면 분열된 일체를 통합하는 새로운 문명 세계로 진입한다. "서양 문명은 그리스 문명을 주춧돌로 삼고 로마 문명을 대들보로 삼았다고 볼 수 있는바, 만약 로마가 없었더라면 그리스 문명은 그리스 안에서 끝났을 것이다. 그래서 로마는 서양 역사, 나아가 인류 역사에서 절대적으로 중요한 역할을 한 것처럼",[21] 선천의 분열 역사 또한 그러하다. 하나님의 본의 가르침을 깨닫고 받들면 통합 문명의 길이 열리고, 전혀 새로운 문명 차원을 맞이할 수 있지만, 그렇지 못하면 현대 문명의 근대화 극점이 그대로 종말로 가는 파멸의 구렁텅이가 되고 만

---

21) 『업그레이드 먼 나라 이웃 나라(이탈리아)』, 이원복 글 · 그림, 김영사, 2019, p.27.

다.[22] 인류 역사는 미래에도 중단없이 지속되고 존속해야 함에, 그것을 뒷받침하는 역사 추진의 방향과 본향에 강림하신 지상 강림 본체로의 통합, 곧 강림하신 하나님과 함께할 영원한 나라를 건설하는 데 있다.

왜 동양인은 천인합일을 지향했는가? 그것은 인류가 역사적으로 도달할 본향에로의 섭리 의지와 절대 무관하지 않다. 천지와 인류는 하나님으로부터 창조된 탓에 하나님과 본질 면에서 동화, 일치, 합일되어야 하는 것이 맞다. 이것이 현실의 역사적인 시공간 안에서 실질적으로 추진되어야 함에, 그것의 방향성과 목적의 일치성을 일컬어 **"역사 통합"**이라고 한다. 하나님의 천지 창조 역사는 인류 역사의 거대한 원형 모델이다. 서양이 중세 시대의 끝점에서 신권 질서의 탈피 운동으로서 르네상스를 일으켰을 때, 단번에 인간 중심의 새로운 질서 세계로 탈바꿈할 수 있었던 것은 그때로 돌아가자고 한 명확한 모델이 있었던 탓에(그리스-로마) 위대한 도전이 역사적으로 실현되었던 것처럼,[23] 오늘날 인류가 이룰 역사 통합, 문명 통합의 원형 본보기는 다름 아닌 하나님이 태초에 이룬 천지 창조 역사이다. 분명히 지적하건대, 역사의 핵심 본질은 모든 것이 하나님의 창조 의지와 뜻과 본의 안에서 이루어지는 것이지, 무한정 밑도 끝도 없이 나아가는 것이 아니다. 극이 다하면 전환되는 것이고, 되돌아서[歸] 귀환하는 것이다.[24] 그것이 무엇이며, 그곳이 어디인가? 만 영혼이 간절히 안주하길 원했고, 정말 그렇게 영생 복락을 누려야 할 하나님의 품 안이자

---

22) 그것을 모른 선천 역사는 근본 향이 불분명한 방황의 역사이고, 나아갈 역사 추구의 방향과 이루어야 할 목적을 모른 한계 역사임.

23) 『세계를 움직이는 다섯 가지 힘』, 앞의 책, p.88.

24) "노자 사상의 핵심은 나아가는 것[進]이 아니라 되돌아가는 것임[歸]."-『강의』, 앞의 책, p.253.

창조의 대 본향 세계이리라.

4. 종교 통합

　2013년, 세계 종교별 인구 분포 통계를 보면, 무종교인보다 종교인의 숫자가 압도적으로 많다.[25] 역사상으로 보아도 인류의 발자취가 있는 곳에는 종교가 함께했을 정도로 종교는 인류가 쌓아 올린 문명 형태의 중요한 구성 영역이다. 그래서 인류 역사가 당면한 문명 통합 과제는 종교 통합 과제라고도 해도 과언이 아닐 정도로 대부분을 차지하고 있고, 축적된 역사만큼이나 문명 통합 영역 중에서도 가장 어려운 세계 통합 과제이다. 그 과제를 하나하나 살펴보면, 먼저 동양 사회에서는 삼교 회통론 또는 융합론을 내세운 통합 담론을 개진했다.[26] 하지만 하나님의 창조 본체가 드러나지 못한 지난날은 삼교를 포함한 내로라한 어떤 종교라도 종교 통합 역사를 주도할 수 있는 주체자로서 바탕을 마련하거나 본체적인 조건을 갖추지는 못했다. 불교는 자체의 역사 안에서는 분열된 교리와 교파를 통합하고자 한 통불교 전통이 있었고, 각성한 불승들이 유 · 불 · 도 삼교의 융합을 시도한 전적은 있지만, 관념적인 주장 이상은 넘어서지 못했다. 유교의 주자가 理氣론, 태극론을 내세워 신유학을 새로 펼쳤을 때는 사실상 노

---

25)　세계 인구 71억 명 중 기독교 33%(23억 5천만 명), 이슬람교 23%(16억 4천만 명), 힌두교 13.8%(9억 8천만 명), 불교 7.1%(5억 9천만 명), 유대교 0.21%, 무종교 · 무신론 · 불가지론자 23.2%(16억 5천만 명).-『세 종교 이야기』, 앞의 책, pp. 472~473.

26)　『한국과 중국 선사들의 유교 중화 담론』, 앞의 책, p.298.

자와 불교 사상을 섭렵한 것인데도 표면적으로는 이단으로 배척했다. 온전한 삼교 통합이 달성되었을 리 만무하고, 그런 자세와 조건으로서는 신유학 역시 우주론으로서 완성될 수 없었다. 종교 통합의 가능성을 인식하고 안목을 틔우지 못한 탓이다. 통합의 세계적 여건이 순숙(純熟)하지 못한 상태라고나 할까? 오히려 유교가 지닌 선천 종교로서의 본질적 한계성만 드러내었다. 동양을 벗어난 서양의 종교 역사를 살펴보더라도 상황은 다를 바 없다. "16세기와 17세기에 있었던 여러 차례의 종교 전쟁에서 불관용의 주창과 지지가 지배적이던 프로테스탄트는 자신들의 신앙을 지키기 위해 사람을 죽였고, 가톨릭교회는 종교재판소를 부활시켜 이에 대응했다. 1546년에 루터가 사망한 후로 100년이 넘도록 사람들의 믿음에 관한 사소한 문제는 충분히 살인의 이유가 될 수 있었다."[27] 한 마디로 기독교 역사는 기대와 달리 종교 통합을 주도한 것이 아니라 분열시켰고, 자신들의 신앙을 지키기 위해 전쟁을 불사했다.

그렇다면 미래 역사에서 보편적인 구원의 문을 열 **"종교 통합"**은 어떻게 실현하고 무엇이 주도할 수 있을 것인가? 대다수 인류 영혼을 믿음과 신앙이란 평계로 분열시킨 종교 영역을 통합하고, 그를 통해 인류 사회를 하나가 되게 할 문명 통합 역사는 밝힌 바대로 오늘날, 이 땅에 강림하신 하나님이 주도해서 실현할 실질적인 권능 역사이다. 다른 통합 영역은 이념적인 경향이 짙지만, 종교 통합은 인류 역사의 표면적 증거이다. 어떤 성인도 영웅도 사상가, 종교인도 이루지 못한 과제인데, 이 땅에 오신 하나님의 지상 강림 본체는 능히 모든 역할을 담당할 수 있다. 이런 문제에 대해 세계의 지성들이 다양한 가능성을 모색하였고, 방법론을 제시하

---

27) 『지식의 역사』, 앞의 책, p.379.

지 않은 것은 아니다. 하지만 그 같은 노력은 번번이 인간으로서 지닌 한계성 탓에 인간으로서는 해결할 수 없는 차원적인 문제가 되었다. 혹자는 "하나님이든 알라든 부처님이든 관계없이 진리의 알맹이만 통합한다면 불교도들이 갈망하던 통불교뿐만이 아니라 타 종교와의 벽을 무너뜨려 통종교까지도 이루어낼 수 있다"[28]라고 하여 핵심을 가닥 잡은 것처럼 말하지만, 사실은 고양이 목에 방울 달기식 주장이다. 모든 종교의 공통분모에 해당한 진리의 알맹이가 무엇이냐고 했을 때, 그것을 말할 자가 인류 중에는 없다. 유교, 불교, 도교, 기독교, 이슬람교 등등. 그들이 내세우고 정립한 교의와 신앙과 전통은 반드시 만나는 지점이 있고, 통과해야 할 길목이 있지만, 그것을 밝힐 자는 유일하다. 그 무엇에 관해 간접적으로 보고 주장할 수는 있다. 즉, "어떤 사람이 큰 바다에 들어가 목욕한 것은 그 자체가 이미 일체의 모든 강물을 사용한 것이다."[29] 그렇다면 그 큰 바다란 과연 무엇인가? 그것은 한강 물이고 황하 물이고 갠지스강 물이라고 하는 주장과는 비교할 수 있지만, 핵심 된 알맹이는 아무도 확인할 수 없다. "유대교에서는 율법, 기독교에서는 복음, 이슬람교에서는 코란, 불교에서는 다르마, 힌두교에서는 요가, 도교에서는 道라고 부르는데, 이들을 하나로 포괄할 수 있는 통합적 본체란? 아무도 중심을 꿰뚫은 자가 없다 보니 차선책으로서, 그것은 결코 틀린 것이 아니고 궁극적 목표, 즉 하나님에게로 이르는 서로 다른 길이라고 이해한 인식 정도이다. 마치 높은 산에 올라가는 길은 여러 갈래가 있는 것처럼……"[30] 그래서 이 같은 진실에 근거해 서로

---

28) 『정통선의 향훈』, 앞의 책, p.378.

29) 『한국과 중국 선사들의 유교 중화 담론』, 앞의 책, p.24.

30) 『세 종교 이야기』, 앞의 책, pp. 6~7.

가 다름을 이해할 수 있는 포용의 관용성을 보임으로써 서로 간의 깊은 반목과 대립을 끊고 서로를 인정하는 평화를 모색하고자 했다. 하지만 이것도 근본적인 문제를 해결한 종교 통합 역사와는 거리가 멀다.

이런 문제점을 간파해서 "현대적 에큐메니즘(교회 일치 운동)의 문제에 대하여 최첨단을 걷고 있는 니터(Paul F. Knitter)는 기독교를 중심에 두고, 타 종교와의 관계를 4가지로 분류했다. 즉, 모든 종교는 상대적이다. 모든 종교는 본질에서 같다. 모든 종교는 공통된 심리적 근원을 가진다. 모든 종교는 중심을 향한 각기 다른 길이다."[31] 이런 견해가 진실과 가까울진대, 그는 확실히 종교 통합의 가능성을 확신한 것이 분명하다. 하지만 이런 가능성을 하나로 묶고 꿰뚫고 풀어낼 '그 무엇'에 대한 언급은 전혀 없다. 그것이 이 연구와 구분된 선천 지성으로서의 한계성이다. 앞서 지적한 대로, 유대교와 기독교와 이슬람교는 유일신 하나님을 믿는 시발점과 뿌리가 같은 데도 오랜 역사를 거치면서 서로 반목의 길로 들어섰다. 그리고 사사건건 대립했다. 이런 역사를 바라본 파스칼은 명상록『팡세』에서 원인을 진단하길, "우주 속에는 필연적이고 영원하고 무한한 존재가 딱 한 분 계시거니와, 그런데도 오늘날 세상에 존재하는 종교 간의 갈등과 논쟁이 빈번한 이유는 바로 그런 神을 독점하려는 데 있고, 자신들만이 필연적이고 영원하고 무한하다고 착각하는 데서 비롯된 것이다"[32]라고 갈파했다. 이것이 옳은 판단이고 사실일진대, 종교 간의 대립과 갈등을 벗어날 방법적 길은 그렇게 잘못 생각하고 잘못 판단하고 잘못 믿은 무지와 무명을 일깨워야 함에, 이 같은 요구를 강림하신 하나님이 열린 가르침의 권고

---

31) 『종교철학 에세이』, 황필호 저, 철학과 현실사, 2002, p.89.

32) 『세 종교 이야기』, 앞의 책, p.474.

로 안목을 개안시킬 지혜를 계시하셨다.

선천 종교는 양면인 진리성과 모순성을 동시에 지녔다. 즉, 종교 진리는 진리의 종주인 하나님의 창조 본체와 의지를 진리로써 각인하고 교리화한 탓에 그것을 절대적이고 전부인 것으로 여겼다. 나아가 절대적인 신앙심을 더해 만 영혼과 세계를 지배(구원?)하고자 했다. 이것은 분명히 오판이며 착각이다. 하나님은 창조 이래 세계와 역사를 통해 창조 본체와 뜻을 다양하게 현현시켰다는 사실을 알아야 한다. 이런 사실에 무지하다 보니까 종교 간이 대립하고 자체 지닌 진리로서는 도무지 통합력을 발휘할 수 없었다. 창조된 세계 안에서는 무엇도 절대적일 수 없나니, 세계관적 착각에서 벗어나야 한다. 그 꼬인 실마리를 풀 수 있는 것은 만 역사를 있게 한 하나님의 창조 본체만 절대적이고, 그로부터 생성된 진리는 예외 없이 부차적이라는 사실에 있다. 이것이 인간적인 생각과 문화적인 환경에 따라 다양하게 각색되었고, 오랜 전통과 관습에 의해 고착화되었다. 그래서 다양화되고 상대화된 종교 분열과 종교 간 대립 문제를 풀기 위해서는 그 같은 종교 진리와 절대적 신념을 양산한 근원인 하나님의 창조 본체를 밝혀야 했다. 그리하면 진실로 불가능한 종교 통합의 길을 틀 수 있다. 깊은 신앙을 가진 종교인들, 그런데도 그들이 타 종교를 배척한 것은 이 같은 본의를 알지 못해서이다. 그렇게 굳게 믿은 진리는 결국 궁극점으로 향해 하나로 귀일해서 합일된다. 이것을 종교인들이 깨달아야 하고, 확인할 수 있는 안목을 틔워야 한다. 그리하면 제 종교는 각자 쌓아온 온갖 배타의 장벽을 허물고, 하나님의 창조 본체 안에서 하나 될 수 있는 안목을 확보하나니, 그것이 과연 무엇인가? **세계의 종교인이 깨닫고 신앙한 진리는 결국 하나님의 창조 본체와 본질 세계를 형상화한 것이다.** 이런 본의 관점에서 벗어난 종교 진리는 하나도 없다. 불교의 道이든 유교의 道이든 십자가의

道이든 무엇이든 그것은 결국 하나님의 창조 세계, 그 진심 어린 본질 세계를 형상화한 것이다. 그들이 의도했건 하지 않았건 상관없이 일체는 하나님이 진리의 성령으로서 주도한 섭리 역사의 결과이다. 이것을 이 연구가 진리적으로 확인해서 열린 가르침으로 지침하고자 한다.

　부처님은 불교의 法을 통해 하나님의 창조 본체를 드러내고, 공자님은 유교의 道를 통해 그러하고, 예수는 십자가의 道로서 그러하였다. 그들이 깨닫고 계시받고 일구어서 전하고 신앙한 道는 하나님의 창조 본체로부터 나온 탓에, 그것을 중심으로 합일되고 종국에는 일체 되는 것이 기정사실이다. 하나님이 진리의 성령으로서 주관한 역사이다. 지난날은 공통분모인 창조 본체에 근거하지 못한 탓에 바라본 신관이 달랐고, 받은 계시를 달리 해석했다. 비록 하나님 자체는 유일하지만 보는 눈과 생각이 다른데, 그런 이유로 분파된 제 종교가 어떻게 일체 될 수 있었겠는가? 하지만 하나님이 진리의 성령으로서 강림하신 지금은 그렇지 않다. 신관은 통합할 수 있나니, **갈래지어진 제 종교는 신관을 통합하는 것이 첩경이다.** 지난날 종교 영역들이 神은 이런 분이라고 믿었던 것은 완전한 모습이 아니다. 화현 된 神인 탓이다. 이것을 알아야 하나님의 본체는 유일한 神이요, 불변한 절대자란 기준을 가지고 세상의 모습으로 현현된 만 神의 본질을 일관할 수 있다. 신관을 통합하는 것이 그대로 종교를 통합하는 길로 이어진다. 어떻게 다른 믿음과 다른 전통을 가진 불교, 기독교, 유교, 이슬람교……가 하나가 될 수 있는가? 그것은 정말 가능한 일인가? 현실적으로 그들은 너무 이질적인 진리를 말하고, 역사를 가졌고, 문화를 쌓았다. 세상 역사를 보라. 지금으로부터 "1400년 전에 무함마드가 세운 이상은 당대에 현실이 되었고, 오늘날까지 공동체로서 살아남아 15억 명의 추종자를 거느리고 있다."[33] 우리가 이 땅에서 경험하는 기독교와도 다르고, 불교와도 다르다. 그런 무함마드의 이상이 이슬람교란 종교를 통해 구체화하였듯, 이 연구의 이상인 문명 통합은 **"종교 통합"**을 기반으로 하여 끝내 현실화하리라. 그것은 이 연구의 종교 통합 가능성에 대한 인지이고 믿음이기 이전에 하나님이 이 땅에 강림하여 실현할 보편적인 구원 역사의 일환이다. "마테오리치가 하나님(天主)을 유교 경전에 나오는 상제 개념을 통해 중국인에게 설명한 것은"[34] 그가 믿은 당시의 기독교 신관이 유교의 천관을 포용할 만큼 본체적 조건을 갖추지 못한 탓이다. 하지만 오늘날, 이 땅에 오신 지상 강림 본체는 그렇지 않다. 그들이 믿은 신앙과 진리와 神이 결국은 동일한 하나님이란 사실을 증거하리라. "송명 유교는 유·불·도 삼교 합일의 산물인 것처럼"[35] 문명 통합은 종교 통합에 기반을 둠으로써 미래의 인류 역사에서 전혀 차원이 다른 구원 문명을 펼치리라. 기독교, 불교, 이슬람교, 유교…… 그들은 종교 통합 역사를 주도할 본체 역할을 기대하기 이전에 선천 종교가 지닌 한계성 탓에 존망의 갈림길에 처하였나니, 종교 통합은 이 같은 국면을 타개할 전혀 새로운 문명 건설 에너지를 공급하게 되리라.

---

33) 『철학 콘서트(2)』, 앞의 책, p.150.

34) 위의 책, p.129.

35) 『유교는 종교인가』, 앞의 책, p.82.

5. 동서양 문명 통합

세계에 대해 각자가 이해한 관점에서 해석하는 것은 자유이다. 그러나 그것이 정말 바른 판단이냐고 했을 때는 보다 종합적인 시각을 동원해야 한다. 지금과 같은 놀라운 물질문명을 건설하기까지 인류가 문명적으로 큰 변화를 겪었던 것은 사실이다. 이전에는 지리적 장벽과 언어의 이질성과 오랜 세월에 걸쳐 쌓은 역사와 관습의 차이 탓에 정체된 동서 문명이, 발달한 교통과 통신, 그리고 교육력에 힘입어 오늘날은 교류가 활발해진 '지구촌 시대'를 맞이하였다. 그러니까 어떤 학자는 과거에는 자체 지역에만 영향을 미친 문명 간이 충돌하게 되어 대혼란이 불가피하게 될 것을 우려하였다. 그리고 근, 현대사를 통해 우리는 직접 그런 우려의 조짐이 있는 사실을 접하고 있기도 하다. 그래서 불교적 세계관을 가진 혹자는 "인드라망의 법계 연기와 무애(無碍) 세계에 근거해 작금의 21세기 상황에서는 유교와 불교, 기독교 등의 학제 간 벽을 유지하는 것보다는 방통(旁通)과 관통(貫通)의 방법론을 통한 범지구적 소통 패러다임의 요청이 절실해졌다고 주장했다. 문명의 교류가 활발한 만큼이나 서로 간의 충돌도 불가피한 만큼, 갈등과 대립이 아닌 공존과 화해로 문명 간 벽을 허물고 하나가 된 역사로 나아가기 위해서는 동서고금을 일이관지(一以貫之)해서 볼 수 있는 획기적 안목의 대두 또한 필수 불가결함을 강조했다."[36] 그것은 과연 무엇인가? 곧, 이 연구가 밝히고자 하는 **"동서양 문명 통합"**이란 시대의 요청이고, 인류 역사의 해결 과제이며, 하나님의 열린 가르침으로 지침하고자 하는 지혜 요건이다. 지난날은 선지자들이 나타나 하나님이 미

---

36) 『한국과 중국 선사의 유교 중화 담론』, 앞의 책, p.34.

래 사회에서 이루실 뜻을 대신 전했고, 지성들도 미래 문명의 추이를 예견하기도 했지만, 그것은 그렇게 인지해서 전망하고 판단한 것일 뿐, 그들이 역사를 직접 이루는 당사자이자 주체자는 아니다. 동서 간 문명 통합이란 거대한 역사적 과제 또한 그러하다. 우리는 문제가 되는 역사를 그처럼 인지해서 요청하는 것일 뿐, 그런 필요에 부응해 직접 역사를 주재하고 추진하는 것은 천지를 창조한 하나님이시다. 역사는 인간이 이루어 가는 것이지만, 인간이 그렇게 해도 이루지 못하는 한계성에 직면한 오늘날 하나님이 인류 역사의 전면에 등단하셨다. 유사 이래 수많은 문명이 명멸했지만, 동양과 서양으로 지칭된 문명은 현대 문명의 주축을 이룬 가장 큰 문명 단위인 동시에 그만큼 문화적 특성도 크게 대비된 이질성을 지녔다. 그러므로 우리는 그야말로 세계가 물리적으로 한마당을 이룬 세계 안에서 동서양이 오랜 세월 동안 이질적으로 쌓아 올린 문명 역사의 특성을 이해하고, 각자의 역할을 깨달아야 문명의 충돌이란 불행을 막고, 동서 문명이 하나 되는 문명 통합의 신기원 역사를 완성할 수 있다.

이에, 하나님이 지혜를 주신 열린 가르침의 권고 관점은 분명하다. 동서 문명은 각자의 문명 속에서 비교하면 대립하고 이질적이지만, 문명은 그렇게 주재하고 섭리한 하나님의 뜻이 관여된 탓에 분리된 상태로 지속되면 종말을 피할 수 없지만, 뜻을 알고 합치면 오히려 모순과 대립의 역사를 종결짓고, 하나님의 창조 역사를 완성할 수 있다. 유교에서 음양은 태극으로부터 양의 된 탓에 극성은 정반대이지만 본질은 걸림 없이 교류된다. 음이 양이 되고 양이 음이 됨에, 음양은 양의 됨을 통해 세계를 이루고, 생성 세계를 가동하는 것이다. 하지만 음양은 본체인 태극 안에서는 본래 하나였다. **"동서양 문명 통합"**의 실마리도 그와 같다. 통합 문명과 구원 문명의 모티브를 마련하기 위해 인류 문명이 동서 문명으로 분열되었고, 때가 이른 오늘날 드디어 통합을 위한 섭리적 기점을 맞이하였다. 따라서 인류는 동서양이 가진 가치관과 질서와 추구한 진리 탐구 목적은 다르지만, 그 같은 역사 조건 속에서도 통합을 위해 분열된 섭리적 추이를 함께 보아야 한다. 그리해야 분열의 끝단에서 **"동서양 문명 통합"**의 실마리를 찾게 된다. 서양의 르네상스 운동이 강압적인 신권 질서로부터 새로운 인간 중심 질서로 전환하는 과정에서 고대의 그리스-로마 문화를 본보기로 삼았다. 하지만 그것은 지금의 동서 문명 통합 역사와는 성격이 전혀 다르다. 태극으로부터 양의 된 통합이 아닌 탓에 한 차원 높은 문명 역사를 창출할 수 없다. 그러니까 재생은 가능했을지 몰라도 당면한 현대 문명의 종말성 앞에서는 더 이상 새로운 문명을 창출할 돌파구도 에너지도 실마리도 찾을 수 없다. 알다시피 아우구스티누스는 플라톤 철학을 근거로 초기 기독교 신학의 초석을 다진바, 이후에도 "기독교는 그리스 철학을 자양분으로 교리를 체계화하고, 이론적 논의를 섬세하게 다듬어갔다. 이러한 점진적 과정에서 헬레니즘과 헤브라이즘의 통합은 유럽 사회에서 실현되었다"[37] 라고 평가하지만, 과연 정말 그러한가? 서로의 필요에 의한 불편한 동거였고, 지배 세력은 확보하였지만, 그것은 겉모습에 불과했다. 양 문명이 본질적으로 통합된 것은 없다. 그러니까 일정 시점에 도달해서는(르네상스) 다시 갈라섰고, 각자의 문명적 본성으로 되돌아갔다. 그 이유는 진정 인류 문명을 통합할 하나님의 창조 본체가 드러나지 않았고, 강림하지 못한 상태에서의 필요에 의한 방편적 결합인 탓이다. 그러나 지금은 통합 요건을 갖춘 하나님이 본체자로서 강림하신 만큼, 먼 세월을 각자 걸은 동서양의

---

37) 『지적 대화를 위한 넓고 얕은 지식』, 앞의 책, p.533.

문명 통합은 인류 역사의 보편적 구원과 원대한 창조 목적 실현을 뒷받침하리라. 하나님의 주재 뜻에 따라 동서양 문명 통합 역사가 본격적으로 추진되리라.

동서양이 동서양답게 진리를 추구하고 문명을 이룬 것은 그들의 의지이고 뜻이지만, 그렇게 할 수 있도록 한 것은 하나님의 뜻이다. 그런 문명 추구의 본질을 간파해야 동서 문명의 통합 실마리를 찾을 수 있다. 양의 된 동서 문명이 만나는 한 지점에 하나님이 주재한 섭리 뜻이 있고, 목적이 드러난다. 그래서 동서 문명이 지난날 추구한 문명적 차이를 비교한다는 측면에서 보면, 동양과 서양은 모두 현실 세계를 초월한 본체 세계를 상정하고 접근하였지만, 방법 면에서는 질적인 차이가 역력했다. 플라톤과 아리스토텔레스 같은 철학자는 순수한 이성을 통한 추리와 사고로 이데아와 형상을 말했지만, 그것은 개념적으로 설명한 것이고, 인식할 수 없는 탓에 관념적으로 초월한다고 보았다. 그들 중 누구도 현상 세계의 분열 질서를 초월한 본체 논리를 펼치지는 못했다. 반면, 동양의 覺者와 선현들은 현상의 분열 질서를 과감하게 부정한 명제를 쏟아내었지만, 그것은 반대로 이성적인 사고로서는 이해할 수 없게 되었다. 이런 결과를 있게 한 주된 원인은 서양은 초월적인 본체 세계를 이성으로 추리했고, 동양은 의식으로 직관해서이다. 그런 인식의 수단 차이가 각자 처한 진리 세계에 대한 관점과 주장을 다르게 했다. 결론은 어느 편도 진리를 추구한 방법과 관점 면에서 완전할 수 없어 본체 세계를 부정했건 현상 세계를 초월했건 본체 세계에 직접 이르지는 못했다. 즉, 이성을 통하면 본체 세계를 추리할 수 있지만 직접 도달할 수는 없었던 탓에 초월적 본체가 관념화되었고, 의식을 통하면 직관할 수는 있지만, 본체를 직접 논증하거나 실재한 근거를 제시하지 못했다. 이런 본질적인 문제를 해결하지 못한 상태라, 물리적으로는 지구촌화가 된 지 오래되었지만, 진리적으로는 여전히 서로를 이해하지 못하는 상태로 남아 있다. 서양이 추구한 인식적 수단과 방법과 안목으로서는 도무지 동양이 일군 본체적 진리 세계를 이해할 수 없다. 그들은 이성적 사고로 사물 현상과 근원 세계를 판단하고 있지만, 직관 작용이 세계의 본질을 드러내는 진리 규명 작용과 진리성을 지녔다는 사실에 대해서는 무지했다.

동양 역시 인류 역사가 근대 세계로 접어든 시점에서 대부분의 국가가 서양의 식민지로 전락한 뼈아픈 과정을 거치면서 서양 문물을 받아들이지 않을 수 없어 불가피하게 서양 문명을 경험했지만, 잠재된 본질까지는 간파하지 못했다. 서양 세력의 침탈로 인한 문명적 위기 속에서 동양인들은 道本器末(道는 本이고 器는 末이다), 中體西用(中學은 本이고 西學은 末이다)[38]이란 캐치프레이즈로 동양 문명의 정체성을 지키고자 했지만, 본말을 파악하는 데는 한계가 있었다. 과연 무엇이 本이고 무엇이 末인가? 서양의 철학자들은 대부분 대학에서 강의를 직업으로 삼은 강단 교수로서 形而上學적인 문제를 사변적으로 추구했고, 동양의 覺者들은 몸을 수단으로 정신력을 닦음으로써 道를 일구었는데, 왜 질적인 차이가 있는 것인지, 그리고 서양의 사변적 진리 추구 방법이 왜 한계성이 있는 것인지를 수행을 통한 정진 도야 방법으로 지적하거나 비판하지 못했다. 그래서 동양과 서양 모두 자신들이 일군 진리 추구의 자체 본질에 무지한 탓에 문명적으로 한계성을 지녔다. 이것을 극복해야만 통합과 완성을 통한 구원 문명을 미래 역사에서 건설할 수 있다. 그렇지 않다면 인류 문명은 동양과 서양

---

38) 『지도로 보는 세계 사상사』, 앞의 책, p.367.

어느 편도 지금까지 이룬 문명 역사를 결실 짓고 완성할 수 없다.

단언컨대, 서양만의 단독 문명은 창조 문명의 뿌리에 해당한 본체 세계를 거부한 문명이고, 밑바탕은 神의 존재를 증명하는 데 실패한 문명이다. 동양 역시 유교의 종주국인 중국이 "과학과 민주주의의 이름으로 유교를 쓸어내려고 시도한 것은(신문화 운동)"[39] 본체 문명으로서의 본질과 역할을 간파하지 못한 대 역사적 무지이다. 하나님이 계시한 열린 가르침의 말씀에 귀 기울여야 하나니, 왜 서양 학문이 분열 현상을 밝히고자 한 지적 전통을 가졌고, 동양 철학이 초월의식을 밝히고자 한 수행 전통을 가졌는지 알아야 한다. 변화하는 현상계 안에서 어떤 궁극의 원인(실체)을 찾는 서양의 과학적 탐구 노력은 아무런 실효성이 없고, 수행자가 면벽, 장좌불와(長坐不臥)로 밤낮없이 용맹정진해서 깨달아도 그것만으로서는 공염불에 불과하다. 불교적 인식으로 선천 문명은 그야말로 空은 空이요(동양) 色은 色인(서양) 영역의 본질을 일구는 데만 집중한 역사이다. 그러니까 각자의 본질적 영역 안과 현상적 영역 안에서는 더는 나아갈 돌파구를 찾지 못한 탓에 동양과 서양이란 거대 분열 문명이 통합할 수 있는 물리적 조건이 순숙 되었는데도 불구하고 진출로를 찾지 못해 종말 국면을 맞닥뜨렸다. 色(물질)의 문명적 본색을 모두 드러낸 서양과 空(본질)의 문명적 본색을 모두 드러낸 동양이 갖춘 문명적 조건 속에서 色의 문명과 空의 문명을 연결하는데 하나님의 창조 뜻과 본의 지침, 곧 **"교육의 위대한 말씀"**이 있다. 色의 문명은 空의 문명이 바탕이 되어 이루어진 창조 역사의 결과체라, 그렇게 창조 역사가 매개한 인과성을 만인은 동서 문명의 추구 본질을 통해 찾아야 했고, 그것을 추적해서 확인하는 데 동서 문명을 통합

---

39) 『생각의 역사』, 앞의 책, p.280.

할 수 있는 지혜의 실마리가 있다. 연결고리를 찾았을 때, 현대 문명이 직면한 분열 문명으로서의 종말성과 본체 문명으로서의 통합성을 동시에 볼 수 있다.

인류는 과연 어떤 길을 선택할 것인가? 왜 서양 문명, 혹은 동양 문명만으로서는 미래에 새로운 문명을 창출할 수 없고, 창조 목적을 완성할 수 없는지를 알았다면, 양 문명은 서로의 본질을 이해, 수용, 조화시켜 합일시키는 방향으로 나아가야 한다. 서양은 왜 자신들이 추구한 현상적 진리 세계와 추구 방법과 인식적 수단으로서는 하나님의 창조 목적을 이룰 수 없는지에 대한 이유를 알아야 하고, 동양은 선현들이 정열을 바쳐 추구한 수많은 본체론적 명제의 진리적 의미와 본의적 가치를 자각해야 한다. **동서 문명의 통합은 어느 한쪽이 일방적으로 주도할 수 없다. 서로가 서로의 문명을 향해 다가서는 것이고, 일체 되었을 때 이전과는 차원이 다른 새로운 문명을 창조할 수 있다.** 요구되는 본의적인 역할 분담 측면에서 진정 동양 문명은 더욱 적극적으로 본체적인 임무를 수행해야 하고, 서양 문명은 그 역할에 적극 동조해야 하는 지체 문명이다. 동양의 본체 문명은 그로부터 결실 지을 서양의 물질문명을 꽃피게 한 뿌리 문명인 탓에, 때가 이른 오늘날 창조주 하나님이 보혜사 진리의 성령이란 새로운 이름과 모습으로 동양의 하늘 아래 강림하셨다. 문명적 여건상 서양은 유물, 진화론, 무신론이 팽배해 강림 여건이 척박했지만, 동양은 하나님의 초월적인 본체 강림을 뒷받침할 수 있는 지상 강림 조건을 온전히 갖추었다. 이 땅에서 만세 전부터 동서 문명을 통해 이루고자 한 하나님의 섭리 뜻을 간파해야 일체의 진리적, 이념적, 가치적 논란을 잠재워 **"동서양 문명 통합"** 역사가 일사불란하게 추진된다. 아무리 복잡한 구조를 가진 기계도 상세하게 설계된 탓에 제작하여 완성할 수 있는 것처럼, 하나님의 천지 창조 계획과 주도면 밀한 주재 역사로 동서 문명은 반드시 만 인류를 보편적으로 구원할 새로운 차원 문명으로서 거듭나기 위해 통합되어야 하리라.

6. 인류 사회 통합

현재까지의(2022년) 인류 사회를 구성한 인구수는 78억 7천 8백만 명 정도로 추정된다. 그중 10억이 넘는 인구수를 가진 중국(14억 명 이상)과 인도(13억 5천만 명)는 거대한 대륙 안에 거주하면서 수많은 소수 민족으로 구성되어 있어 국가 자체가 인류 사회라고 보아도 과언이 아닐 정도이다. 인구 면에서 본다면 어느 일정 시점에서 거쳤을 지구상의 전체 인구수와 맞먹을 정도지만, 두 나라는 일찍이 꿈꾸었던 이상적인 나라, 복지, 곧 유토피아 사회를 이룰 만큼 사회 질서 시스템과 제도, 복지, 평화, 안녕, 자연환경 등을 갖추었는가 하는 점은 의문이다. 그런 측면에서 이 연구가 발원하고 지침하고자 하는 인류 사회 통합 역사는 여전히 요원하기만 한 미래 역사의 과제인 것처럼 보인다. 현재도 그렇지만 과거의 어떤 나라, 어떤 민족도 그 지역의 정치권력과 문화와 백성을 통일해서 지배한 전적은 있어도 인류 사회 전체에는 미치지 못했다. 지금의 인류 사회가 일사불란한 질서 체제로 시스템화되고 일관되기에는 너무 거대하고 너무 복잡해졌다. 과연 산적된 유형무형의 역사적 과제를 누가 어떻게 풀 수 있는가? 그야말로 거대하고 복잡한 인류 사회를 하나로 묶어내고 일이관지(一以貫之)할 수 있는 연결 끈은? 인류는 그 끈을 찾기 위하여 유구한 시험 과정을 거쳤다. 성인의 가르침을 받들었고, 영웅의 기치를 따랐고, 종교적인 믿음을 지켰다. 하지만 그것은 역사를 추진시킨 요인은 되었을지 몰라도 통합시킬 만한 요인은 되지 못했다. 그래서 이 연구가 인류 사회 통합을 목적으로 한 단계적인 로드맵 설정으로서 통치 이념, 제도 통합→진리 통합→역사 통합→종교 통합→동서양 문명 통합 과정을 제시해서 지침해야 했다. 그런 통합 역사 과정의 정점에 **"인류 사회 통합"**이 있는바, 통합의 연결 끈은 바로 통합 과제의 단계적 해결 과정 자체이다. 그런 바탕 위에서 이 연구가 인류 사회가 이룰 미래 역사의 이상적인 청사진을 제시해서 지침하면 된다. 역사 추진의 총체적인 방향 제시라고나 할까? 그 이상적인 인류 사회의 통합 과제 핵심은 인간, 인류만이 이 땅에서 풍요를 구가하는 세상이 아니라는 데 있다. 그렇게 생각한 데 이상적인 유토피아가 말 그대로 꿈에만 머문 원인이 있다. 그렇다면?

인류 사회가 함께할 이상적인 대동 사회는 인류 자체만으로 실현될 수 없다. 이 땅을 주시고 자연을 주시고 생명을 주신 하나님과 함께해야 하는 것이나니, 하나님과 만물과 인류가 함께해서 번영할 유형무형의 방법과 제도 시스템을 모색해서 마련해야 인류 사회가 하나로 통합되는 이상적인 대동 사회, 유토피아, 무릉도원, 곧 지상 천국을 이 땅에서 건설할 수 있다. 일찍이 성인과 지성들이 그런 사회의 도래를 예견하였고, 필요성은 인지했지만, 역사상 누구도 시도해 보거나 경험하지 못한 역사, 그것이 오늘날에 이르러서야 비로소 구체화할, 강림하신 하나님과 함께하는 대동의 과제인 **"지상 천국 건설"**이 그것이다.[40] 샤르댕이 예견한바 "집합적 초인

---

40) 天 · 地 · 人 삼재(三才) 중 인간적인 것과 자연적인 것만으로 이상 사회를 건설하려고 한 탓에 인류가 이루고자 했던 이상 사회 건설은 실패했다. 하늘 구성 요소가 빠졌나니, 그래서 하나님

류의 도래란 인류 사회의 구성만으로는 결코 달성할 수 없다. 마치 인간의 두뇌가 수억의 신경 세포로 구성되어 무수한 연결 및 합성으로 하나의 생각하는 두뇌로 통일되고 단일 의식을 갖게 되듯이, 인간은 상호 결합하여 공동 의식과 초인격적 통일을 나타내는 일종의 초유기체를 형성한다"[41]라고 주장한 것은 탁견이지만, 역사적 실현 가능성 면에서는 통합의 주요 요인을 간과했다. 구성된 수억의 신경 세포를 통일하고 단일 의식을 갖게 하는 것은 두뇌인 것처럼, 아무리 세계 인구가 많더라도 그들의 생각과 의식과 운명을 주재하는 것은 하나님이다. 그뿐만이겠는가? 대우주의 운행 질서를 엄밀하게 주재하는 창조주이시다. 하나님이 능히 컨트롤타워가 되어 **"인류 사회 통합"** 역사를 주재할 것이요, 그런 과정을 통해 만 영혼이 하나님의 창조 영광, 역사적인 영광인 시온의 영광을 맞이하게 되리라.[42]

그런데 하나님과 함께할 길을 모색하고 방법을 마련하지 못한 지난날의 인류 사회 통합 또는 대동 사회 건설 시도는 하나님이 이루고자 한 창조 뜻을 벗어난 상태이다. 창조 뜻이란 다름 아닌 세계 안에서 단일성, 유일성, 절대성을 내세워 지키는 것이 아니라 다양한 만물, 만상, 역사, 믿음, 신앙, 진리, 제도, 전통, 관습, 이념, 가치, 목적을 인정해서 드높이고, 그것을 빠짐없이 수용, 포용, 조화시켜서 영생 복락을 구가하는 것이다. 그런데도 지난 역사에서는 패권 국가가 무력으로 세계를 정복하고, 기독교가 복음만으로 만 영혼을 포맷시키고, 과학이란 학문으로 진리 세계를 통일하

이 이 땅에 강림하시어 하나님과 인류가 대자연과 함께한 지상 천국을 건설하려 하심.

41) 『기독교 명저 60선』, 앞의 책, p.300.

42) 하나님은 만유의 창조주시자 만 인류의 아버지로서 그런 창조주다움과 아버지다움을 지음을 입은 세상과 자녀들로부터 공인되는 그날이 하나님이 창조 이래로 고대한 그날의 임함이고, 시온이 영광이 빛나는 날이리로다.

려고 한 것은 지울 수 없는 역사적 오판이다. 영원한 제국을 꿈꾼 로마 제국은 어떤 원인 탓에 멸망하였는가? 다양한 원인이 있지만, 가장 결정적 원인은 "건국 때부터 전통적으로 내려오던 너그러운 포용과 관용 정책을 종교적, 인종적 불관용 정책으로 바꾸면서 흔들리기 시작했고, 주된 요인은 바로 로마가 절대 유일신교인 기독교를 국교화한 데 있다. 그러니까 로마 제국이 종교적으로 폐쇄적이고 너그럽지 않은 불관용의 국가로 변하고 말았다. 열린 제국 로마가 처음에는 기독교를 핍박했고, 그다음은 기독교를 믿지 않는 이민족, 이교들을 이단으로 몰아 핍박하니까 자신들의 종교를 섬겨온 피지배 민족들이 크게 반발했고, 다양함 속에서 통일된 제국을 이루었던 로마가 급속하게 분열과 갈등의 늪에 빠져들었다. 이것은 결국 이민족들에 의한 침략과 반란으로 이어져 로마란 거대 제국이 끝내 서양 역사의 무대에서 사라지고 말았다."[43] 이런 로마 제국의 패망사가 현대의 인류에게 남긴 역사적 교훈은 분명하다. 현대 문명 역시 그 같은 단일, 유일, 절대적인 진리, 종교, 학문, 제도, 정치, 가치, 이념, 신념……을 추구하고 신봉한 탓에 통합과 대동 사회 건설은커녕 총체적인 종말 국면을 맞이하였다. 그래서 이때 이 시기에 하나님이 이 땅에 강림하신 이유는 분명하다. 종말에 처한 인류 사회를 구원하기 위해서이고, 한계성에 처한 인류 문명을 재건하기 위해서이며, 자체로서는 헤어나지 못하는 어리석음의 늪으로부터 인류 영혼을 건져내기 위해서이다. 그 같은 목적을 위해 **"인류 사회 통합"**이란 대 기치를 내세웠다. 분열된 인류 사회를 하나로 연결하고 통합할 그 본질적 바탕에 하나님의 **"지상 강림 본체"**가 있다. 강림하신 하나님의 본체 안, 그 뜻 안, 그 품 안에서 인류 사회가 일체 될 수 있다. 하

---

43) 『업그레이드 먼 나라 이웃 나라(이탈리아)』, 앞의 책, pp. 227~230.

나님과 인류 사회를 하나로 연결하는 하나님 중심의 네트워크 체제, 곧 하나님을 아버지로 모신 '대동의 가족 사회 건설'이 그것이다. 하나님을 아버지로 모신 창조 연결고리 안에서 만 인류가 역사적, 정신적, 혈통적으로 하나인 형제자매로 결속된다.

이 같은 대동의 인류 통합 사회, 이상적인 지상 천국을 건설하기 위해 하나님이 이 땅에 강림하셨고, 유사 이래 감추어진 창조 본의를 밝혀 위대한 가르침의 교설 역사를 펼치셨다. 이런 하나님의 가르침이 있기 이전에는 성인이 나타나 가르침의 역사를 펼쳐 인류 사회가 개오되고 문명화된 길을 걸었지만, 역설적으로 그 같은 역사가 정점에 도달한 오늘날은 가르침이 경색되어 더 나은 사회로의 진척을 저해하고, 오히려 세계를 분열시킨 요인으로 작용하였다. 그래서 하나님이 오늘날 새로운 모습과 새로운 이름으로 강림하시어 사랑한 인류의 정신적 고뇌를 해결하고, 종말에 처한 인류 사회를 구원할 역사 의지를 천명한 것이나니, 가일층 높은 진리 차원에서 인류 사회와 문명 역사가 직면한 종말 문명을 극복하고, 天 · 地 · 人 합일의 '구원 문명', 하나님과 영원히 함께할 '통합 문명', 이상적인 '천국 문명'을 이 땅 위에 건설해야 하리라. 아멘.

세계교육론 총서 목차

■ 약력

1957년 경남 진주 출생. 진주고등학교 졸업(47회). 경상대학교 사범대학 체육교육과 졸업. R.O.T.C.(19기) 임관. 서남대학교 교육 졸업. 1984년 3월 1일, 교직에 첫발을 내디딤. 2020년 8월 31일, 정년을 맞아 퇴임함. 자아와 세계에 대해 눈떴을 때부터 세상의 분파된 진리에 대해 의문을 품고 "길은 어디에 있는가"란 명제 하나로 탐구의 길에 나서 현재까지 다수의 책을 저술함(총 44권).

■ 주요 논문 및 저서

『길을 위하여 1』(1985), 『길을 위하여 2』(1986), 『벗』(1987), 『길을 위하여 3』(1990), 『세계통합론』(1995), 『세계본질론』(1997), 『세계창조론 서설』(1998), 『세계유신론』(2000), 『작은 날개를 펴고』(2000), 『환경은 언제나 목마르다』(2002), 『자연이 살아가는 동안』(2003), 『세계섭리론』(2004), 『세계수행론』(2006), 「진로 의사 결정유형과 발달 수준과의 관계」(2006), 『가르침』(2008), 『세계도덕론』(2008), 『통합가치론』(2008), 『인간의 본성 탐구』(2009), 『선재우주론』(2009), 『수행의 완성도론』(2009), 『세계의 종말 선언』(2010), 『미륵탄강론』(2010), 『용화설법론』(2010), 『성령의 시대 개막』(2011), 『역사의 본질 탐구』(2012), 『세계의 섭리 역사』(2012), 『문명 역사의 본말』(2012), 『세계의 신적 본질』(2013), 『지상 강림 역사』(2014), 『인식적 신론』(2014), 『관념적 신론』(2015), 『존재적 신론』(2016), 『본질로부터의 창조』(2017), 『창조성론』(2017), 『창조의 대원동력』(2018), 『창조증거론(1, 2)』(2019), 『길을 가며 가르치며 생각하며』(2020), 『교육의 위대한 사명』(2021), 『교육의 위대한 원리』(2023), 『교육의 위대한 실행』(2023), 『교육의 위대한 지침』(2023), 『교육의 위대한 말씀(전편 1, 2)』(2023)

세계교육론 총서 제6권

교육의
위대한 말씀
전편 2
세계교육론 결론

초판인쇄 2023년 12월 31일
초판발행 2023년 12월 31일

지은이 염기식
펴낸이 채종준
펴낸곳 한국학술정보(주)
주   소 경기도 파주시 회동길 230(문발동)
전   화 031-908-3181(대표)
팩   스 031-908-3189
홈페이지 http://ebook.kstudy.com
E-mail 출판사업부 publish@kstudy.com
등   록 제일산-115호(2000.6.19)

ISBN 979-11-6983-890-0 93370